中央高校科研基金重点资助项目"中国教育□□
知识图谱分析"（15SZZD01）的研究成果

基于共词可视化的
教育政策基本问题研究 30 年
1985—2015

祁占勇 著

科学出版社
北 京

内 容 简 介

　　教育政策是教育政策主体在一定时期内为实现特定教育目标而制定的行动准则或行动规范，教育政策既具有导向功能、控制功能，也具有协调功能、象征功能，具有合法性、权威性、政治性、价值性、目的性等特征。本书试图在共词分析的基础上，利用知识图谱分析方法，对中国教育政策的基本问题，包括教育政策学、教育政策过程、教育政策价值与政策文本、各级教育政策、各类教育政策等研究热点进行可视化研究，从而挖掘出教育政策基本问题研究热点间的深层次关系，并展望未来教育政策基本问题研究的拓展领域和研究空间。

　　本书可供普通高等学校教育学及相关专业的本科生、研究生使用，也可供广大一线教师、教育管理工作者或教育学爱好者参考、学习。

图书在版编目（CIP）数据

基于共词可视化的教育政策基本问题研究 30 年：1985—2015/祁占勇著. —北京：科学出版社，2017.9
（教育政策与法律可视化研究丛书）
ISBN 978-7-03-054659-3

Ⅰ. ①基⋯　Ⅱ. ①祁⋯　Ⅲ. ①教育政策-研究-中国-1985-2015　Ⅳ. ①G520

中国版本图书馆 CIP 数据核字（2017）第 238386 号

责任编辑：乔宇尚　王志兰 / 责任校对：王小茜
责任印制：张欣秀 / 封面设计：正典设计

科 学 出 版 社 出版
北京东黄城根北街 16 号
邮政编码：100717
http://www.sciencep.com

北京京华虎彩印刷有限公司 印刷
科学出版社发行　各地新华书店经销
*
2017 年 9 月第 一 版　开本：720×1000　B5
2018 年 1 月第二次印刷　印张：14 1/2
字数：260 000
定价：79.00 元
（如有印装质量问题，我社负责调换）

目　录

绪　　论

　　教育政策是国家、政党及其他社会组织在权衡各种教育利益主体的基础上，为解决教育问题、实现教育目标而制定的行为准则。通常来讲，教育政策具有导向、控制、协调、象征等功能。同时，教育政策也具有权威性、政治性、合法性、价值性、目的性等特征。改革开放以来，我国教育事业的科学、持续、健康、稳定发展，主要依靠党和国家颁布的教育政策来确定基本的标准，以达到对教育事业的规制和教育秩序的坚守，从而确保公民受教育权利的实现和国家教育主权的维护。与之相随的是以教育政策为基本研究对象的教育政策科学在教育政策发展过程中受到重视，教育政策科学在教育学与政策学中的"显学"地位日益突出。我国教育政策科学研究的缘起以《中共中央关于教育体制改革的决定》为时代背景，袁振国主编的《教育政策学》、孙绵涛主编的《教育政策学》奠定了教育政策学的学科地位，以1999年教育政策分析高级研讨会的召开与2000年中国教育学会教育政策与法律研究会的成立为学术共同体契机，以2000年《中国教育政策评论》辑刊的出版为扩大学术影响平台，以北京师范大学、华东师范大学、华南师范大学、陕西师范大学等开设教育政策学课程或独立自主地设置教育政策学学位点为制度合法性基础，有力地促进了教育政策研究的发展。

一、教育政策科学研究的回顾与反思

　　改革开放以来，我国教育政策科学从牙牙学语、蹒跚起步逐步走向生根发芽、快速发展，教育政策科学研究取得了较为可观的成就。借此，有学者对我国教育政策科学的发展历史采用纯文字性描述，或者在简单形式数量统计的基础上进行过梳理、回顾和总结性的质化分析。

李军、冯大鸣从教育体制政策、教育经费政策、教育人事制度、教育质量政策四个方面，对 1985—2004 年我国教育政策研究状况进行了分析。在进行资料收集的过程中，将范围主要限定在四个方面：①关于教育政策指导思想或理论基础的研究；②关于怎样制定理想的教育政策的研究；③关于一项教育政策是怎样制定出来的研究；④关于一项具体教育政策的研究。①研究表明，从当前教育政策研究的总体状况来看，各个领域中，教育政策基础理论（17.2%）、教育行政体制政策（27.2%）、教育财政政策（21.6%）、高等教育政策（24.3%）占有较大比重，可以说是目前研究的热点。此外，对于国外教育政策比较与借鉴研究的论文也占有较大比重，为 23.3%，也应该是研究的热点之一。从各个领域研究发展的趋势来看，教育政策基础理论研究、教育财政政策研究、教育质量政策研究、基础教育政策研究、民办（私立）教育政策研究具有越来越热的趋势。教育政策研究中的若干具体热点问题包括：地区间、城乡间、学校间义务教育均衡发展政策问题，基础教育升学、择校、收费政策问题，中西部教育发展政策问题，农村教育经费体制和质量保障政策问题，新形势下学生和教师权益保障政策问题，新形势下学校与教育行政部门的权力分配政策问题，学校产权制度与国有资产保障政策问题，不同教育阶段的规模与协调政策问题，课程改革与学校教育质量保障政策问题，教师教育转型政策问题，高校后勤社会化政策问题，高等教育财政体制与科学评估体系政策问题，高校招生、录取、考试与收费制度等政策问题，进一步促进民办教育健康发展政策问题等。②

高晓清、蒋小丰对 1986—2005 年我国的教育政策研究作了分析，把我国教育政策研究划分为重视国外教育政策、重视本国具体政策、深化理论研究三个阶段。①以重视国外教育政策、强调教育体制政策与教育基本政策、缺乏问题意识为特点的教育政策研究阶段（1986—1995 年）。该阶段的特点为：研究成果数量少，年度之间发展不均衡；教育政策研究重点比较集中，对本国教育政策的"冷点""盲点"问题的研究甚少；教育政策理论体系的建构尚未起步；研究方法、手段比较单一和滞后。②以重视本国具体政策、强调经济政策与政策的应用性、尝试构建理论体系为特点的教育政策研究的阶段（1996—2000 年）。该阶段的特点为：学术成果数量逐年增多，且发展比较均衡；研究热点呈扩散趋势，且研究政策视

① 谢少华. 试论教育政策研究分类的理论基础. 华东师范大学学报(教育科学版)，2002，20(1)：83-90.

② 李军，冯大鸣. 1985~2004 年我国教育政策研究状况分析. 教育发展研究，2006，(9)：38-43.

野发生转变，初步体现政策研究的应用性特点；对本国教育政策研究的关注度不断增加；教育政策基本理论研究迅速升温。③以进一步增强问题意识、深化理论研究、形成独立研究领域为特点的教育政策研究阶段（2001—2005 年）。该阶段的特点为：研究成果数量持续增长，且增长速度迅猛；教育政策研究的应用性功能进一步加强；研究重心进一步集中于本国教育政策；教育政策研究体系的建构逐步走向完善；政策研究的方法、手段与视角逐渐丰富。[①]

涂端午、陈学飞从研究主体、研究主题、研究类型、研究规范性等几个方面对 1994—2004 年的教育政策研究现状进行了分析。研究表明，在研究主体方面，教育政策研究的主体主要来自高校、科研机构和政府机构，其中，高校在教育政策研究成果发表的数量上占有绝对优势，是教育政策研究的主力军；在研究主题方面，比较教育政策和教育财政政策的研究占了全部论文数的一半，此外，政策理论研究、招生与就业、政策过程研究、素质教育、教育与人力资源、宏观教育发展与改革、教育公平、终身教育、教育立法等也成为研究者关注的重点领域，这些主题在比较教育研究中也得到了较多的关注；在研究类型方面，处于前三位的分别是政策分析、政策内容研究和政策倡导；在研究方法方面，运用最多的主要是文献研究和思辨研究，定量的统计分析研究仅占总数的 5.4%，其中运用数学模型和多变量分析的高级统计分析方法的论文仅占总论文数的 0.9%，运用属于经验和实证研究方法的实地调查、案例研究、统计分析研究等的论文共占总论文数的 13.7%；在研究规范性方面，主要从研究是否有理论预设（理论假设）、是否有明确的问题意识、是否有文献述评、是否有参考文献等方面进行分析，统计表明，在全部论文中含有对前人成果的文献述评的论文仅占 3.1%，其中含有理论假设的仅占 1.6%，含有问题意识的占 32.9%，另有 32.9% 的论文没有参考文献。总体来看，我国的教育政策研究存在着"关注政策内容分析，对政策过程的研究不够；以文献和思辨研究为主，对政策现象的经验和实证研究不够；理论基础比较薄弱，跨学科的研究能力有待提高；研究的规范性不够；研究组织机构和队伍建设需要加强"[②]等问题。当然，什么是好的政策研究？那格尔提出了六条标准：①在推动改革的同时保持可持续发展；②理论和实际相联系；③多学科并以政治科学为基础；④价值导向与量化兼顾；⑤有用性；⑥多元意识形态。[③]这些标准对教育政策研究的未来发展提供了很有价值的参考。

① 高晓清，蒋小丰. 我国教育政策研究 20 年. 中国教育学刊，2007，(10)：24-27.
② 涂端午，陈学飞. 我国教育政策研究现状分析. 教育科学，2007，(1)：19-23.
③ Marshall J，Peters M. Education Policy. London：Edward Elgar，1999：93.

　　刘巍巍、郅鸿博运用 Excel、SPSS 等统计软件对其所收集到的 1978—2008 年关于教育政策研究的论文进行了分类统计和数据分析，并将我国教育政策研究历程划分为起始、发展、繁荣三个阶段。在起始阶段（1978—1984 年），教育政策研究在中国有了发展的苗头，但是研究方法非常单一，研究内容大多是对别国的宏观教育政策的介绍和宣传，不仅没有本土的教育政策研究理论，甚至对一般的教育政策理论内容的认识也不够清晰，这可能与当时刚刚经历了"文化大革命"，人们的思想束缚和顾虑太多，对于国家政策的研究还没有解放思想的大环境有关，毕竟这只是教育政策研究在中国的起始阶段。在发展阶段（1985—1999 年），教育政策研究的重点比较集中，注重对国外教育政策和某个历史时期、特殊区域的教育政策的研究和借鉴，教育政策基本理论有了很大的发展，研究的"冷点"和"盲点"问题突出，对本国教育政策的关注度有待提高，研究方法单一，研究手段比较落后。在繁荣阶段（2000—2008 年），论文数量增长速度非常迅猛，集中于对本国教育政策的研究，教育政策研究的应用性功能进一步加强，更加注重建构教育政策研究的理论体系，并逐步走向完善，研究方法、手段日益丰富与多元化。[①]

　　王小许、蔡文伯借助 Excel 工具，对 1992—2012 年我国教育政策研究现状及其发展趋势作了年代分布、期刊分布、研究热点、核心著者、著者机构、著者地区等的计量分析。从年代分布来看，1992—1999 年我国教育政策研究处于起步阶段，重视国外教育政策，强调教育基本政策和教育体制政策，但缺乏问题意识。2000—2008 年处于快速发展阶段，开始重视本国具体的教育政策，强调经济政策和政策的应用性，并尝试构建教育政策理论体系。2008 年后开始进入教育政策发展的纵深阶段，进一步增强了问题意识，逐渐深化教育政策理论研究，教育政策研究已经形成独立的研究领域，发展相对成熟。但是 2008 年后每年发文量尚未超过 500 篇，有待于对教育政策开展进一步的深入探究，并在一定程度上强化我国教育政策制定的科学性。从研究热点来看，以教育公平、政策和高等教育为核心的教育政策研究已成为研究主流。教育的公平问题已经成为中国社会的焦点问题。对于这一问题，很多学者有着多角度、多层次的研究，有很多独特的见解，同时也从政策层面提出了多样化的解决方式。针对教育政策的不均衡现象，有学者指出，目前情况下有些教育事务或活动没有相应的政策来规范和引导，教育政策往

---

　　① 刘巍巍，郅鸿博. 三十年来我国教育政策研究相关论文的统计与分析. 辽宁师范大学学报(社会科学版)，2011，34(2)：48-53.

往都是应付式的，常常是等待教育问题发展到一定程度以后才考虑政策制定。而且由于问题的特殊性、政府能力、政策本身、目标群体的接受程度等原因，教育政策不能获得预想的效果，对实践起不到规范和管理的作用。目前，关于高等教育政策问题的研究主要以高等教育的重大问题为对象，从教育政策问题入手，梳理这些问题的政策实施进程，分析政策特点，研究这些问题的现状及发展趋势，并在政策研究的基础上提出解决问题的对策建议。同时，吸收国外教育政策和改革国内教育政策，强化教育政策主体的多元化，紧跟教育政策领域的重大事件和理论走向都是教育政策研究的热点。①

陈萌对我国教育政策研究的发展历程和研究趋势进行了分析，我国教育政策研究方向大致可划分为"两横一纵"，关注重点是教育公平、高等教育政策、英美教育政策等，总体上呈现出数量持续增长、形式日趋多样，研究视角从国外到国内再到全球，理论体系构建日趋完善，应用性功能逐渐加强，研究方法、手段不断丰富等趋势。②

显然，在我国教育政策文本不断丰富的过程中，教育政策研究也不断走向深入，对教育政策研究现状的回顾与反思也趋于丰富。但上述有关教育政策研究的回顾与反思基本上都属于文字性描述的定性研究，难免会受到不同研究者个人经验的影响，也会产生归类、总结、分析等不深入或不当问题，很难深层次地挖掘出我国教育政策科学发展过程中不同研究主题的研究热点领域、动态发展等，难以对我国教育政策科学发展的新动向进行较为客观的描述。

在大数据时代背景下，借助科学化研究手段与工具，从海量文献信息中把握教育政策的研究热点、动态发展及未来拓展领域，既是教育政策科学研究走向成熟的需要，也是教育政策科学研究方法论创新的必然。与传统的定性内容分析方式相比，基于文献计量的科学知识图谱分析法可以通过定量数据更加直观而形象地反映某学科或领域的研究热点及研究趋势。知识图谱（Mapping Knowledge Domains）是以科学知识为对象，通过空间表征法，综合运用科学计量学、信息可视化技术、应用数学、图形学等学科的理论和方法，来揭示科学文献和引文路径的复杂交织所反映出的科学交流及发展趋势。③本书试图在共词分析的基础上，利用知识图谱分析方法，对我国教育政策基本问题的研究热点进行可视化研究，

① 王小许，蔡文伯. 我国教育政策研究现状及其发展趋势的计量分析. 高教探索，2013，(6)：28-33.
② 陈萌. 我国教育政策研究趋势分析——以中国知识资源总库论文统计为例. 甘肃广播电视大学学报，2014，(4)：57-60.
③ 刘则渊，陈悦，侯海燕，等. 科学知识图谱：方法与应用. 北京：人民出版社，2008：7-10.

从而挖掘教育政策基本问题研究热点间的深层次关系，并对教育政策基本问题研究的拓展领域和研究空间未来进行展望。

二、基于 BICOMB 共词分析软件与 SPSS 统计软件的知识图谱的操作步骤

知识图谱也被称为科学知识图谱、知识域可视化或知识域映射地图，是可视化地描述人类随时间拥有的知识资源及其载体，绘制、挖掘、分析和显示科学技术知识及它们之间的相互联系，在组织内创造知识共享的环境以促进科学技术知识的合作和深入。[①]知识图谱以科学为基础，涉及应用数学、信息科学及计算机科学诸学科交叉的领域，是科学计量学和信息计量学的新发展。知识图谱能够用直观图像展现出最前沿领域和学科知识的信息汇聚点，从宏观、中观、微观等不同层面来揭示一个领域或学科的发展概貌，使人们便于全面审视一个学科的结构和研究热点、重点等信息，生成新的知识。[②]知识图谱的基本原理是科学文献、科学家、关键词等分析单位的相似性分析及测度。根据不同的方法和技术可以绘制不同类型的科学知识图谱。①通过计算机和互联网搜索引擎强大的自动查询功能，在极短的时间内完成对海量信息的准确查询；②通过计算机对已查询到的海量零散信息进行文献计量统计分析，不仅可以通过量化模型将其以科学的、可视化的形式直观地呈现出来，还可以发现它们之间的深层次关系和趋势，为今后在该领域的研究提供更有力的客观数据和科学支持。[③]在教育政策领域使用知识图谱的目的在于：将教育政策领域的知识和引人瞩目的信息以可视化的图像直观地展现出来，挖掘、分析和显示教育政策领域知识及其联系，判定教育政策领域的研究前沿及历史演进路径，为后续科研选题和研究走向提供合理的意见和建议。

（一）BICOMB 共词分析软件与关键词共词分析法

BICOMB 是书目共现分析系统（Bibliographic Item Co-occurrence Matrix Builder）的英文缩写，该软件受到我国卫生政策支持项目（HPSP）的资助，由中国医科大学医学信息学系崔雷教授和沈阳市弘盛计算机技术有限公司协作研发。其用于处理从书目数据库（如 PubMed、SCI、CNKI、万方等）下载下来的文献

---

① 刘则渊，陈悦，侯海燕，等. 科学知识图谱：方法与应用. 北京：人民出版社，2008：5.

② 郭文斌，陈秋珠. 特殊教育研究热点知识图谱. 华东师范大学学报(教育科学版)，2012，30(3)：49-54.

③ 任红娟，张志强. 基于文献计量的科学知识图谱发展研究. 情报杂志，2009，28(12)：86-90.

记录，具体功能包括：①抽取其中特定的字段，如作者、期刊名、标题、发表年代、引文等；②统计相应字段的出现频次；③按照一定的阈值截取高频条目后，形成共现矩阵和条目—来源文献矩阵（如高频词—论文矩阵）；④输出高频条目和矩阵（txt 文档），所形成的矩阵可以用于进一步的聚类分析和网络分析。[①]

运用共词分析软件 BICOMB 绘制可视化的知识图谱时，最常用的方法是关键词共词分析法。通常来讲，词频分析法主要是通过分析某一研究领域文献中的词出现频次的高低，确定该领域的发展动向和研究热点发展动向。[②]词频分析法属于定性分析方法，但它与传统文献定性分析的最大不同之处在于，较好地摒弃了研究者的个人喜好，通过对文献中关键词、主题词及篇名的词频准确、客观的分析，有助于得出深入并且共识性的结论。采用词频分析法，可以较好地直观展示出教育政策研究领域的新的发展及变化，词频分析中运用最广泛的当属共词分析。

共词分析（Co-word Analysis）是一种较新的文献计量学方法，属于内容分析方法的一种。其主要原理是对一组词两两统计它们在同一篇文献中出现的次数，以此为基础对这些词进行聚类分析，从而反映出这些词之间的亲疏关系，进而分析这些词所代表的学科或主题的结构与变化。[③]共词分析法可分别以文献的主题词和关键词进行共词分析，但一般主张采用关键词进行共词分析来得出结论，主要原因有：①关键词是论文中起关键作用的、最能说明问题的、代表论文内容特征的、最有意义的词[④]；②关键词不仅能准确地反映论文的主题，而且其本身也具有独立的检索功能；③一篇文献的关键词或主题词是文章核心内容的浓缩和提炼，因此，如果某一关键词或主题词在其所在领域的文献中反复出现，则可反映出该关键词或主题词所表征的研究主题是该领域的研究热点[⑤]；④通过对高频关键词共现关系进行分析，可以进一步明晰若干热点研究领域。[⑥]关键词共词分析主要是通过共词分析软件，对符合条件的、查询到的海量信息关键词在同一篇文章中出现的频次进行统计分析（共词分析），生成共被引矩阵。在此基础上，利用统计软件进行聚类分析、多维尺度分析等高级统计处理，绘制出二维或者三维的可视化图形，客观、系统地展示出所关注资料的直观量化信息。[⑦]

① Bicomb 文献分析软件. http://download.csdn.net/download/wangxiaoyu0925/8805373[2015-06-14].
② 马费成, 张勤. 国内外知识管理研究热点——基于词频的统计分析. 情报学报, 2006, 25(2)：163-171.
③ 崔雷. 专题文献高频主题词的共词聚类分析. 情报理论与实践, 1996, (4)：49-51.
④ 马妍春, 黄可心. 科技论文摘要、关键词及参考文献的规范化. 情报科学, 1999, 17(6)：625-627.
⑤ 杨国立, 李品, 刘竞. 科学知识图谱——科学计量学的新领域. 科普研究, 2010, 5(4)：28-34.
⑥ 王凡. 科学知识图谱视域中的《图书馆理论与实践》. 图书馆理论与实践, 2011, (8)：23-26.
⑦ 郭文斌, 方俊明. 关键词共词分析法：高等教育研究的新方法. 高教探索, 2015, (9)：15-21.

（二）关键词共词分析方法的具体操作过程[①]

1. 准备研究工具

下载并安装软件 BICOMB 和 SPSS。BICOMB 下载获取地址为崔雷教授科学网的博客网址：http://blog.sciencenet.cn/home.php?mod=space&uid=82196。

2. 准备研究资料

1）进入网络搜索引擎，根据自己的研究目的限定文献来源，进行文献检索。根据自己的研究需要和目的，对文献进行取舍和保留。

2）对选取的文献按照统一格式进行保存。

3）对保存的文献进行标准化。

4）将保留文献的格式转化为 BICOMB 共词分析软件能够识别的 ANSI 编码，供后续量化统计分析使用。值得注意的是，如果不将文本格式编码转为 ANSI 编码，BICOMB 共词分析软件将无法识别有效信息。

3. 进行量化统计分析

（1）使用 BICOMB 共词分析软件进行关键词统计并确定提取、导出高频关键词词篇矩阵

关于使用 BICOMB 共词分析软件进行关键词统计的详细操作过程,请阅读相关操作手册。[①]事实上，进行关键词词频统计分析并提取高频关键词频次，是一个学术研究领域较长时域内的大量学术研究成果的关键词集合，可以揭示研究成果的总体内容特征，研究内容之间的内在联系、学术研究发展的脉络与发展方向等。[②]在统计文献时，关键词出现的频次越高，则表示与该关键词有关的研究成果越多，研究内容的集中性就越强。一个研究领域少量高频次的关键词，拥有该学科较多的信息密度与知识密度，是信息与知识需求者检索文献的重点，被称为核心关键词。[③]词频分析法是通过统计能够揭示或表达文献核心内容的关键词或主题词在某一研究领域文献中出现的频次高低，来确定该领域研究热点和发展动向的文献计量方法。[④]当然，要想深入挖掘一些高频关键词词频之间的关系及

---

① 崔雷. 书目共现分析系统《用户使用说明书》. http://wenku.baidu.com/view/f07835e855270722182ef778.html [2016-11-04].

② 李文兰，杨祖国. 中国情报学期刊论文关键词词频分析. 情报科学，2005, 25(1)：68-70.

③ 安秀芬,黄晓鹏,张霞,等. 期刊工作文献计量学学术论文的关键词分析. 中国科技期刊研究,2002,13(6)：505-506.

④ 马费城，张勤. 国内外知识管理研究热点——基于词频的统计分析. 情报学报，2006，25(2)：163-171.

其背后隐藏的有效信息，还需要进一步采用关键词共现技术来进行深入的计量学研究。

同时，需要注意的是，在提取关键词时，一定要进行关键词的规范化处理。①关键词的标准化。因为数据源文献采集到的关键词来源多样，关键词的标识可能存在差异，所以进行高频关键词提取前，要对词义接近或者相同的关键词进行合并，随后再进行关键词词频统计。否则，会影响关键词的排序，致使结果发生偏差。②无意义关键词的删除。有的词汇虽然以关键词呈现，但是它们并非实质上的关键词，需要研究者对此类词汇进行甄别并予以手工删除。

当然，在提取高频关键词时，还涉及对高频关键词"高频"的确定问题。高频关键词的"高频"的操作定义尚无统一标准，研究者一般会根据自身的需要灵活设定。此选择标准与科学的严谨性有所背离，因此受到一些研究者的批评和指责。目前，解决高频词的次数如何确定的问题有三种方法：①根据普赖斯计算公式 $M = 0.749\sqrt{N_{max}}$ 来确定关键词的阈值。公式中 M 为高频阈值，N_{max} 表示区间学术论文被引频次最高值。[①]比如，查找到文献的最高被引频次为 45，确定的高频关键词数 $M = 0.749\sqrt{45} = 5.024$，将高频关键词的最低频次确定为 5 次。选取频次大于或者等于 5 的关键词作为高频关键词。②截取累积总频次 40%左右的关键词作为高频关键词。[②]③依据心理测量 27%的设置标准，选取全部关键词数量的前 27%作为高频关键词。此三种选取方法到底哪种更科学，是否存在其他更有效的处理方法，尚待以后进行更深入的研究。

（2）采用 SPSS 软件对高频关键词生成 Ochiai 系数相似矩阵与相异矩阵并进行聚类分析

1）生成高频关键词词篇矩阵。对各个高频关键词是否在其他论文中成对出现（出现为 1，否则为 0），利用 BICOMB 共词分析软件生成高频关键词词篇矩阵。词篇矩阵考查的是各高频关键词之间的亲疏关系，表示的是两目标之间的相似程度的矩阵，即数字越大，表明两者关系越近，数字越小，表明两者关系越远。[③]

2）生成高频关键词相似系数矩阵。以关键词词篇矩阵为基础，在 SPSS 软件中进行相关分析，数据类型选择 binary 二元变量，相似系数选择 Ochiai 系数，构

---

① 钟文娟. 基于普赖斯定律与综合指数法的核心作者测评——以《图书馆建设》为例. 科技管理研究, 2012, 32(2)：57-60.

② 张勤，马费成. 国外知识管理研究范式——以共词分析为方法. 管理科学学报, 2007, 10(6)：65-75.

③ 邱均平，马瑞敏，李晔君. 关于共被引分析方法的再认识和再思考. 情报学报, 2008, 27(1)：69-74.

造出高频关键词相似系数矩阵。[①]相似矩阵中的数字表明了数据间的相似性，数字的大小表明了相应的两个关键词之间的距离远近，其数值越接近 1，表明关键词之间的距离越近、相似度越大；数值越接近 0，则表明关键词之间的距离越大、相似度越小。

3）生成高频关键词相异系数矩阵。为了消除由于关键词共现次数差异所带来的影响，根据相似系数矩阵，采用相异系数矩阵=1–相似系数矩阵，产生相异系数矩阵。相异系数矩阵中的数字表明了数据间的相异性，其含义与相似系数矩阵相反，数值越接近 1，表明关键词之间的距离越大。

4）进行高频关键词聚类分析。聚类分析是选定一些分类标准，将不同的观察体加以分类，同一类（集群）之内观察体彼此的相似度越高越好，而不同类（集群）之间观察体彼此的相异度越高越好。[②]高频关键词聚类分析是通过高级统计对已经发表的文献的高频关键词组的相似性与相异性进行分析，发现它们之间的远近关系，挖掘隐藏在它们背后的研究者关心的知识信息。在进行关键词聚类分析时，先以最有影响的关键词（种子关键词）生成聚类；再由聚类中的种子关键词及相邻的关键词组成一个新的聚类。关键词越相似，它们的距离越近，反之，则越远。

（3）进行高频关键词的多维尺度分析

多维尺度分析（MDS）是一种可以帮助研究者找出隐藏在观察资料内的深层结构的统计方法，其目的是发掘一组资料背后的隐藏结构，希望用主要元素所构成的构面图来表达资料所隐藏的内涵，尤其是在观察资料体很多时，利用多维尺度法更能适切地找出资料的代表方式。采用多维尺度分析时，要汇报其压力系数（stress）和模型距离解释的百分比（RSQ）值，它们分别为多维尺度分析中的信度和效度估计值。其中，stress 是拟合度量值，用于维度数的选择，stress越小，表明分析结果与观察数据拟合越好，说明模型的适合度越高。Kruskal 给出了一种根据经验来评价 stress 优劣的方法：若 stress≥20%，则近似程度为差（bad）；若 stress≤10%，则近似程度为满意（fair）；若 stress≤5%，则近似程度为好（good）；若 stress≤2.5%，则近似程度为很好（excellent）；其理想的状况为 stress=0，称为完全匹配（prefect）。RSQ 表示变异数能被其相对应的距离解释的比例，也就是回归分析中回归分析变异量所占的比例，RSQ 值越大，即越接近

[①] 迟景明，吴琳. 近十年我国高等教育学学科研究热点和趋势——基于研究生学位论文的共词聚类分析. 中国高教研究，2011，（9）：20-24.

[②] 陈正昌，程炳林，陈新丰，等. 多变量分析方法：统计软件应用. 北京：中国税务出版社，2005：241-299.

1，代表所得到的构形上各点之距离与实际输入之距离越适合。一般认为，RSQ
值在 0.60 以上是可接受的。[①]

多维尺度绘制出的坐标称为战略坐标，以向心度和密度为参数绘制成二维坐标，可以概括地表现一个领域或亚领域的结构。[②]在战略坐标中，各个小圆圈代表各个高频关键词所处的位置，图中圆圈间距离越近，表明它们之间的关系越紧密；反之，则关系越疏远。影响力最大的关键词，其所表示的圆圈距离战略坐标的中心点较近。坐标横轴为向心度（centrality），表示领域间相互影响的强度；纵轴为密度（density），表示某一领域内部联系的强度。[③]在战略坐标划分的四个象限中，一般而言，第一象限的主题领域内部联系紧密并处于研究网络的中心地位。第二象限的主题领域结构比较松散，这些领域的工作有进一步发展的空间，在整个研究网络中具有较大的潜在重要性。第三象限的主题领域内部连接紧密，题目明确，并且有研究机构在对其进行正规的研究，但是在整个研究网络中处于边缘地位。第四象限的主题领域在整体工作研究中处于边缘地位，重要性较小。[④]

（4）对上述量化结果进行定量和定性相结合的分析，得出相应的结论和建议

概括而言，关键词共词分析法的一般过程包括明确研究的问题、选定并标准化研究材料、选定高频关键词、提取共现矩阵、进行高级统计处理（相似矩阵、相异矩阵的转化、聚类分析、多维尺度分析）。

三、教育政策基本问题的研究内容

教育的发展、提高与繁荣离不开教育政策的支撑。研究教育政策的根本目的在于推动我国教育的大发展、大提高和大繁荣。教育政策是由党和政府等主体制定的，是在一定时期内解决教育发展问题、分配和协调相关利益关系、实现教育发展目标、满足人们的教育需求而采取的规范和引导教育相关机构及个人行为的准则和行动指南，是一个动态发展过程。教育政策的基本问题研究以教育政策过程为起点，从文本分析的视角探究我国教育政策话语，审视我国教育政策的价值基础，在此基础上，对各级各类教育政策进行全面分析。具体来讲，本书中关于

---

① 张文彤. SPSS 统计分析高级教程. 北京：高等教育出版社，2004：40-44.
② 靖新巧，赵守盈. 多维尺度的效度和结构信度评述. 中国考试（研究版），2008，(1)：40-44.
③ Law J, Bauin S, Courtial J P, et al. Policy and the mapping of scientific change: A co-word analysis of research into environmental acidification. Scientometrics，1988，14(3-4)：251-264.
④ 冯璐，冷伏海. 共词分析方法理论进展. 中国图书馆学报，2006，32(2)：88-92.

教育政策基本问题的研究内容，主要包括以下几个方面。

（一）绪论部分

简要介绍教育政策研究的现状、研究工具、方法及操作步骤等。

（二）教育政策学研究热点分析

教育政策学或教育政策科学作为一门新兴交叉学科，是以教育政策为研究对象，包括教育政策分析与教育政策研究两个方面，教育政策的研究都属于教育政策学研究范畴或教育政策学所包含的内容。改革开放以来，我国教育政策学的研究成果在数量、应用性、教育政策理论体系的建构等方面取得了不小的成绩，本书通过对教育政策学的研究热点进行知识图谱和共词可视化分析，以期展示教育政策学的研究热点和拓展领域。

（三）教育政策过程研究热点分析

教育政策是包括政策制定、政策执行、政策评估等多个环节的循环往复的动态活动过程，各个环节之间并不是简单的线性过程，而是一个"政策圆圈"，是教育政策过程与政策环境相互作用下生生不息的连续过程。它可以使教育政策在制定、执行、评估等过程中渐进性地生成与修正，促使教育政策走向更加科学化、民主化、制度化、程序化和绩效化。教育政策研究以教育政策制定、执行、评估为对象，客观地展示了 30 年来教育政策的研究热点，并深入思考了教育政策过程研究的未来拓展空间。

（四）教育政策文本与价值研究热点分析

如果脱离具体的政策文本来谈教育政策，会使研究者因不能把握政策发展的脉络而把政策看作是一个孤立的事件，使其对政策的理解变得生硬和简单。对教育政策进行文本分析，不仅可以增进对教育政策及其政策过程的基本认知，而且可以从整体和结构的层面来探讨教育政策过程，从文本中理出制度演变的逻辑和路径。教育政策的价值基础是人们对于教育决策活动及其结果的一种价值评价和选择。由于客观条件、政策环境和利益追求的不同，人们对于教育政策及其结果的价值评价和选择也各不相同。因此，教育政策价值基础不可能是单一的、凝固的、封闭的、并列的体系，而是多样的、动态的、开放的、多层次的价值系统。

（五）各级各类教育政策研究热点分析

改革开放以来，国家针对各级各类教育颁布了形形色色、数量众多的教育政策，具有中国特色的现代教育体系结构的雏形正在加速形成，但教育发展中的问题依然大量存在。当前，基于政策、为了政策、反思政策是教育政策研究中需要深入推进的内容。本书从教育政策文本内容中选择各级各类教育发展过程中具有典型性、代表性的政策问题进行反思，期冀为解决各级各类教育政策的关键性问题提出可行的政策措施，从而使教育政策问题走出政策困境，为教育政策目标的实现保驾护航。

总之，本书在梳理有关教育政策研究现状的基础上，探讨了教育政策学研究的热点领域和未来展望，不仅阐明了教育政策学研究取得的成就，而且展现了教育政策学研究中存在的问题，并据此提出了教育政策学研究的拓展领域；以教育政策的发展演变与困境反思为前提，探究各级各类教育的政策变迁与合理建构，诊断各级各类教育政策的现实困境，为实践中教育政策的制定、执行、评估等提供理论支撑；积极探索建构促进当前教育政策发展的价值体系与文本话语，指导教育发展中的利益配置，通过利益分配来实现教育可持续发展的目标，从价值理性的角度出发，探究教育政策的价值涉入，对教育政策文本进行分析，提出完善教育政策文本的方法和路径。

第一章
教育政策学研究热点的共词可视化

从世界范围来看，教育政策学兴起于西方国家。20 世纪中叶，随着国家职能的转变、学科的分化及对教育改革的反思，以教育政策为研究对象的教育政策学或教育政策研究、教育政策科学、教育政策分析应运而生，出现了《政策科学的范式》《教育政策研究的学科基础》《大政策小世界：教育政策的国际视角》《教育与政策：变化中的范式与问题》等具有代表性的教育政策经典文献。我国教育政策学的发展始于改革开放初期，经过改革开放以来的艰辛历程和开拓创新，教育政策学取得了丰硕成果。对改革开放以来我国教育政策学的研究热点进行可视化研究，不仅有利于系统总结改革开放以来教育政策学研究取得的成就，挖掘教育政策学研究热点间的深层次关系，而且有助于慎重思考和展望未来教育政策学的拓展领域和研究空间。

本书研究资料来源于"中国学术期刊网络出版总库"，采用标准检索，将期刊年限设定为 1985—2015 年，指定期刊类别为"核心期刊、CSSCI 来源期刊"，以"篇名"为检索条件，设定"教育政策"为检索内容，共获得相关文献 1584 篇（检索时间为 2016 年 1 月 8 日），为了确保研究的可靠性与有效性，采取去除书评、期刊介绍、会议通知、丛书介绍、年会综述、会议纪要、刊物征稿要求等非研究型文献的方法，得到 1443 篇有效文章。除此之外，将有效文献中的关键词进行标准化处理，如将"政策制定""政策制订"统一规范为"政策制定"等，从而形成研究的资料来源。

第一节　教育政策学高频关键词
及相异矩阵与聚类分析

一、教育政策学高频关键词的词频统计与分析

关键词是文献的重要组成部分，是研究者经过深思熟虑而提炼得到的、反映论文重要概念等方面的核心术语。基于关键词的词频统计法，可以将不容易量化的海量文献信息转化成可以量化的数据资料进行分析。某个学科关键词出现频次的高低，决定着该学科对某研究领域关注度的大小。通常意义上来讲，高频关键词被用来确定研究领域的热点构成。

通过对我国教育政策学研究文献关键词的统计，共得到 2899 个关键词。依据齐普夫界定公式，结合我国学者孙清兰提出的高频词与低频词的临界值计算公式及各数量同频词的词频估算法[①]，最终确定高频低频词阈值为 18，统一同义词后，得到 49 个高频关键词，其排序结果见表 1-1。

从表 1-1 可以看出，49 个高频关键词总呈现频次为 2653 次，占关键词出现总频次的 39.03%。通过前 49 位的关键词排序，可以初步了解改革开放以来我国教育政策学研究领域的集中热点和趋势。其中，前 10 位关键词频次均大于 60，依次为教育政策（557）、政策（143）、政策分析（136）、教育政策执行（108）、教育公平（97）、教育政策文本分析（94）、教育改革与发展（89）、教育政策制定（87）、流动人口子女教育（69）、教育政策评估（66），其余 39 个关键词出现频次均大于或等于 18。这一结果初步说明，教育政策学研究多围绕教育政策分析、教育政策过程、教育政策文本分析、教育公平视野下具体教育政策研究等方面的主题进行。但是，仅对高频关键词的词频进行统计分析，还难以发现不同研究主题间的联系。因此，我们需要通过关键词共现技术来进一步揭示高频关键词之间隐藏的重要信息，进而深入挖掘研究主题间的联系。

[①] 孙清兰. 高频，低频词的界分及词频估计方法. 情报科学，1992，(2)：28-32.

表 1-1　49 个教育政策学高频关键词排序

序号	关键词	频次	序号	关键词	频次
1	教育政策	557	26	影响因素	32
2	政策	143	27	教育政策支持系统	32
3	政策分析	136	28	教师教育	31
4	教育政策执行	108	29	外语教育政策	30
5	教育公平	97	30	美国教育政策	29
6	教育政策文本分析	94	31	英国教育政策	29
7	教育改革与发展	89	32	政策特点	28
8	教育政策制定	87	33	教育政策研究	27
9	流动人口子女教育	69	34	教育平等	27
10	教育政策评估	66	35	教育质量保障	27
11	教育政策效益	59	36	教育政策走向	27
12	政策变迁	52	37	民族教育政策	25
13	高等教育政策	50	38	政策建议	24
14	教育利益	46	39	教育政策伦理	23
15	教育政策问题	44	40	比较教育政策	22
16	全球化与国际化	43	41	教育政策现状	21
17	教育政策价值分析	42	42	少数民族	19
18	义务教育	40	43	民族教育	19
19	职业技术教育政策	39	44	外语教育	19
20	师范生免费教育	39	45	农村教育	18
21	职业技术教育	37	46	教育体制	18
22	高等教育	35	47	政策主体	18
23	教育政策过程	34	48	民办教育	18
24	多元文化	33	49	教育政策实践	18
25	政策理论	33	合计		2653

二、教育政策学高频关键词的相异矩阵及分析

　　高频关键词的 Ochiai 系数相异分析的基本原理是，相异矩阵中的数字表明了数据间的相异性，其数值越接近 1，表明相应的两个关键词之间的距离越远、相似度越小；反之，数值越接近 0，则表明关键词之间的距离越近、相似度越大。基于此原理，我们利用 BICOMB 共词分析软件，将上述 49 个高频关键词进行共

词分析，生成词篇矩阵后，再将矩阵导入 SPSS19.0，选取 Ochiai 系数并将其转化为一个 49×49 的共词相似矩阵。同时，在进行多维尺度分析时，将此相似矩阵采用（1–相似矩阵）转化为相异矩阵，结果见表 1-2。

表 1-2　教育政策学高频关键词 Ochiai 系数相异矩阵（部分）

关键词	教育政策	政策	政策分析	教育政策执行	教育公平	教育政策文本分析	教育改革与发展	教育政策制定	流动人口子女教育	教育政策评估
教育政策	0.000	0.979	0.843	0.878	0.777	0.811	0.762	0.810	0.867	0.885
政策	0.979	0.000	0.992	0.983	0.956	0.982	1.000	0.962	0.954	0.966
政策分析	0.843	0.992	0.000	0.927	0.971	0.921	0.869	0.874	0.925	0.876
教育政策执行	0.878	0.983	0.927	0.000	0.979	0.957	0.977	0.933	0.906	0.960
教育公平	0.777	0.956	0.971	0.979	0.000	0.898	0.975	0.976	0.971	0.986
教育政策文本分析	0.811	0.982	0.921	0.957	0.898	0.000	0.974	0.902	0.956	0.942
教育改革与发展	0.762	1.000	0.869	0.977	0.975	0.974	0.000	0.878	0.952	0.968
教育政策制定	0.810	0.962	0.874	0.933	0.976	0.902	0.878	0.000	0.969	0.985
流动人口子女教育	0.867	0.954	0.925	0.906	0.971	0.956	0.952	0.969	0.000	0.982
教育政策评估	0.885	0.966	0.876	0.960	0.986	0.942	0.968	0.985	0.982	0.000

从表 1-2 可以看出，各关键词与教育政策距离由远及近的顺序依次为：政策（0.979）、教育政策评估（0.885）、教育政策执行（0.878）、流动人口子女教育（0.867）、政策分析（0.843）、教育政策文本分析（0.811）、教育政策制定（0.810）、教育公平（0.777）、教育改革与发展（0.762）。此结果说明，人们谈论教育政策时，将"教育政策"与"教育改革与发展""教育公平""教育政策制定""教育政策文本分析"结合起来论述的成果较多。同时，通过对表中的系数大小进一步研究亦可发现，"教育政策制定"与"政策分析""教育改革与发展"经常呈现在一起；"教育政策评估"与"政策分析"结合在一起；"教育政策文本分析"与"教育公平""教育政策制定"较多地呈现在一起。这也初步说明，在已有关于教育政策的研究成果中，研究者会经常关注到教育政策制定与教育公平、教育政策制定及其文本分析、教育政策评估及其政策分析等问题。

三、教育政策学高频关键词聚类及其分析

聚类结果能反映关键词之间的亲疏，也可以进一步反映教育政策学的研究热

点。关键词聚类分析的原理是，以它们成对在同一篇文章中出现的频率（共词）为分析对象，利用聚类的统计学方法，把关联密切的关键词聚集在一起形成类团。在进行关键词聚类分析时，首先以最有影响的关键词（种子关键词）生成聚类；其次，由聚类中的种子关键词及相邻的关键词再组成一个新的聚类。关键词越相似，它们的距离越近，反之，则越远。[①]

将表 1-2 中的高频关键词相异系数矩阵导入 SPSS19.0 进行聚类分析，得到的聚类结果见表 1-3。根据聚类分析结果显示的聚团连线距离远近，能直观地看出教育政策学研究高频关键词可以分为 6 类，分别为教育政策过程及其政策价值与文本分析研究（种类 1）、各级各类教育政策分析及其走向研究（种类 2）、教育利益视域下教育政策现状及其政策建议研究（种类 3）、教师教育政策特别是师范生免费教育政策研究（种类 4）、全球化与国际化背景下比较教育政策研究（种类 5）、多元文化背景下民族教育政策及其影响因素研究（种类 6）。

表 1-3　教育政策学高频关键词聚类结果

种类	关键词
种类 1	教育政策、教育改革与发展、教育政策制定、政策分析、政策理论、教育政策实践、教育体制、教育政策执行、教育政策效益、教育政策价值分析、教育政策过程、教育政策评估、教育政策文本分析、政策变迁、教育质量保障、农村教育、教育公平、教育平等、教育政策伦理、教育政策问题、教育政策研究
种类 2	政策、高等教育、政策特点、教育政策支持系统、职业技术教育政策、职业技术教育、教育政策走向、高等教育政策、流动人口子女教育、义务教育、民办教育
种类 3	政策建议、教育政策现状、教育利益、政策主体
种类 4	师范生免费教育、教师教育
种类 5	全球化与国际化、外语教育政策、外语教育、比较教育政策、英国教育政策、美国教育政策
种类 6	民族教育政策、民族教育、影响因素、少数民族、多元文化

种类 1 为教育政策过程及其政策价值与文本分析研究，是教育政策学最大的研究领域，包括教育政策、教育政策制定、教育政策执行、教育政策评估、教育政策价值分析、教育政策文本分析、教育政策研究等 21 个关键词。教育政策过程研究是教育政策学研究的重点领域，教育政策价值研究在教育政策学研究中处于核心地位，同时，对现有教育政策进行文本分析是教育政策学研究中的基本方面，有利于推动教育政策不断走向民主化和科学化。教育政策研究不仅是"为"教育政策的研究，制定出一项好政策的研究，而且是"对"教育政策的研究，是怎样

---

① 郭文斌，陈秋珠. 特殊教育研究热点知识图谱. 华东师范大学学报(教育科学版)，2012，30(3)：49-54.

制定出一项好政策的研究。①民生是教育政策研究的重要立场，把承认和增强民众的利益作为理解和解决教育问题的出发点和落脚点，其工作路线为民生立场、热点聚焦、舆论解读、学理探究、资政建言。②

教育政策研究主要涉及教育政策过程研究、教育政策价值研究、教育政策文本研究、教育政策伦理研究等核心问题。

教育政策过程的核心内容为政策制定、政策执行和政策评估。教育政策制定过程包括教育政策问题认定、教育政策议程、教育政策决定和教育政策表达与合法化等几个阶段③，可以形成制度模式、团体模式、精英模式、过程模式和系统模式等政策制定理论模式。④

教育政策执行过程是教育、行政、管理、服务构成的综合过程，具有行政管理、合同外包、教育教学、依法执教等特征⑤，受政策本身、执行组织、相关人员、执行行动和执行环境等多种因素的影响，容易造成执行组织存在表面主义倾向，相关人员的意向不够坚定，执行行动的控制有待加强，政策资源浪费严重等问题。⑥

教育政策评估主体包括教育政策主体、教育政策客体和教育环境等，教育政策评估标准应兼具多样性和层次性，并具有可操作性，将定性和定量分析有机结合。⑦

教育政策伦理是指国家政府部门为实现特定的教育目标，在调节与分配有限的教育利益资源的过程中所遵循的伦理规范与道德原则⑧，表现出教育政策伦理的内涵、教育政策伦理的外延、教育政策伦理价值、教育政策伦理价值取向等多个方面的特殊性。⑨

教育政策文本是政策的重要表现形式，是教育政策学研究的重要对象。教育政策文本是一定的政治实体对某项措施、方针、法律、规划、准则、计划、方案等所制定的各种文本形式的总和，其形态一般包括单项政策文本、某一领域的政

---

① 袁振国. 深化教育政策研究 加强两种文化交流. 教育发展研究, 2000, (9): 5-9.
② 劳凯声, 李孔珍. 教育政策研究的民生视角. 教育科学研究, 2012, (12): 11-18.
③ 黄忠敬. 我国教育政策制定过程之探讨. 教育理论与实践, 2007, (5): 21-24.
④ 包海芹. 教育政策制定的理论模式探析. 江苏高教, 2009, (2): 13-16.
⑤ 胡春梅. 教育政策执行过程之四重特征. 教育理论与实践, 2006, (13): 21-24.
⑥ 李孔珍. 我国公共教育政策执行：影响因素、问题和路径选择. 中国行政管理, 2010, (11): 53-57.
⑦ 王素荣. 教育政策评估指标体系研究. 教育理论与实践, 2006, (6): 8-10.
⑧ 刘世清. 教育政策伦理：内涵与基本问题. 教育理论与实践, 2009, (19): 16-19.
⑨ 孙绵涛. 试析教育政策伦理的局限性——一种后设伦理学分析的视角. 教育研究, 2012, (7): 4-8.

策文本集合、国家总体教育政策文本总和及元政策文本四个层次。[1]教育政策文本既是政策的可见存在与载体，也是超越经验—技术取向的作为文本的政策。[2]当然，教育政策文本的模糊性与政策执行部门所拥有的行政自由裁量权存在互动关系，这种互动会衍生并助成基层教育行政部门和政策对象的合谋，使其采取各种策略行为寻找政策文本中蕴含的合法化条件。[3]

教育政策的价值具有客观的层级结构，从政治的价值、社会的价值、教育的价值到人的价值体现出由低到高的等级秩序。[4]教育政策的价值系统主要由教育政策活动的价值要素及其关系构成，包括教育政策的价值主体、教育政策的价值客体、教育政策问题和教育政策的价值关系等主要方面。[5]我国教育政策应建立在"以人为本""教育平等""效益优化""可选择性""多样性"等价值观的基础之上。[6]与此同时，该种类的研究还涉及教育政策价值统领即公平与效率[7]、基于价值理性与工具理性的抉择的联合国教科文组织教育政策的话语演变[8]、基于促进公平的教育政策首要价值取向[9]、教育公平政策终极价值指向[10]、国家教育公平政策的思路与问题及其对策[11]等方面。

种类 2 为各级各类教育政策分析及其走向研究，包括义务教育、高等教育、职业技术教育、民办教育、教育政策走向、教育政策支持系统等 11 个关键词。在义务教育政策多元价值标准中，"公平"价值标准是主导的、首要的价值标准。[12]教育政策学研究不仅包含元政策研究，而且包含单项教育政策与某个领域教育政策的研究，对各级各类教育政策进行分门别类的研究与分析，是教育政策学研究中的关键领域。

改革开放以来，我国在政策领域采取了小学升初中免试就近入学政策、均衡

① 刘复兴. 教育政策的四重视角. 清华大学教育研究，2002，(4)：13-19.
② 曾荣光. 教育政策研究：议论批判的视域. 北京大学教育评论，2007，5(4)：23-30.
③ 林小英. 教育政策文本的模糊性和策略性解读——以民办高校学历文凭考试相关政策为例. 教育发展研究，2010，(2)：23-29.
④ 祁型雨. 论教育政策的价值及其评价标准. 教育科学，2003，19(2)：7-10.
⑤ 刘复兴. 教育政策的价值系统. 清华大学教育研究，2003，(2)：6-13.
⑥ 劳凯声，刘复兴. 论教育政策的价值基础. 北京师范大学学报(人文社会科学版)，2000，(6)：5-17.
⑦ 眭依凡. 公平与效率：教育政策研究的价值统领. 中国高等教育，2014，(18)：11-15.
⑧ 滕珺. 价值理性与工具理性的抉择：联合国教科文组织教育政策的话语演变. 教育研究，2011，(5)：92-101.
⑨ 董圣足. 促进公平：教育政策首要价值取向. 上海教育科研，2014，(5)：1.
⑩ 石中英. 教育公平政策终极价值指向反思. 探索与争鸣，2015，(5)：4-6.
⑪ 吴华. 国家教育公平政策的思路、问题与对策. 东北师大学报(哲学社会科学版)，2007，(2)：151-155.
⑫ 朱永坤. 公平：义务教育政策制定的首要价值标准. 教育科学，2010，(5)：38-42.

发展政策、"两免一补"政策、随班就读政策、"两为主"政策等，形成了相对全面的普及和救助政策体系。致力于更加公平的教育是改革开放以来义务教育政策的主旋律，但还存在着义务教育发展尚不均衡、弱势儿童的受教育机会尚未得到全面保障等突出问题，这就要求强化政府的义务教育公平责任，建立和完善保护儿童受教育权利的政策和法律机制，实现教育公共服务均等化，以保障每一个儿童都能上好学。①

我国职业教育政策文本具有不稳定性和非连续性、多权威控制性及师资建设政策与中等职业教育政策受关注等特点。②近年来，围绕职业教育政策分析、经费政策、职业资格证书制度、民办职业教育政策、校企合作政策、师资队伍政策等问题，已经形成了较多职业教育政策的研究热点。③

民办教育作为我国教育事业的重要组成部分，经历了观望、认可、鼓励等发展阶段，民办教育要想实现可持续发展，在政策层面就要解决好地位问题、称谓问题、适用范围问题、营利问题、弹性问题等。④当前，我国民办教育政策在学校税收、教师待遇、学生资助、学校办学自主权、特殊受教育群体补偿等方面还存在着歧视等现象，政策冲突、政策模糊和政策盲点是导致歧视产生的主要原因。⑤因此，国家在制定民办教育政策时，首先要考虑受教育者的需求和利益，除管制外，政府应该注重使用财政、公共设施建设等政策工具，对民办教育进行有效的调节和干预。⑥

高等教育政策是促进高等教育事业发展必不可少的工具。高等教育政策的基本价值矛盾是经济价值与知识价值的矛盾。⑦高等教育政策的制定存在由高等教育本身来推动的"由内到外"的决策模式和由高等教育之外的力量主导并强加给高等教育的"由外到内"的决策模式。美国是典型的"由内到外"的决策模式，英国呈现出由"由内到外"向"由外到内"决策模式的转变，中国则是典型的"由外到内"的决策模式。⑧在我国高等教育不断加强省级统筹权之际，高等教育政

---

① 尹力. 致力于更加公平的教育：义务教育政策三十年——基于改革开放 30 年义务教育政策与法制建设的思考. 清华大学教育研究, 2008, 29(6)：43-49.

② 石学云, 祁占勇. 中国职业教育改革发展的政策走向分析——1995~2008 年中国职业教育政策文本的定量分析. 职业技术教育, 2010, (34)：5-11.

③ 于海燕, 祁占勇. 我国职业教育政策研究热点的领域构成与拓展趋势. 教育与职业, 2015, (7)：5-9.

④ 杨全印. 关于我国 20 年民办教育政策的思考. 黑龙江高教研究, 2002, (2)：18-21.

⑤ 胡伶. 民办教育政策歧视现象分析. 现代教育管理, 2013, (12)：62-67.

⑥ 阎凤桥. 民办教育政策的经济学分析. 教育研究, 2005, (9)：59-63.

⑦ 涂端午. 高等教育政策的价值结构——基于政策文本的实证分析. 清华大学教育研究, 2010, 31(5)：6-13.

⑧ 樊平军. 高等教育政策驱动模式的国际比较. 高教探索, 2009, (5)：66-69.

策调整必须遵循弥补激进式、强制性制度变迁的局限和摆脱对传统高等教育管理方式的路径依赖两个基本的指导思想。①

种类 3 为教育利益视域下教育政策现状及其政策建议研究，包括政策建议、教育政策现状、教育利益、政策主体等 4 个关键词。通俗地讲，教育政策的本质就是权衡不同教育利益，进而对各种利益相关者的教育利益进行选择、平衡和分配，因此基于教育利益视角的教育政策分析，并据此提出具有利益诉求的政策建议，就成了教育政策学研究领域的基本内容。

教育政策作为政府为解决特定教育问题或实现特定教育目标，对社会全体成员的教育权益进行权威性分配的行为准则和方案，以教育公平为基本准则，以公共教育利益为核心，成为教育利益的“调节器”和“温度计”，利益分析是教育政策基本分析的必要构件。②教育政策利益形成于政策过程的制定阶段，在教育政策实践中，教育政策制定主体、执行主体、目标群体和其他政策利益相关者对教育政策利益的形成有着不同程度的影响，其作用机制也各不相同。③

然而，政策内涵的模糊性和不确定性、教育需求的多样性和作为教育政策主体的政府的自利性，容易导致教育政策中公共利益的异化。为此，必须完善涉及教育公共利益的法律条款，建立和完善各利益群体的利益表达机制，建立公平的教育利益补偿救济机制，建立严格的政府责任机制。④从本质上讲，作为公共政策的教育政策就是对教育活动中各利益主体矛盾的协调和处理。教育政策主体由决策主体、辅助决策主体、执行主体和对象主体构成。不同主体的利益诉求存在的差异，引发了主体间的矛盾与冲突，并导致政策效能降低。要想最大限度地实现政策目标，就必须寻求主体间的利益契合点，提高主体素质和政策认同感，完善决策机制和监督制度，强化主体责任。⑤

种类 4 为教师教育政策特别是师范生免费教育政策研究，包括师范生免费教育、教师教育 2 个关键词。百年大计，教育为本；教育之计，教师为本，建设一支师德高尚、业务精湛、结构合理、充满活力的高素质专业化教师队伍，是提高教育质量的根本所在。因此，教师教育政策是教育政策学研究中的永恒话题，教师教育政策的合理化程度决定了国家教育质量的高低。

① 张应强，彭红玉. 地方高校发展与高等教育政策调整. 高等教育研究, 2008, (9): 7-15.
② 李北群. 论教育政策的利益分析: 必要性、框架及应用. 江苏社会科学, 2008, (6): 210-214.
③ 徐自强，龚怡祖. 教育政策利益的形成及其影响机制分析. 教育发展研究, 2011, (Z1): 64-70.
④ 李军良. 论教育政策的公共利益取向. 社会科学家, 2012, (12): 118-121.
⑤ 姚永强. 教育政策主体的利益冲突与整合. 国家教育行政学院学报, 2012, (3): 31-35.

教师教育政策是我国师范教育、教师教育发展与繁荣的重要推动力,我国百年来教师教育政策的演变发展是人们对教师教育性质、本质、地位、任务、目标的认识不断深化的历史,我国教师教育的发展是在有关教师教育应该独立设置还是合并、封闭发展还是开放发展、强调学术性还是师范性等争议中发展起来的。[①]

与此同时,通过对我国教师教育政策文本的分析和解读,可以发现我国教师教育政策价值取向的变迁遵循从工具本位向教师本位的移行、从注重职前培养向职前职后教育一体化过渡、从强调效率到更加关注公平、由一元化迈向多元化的逻辑路径,其价值取向的追求呈现出"公平优先、兼顾效率""以人为本、和谐发展""均衡化、一体化""多元化、开放化"等特点。[②]近年来,我国教师教育政策研究的重心聚焦于师范生免费教育政策方面,师范生免费教育政策根源于欠发达地区和农村地区基础教育优秀教师的有限性与其对优秀教师需求的无限性的矛盾。[③]师范生免费教育是我国教育知识动员的典型案例,折射出我国教育政策的民主化和科学化趋势,反映了教育决策中的去行政化迹象。[④]

然而,随着政策环境的变化,需要对师范生免费教育政策进行适当调整,部属师范大学实施的师范生免费教育政策应该进行灵活调整,师范生免费教育政策类型应多样化,为农村偏远初中定向招聘地方院校师范类毕业生,为农村初小和教学点定向免费培养"3+2"形式的师范生。[⑤]同时,为了增强免费师范生对师范生免费教育政策的认同度,需要统筹采取增强政策制定的合理性、探索加强政策宣传的实效性、真正改变教师的待遇、加强对政策实施的跟踪调查等手段来提高政策的执行力。[⑥]

种类5为全球化与国际化背景下比较教育政策研究,包括全球化与国际化、外语教育政策、外语教育、比较教育政策、英国教育政策、美国教育政策等6个关键词。该类主要包括外语教育政策与比较教育政策两个方面。"他山之石,可以攻玉",通过对教育政策的比较研究,不仅可以繁荣我国教育政策学的内容体系,

① 张旸. 中国百年教师教育政策的演变及特点. 河北师范大学学报(教育科学版),2011,13(4):16-21.
② 曲铁华,崔红洁. 我国教师教育政策价值取向变迁的路径与特点——基于1978—2013年政策文本的分析. 现代大学教育,2014,(3):70-76.
③ 蒋馨岚. 师范生免费教育政策的伦理困境. 高教探索,2014,(6):43-46.
④ 洪成文,林成华. 从知识动员视角谈师范生免费教育政策之逻辑形成——基于《温家宝谈教育》的研读. 中国高教研究,2014,(1):9-13.
⑤ 付卫东,曹青林. 高校师范类学生就业需求与师范生免费教育政策调整——基于全国6所部属师范大学和30所地方院校的调查. 华中师范大学学报(人文社会科学版),2013,52(6):182-188.
⑥ 姚云,董晓薇. 全国师范生免费教育政策实施认同度调查. 教育研究与实验,2009,(1):45-50.

而且有利于吸收、借鉴或规避国外教育政策的优缺点。外语教育政策是教育政策的重要组成部分，"外语教育政策研究本质上属于社会科学领域内的公共政策研究范畴"①，我国外语教育政策研究已涉及基本理论问题、国外外语教育与政策、中国外语教育政策、中外外语教育政策比较、外语教育政策过程等研究主题。②

在全球化背景下，语言文化越来越成为一个国家综合国力的重要组成部分，文化的交流和传播成为国际竞争和国际冲突的一个方面，外语教育与国家安危和民族兴亡是紧密联系在一起的，这就要求我国要尽快建构符合我国国家安全需要的相关外语政策。③事实上，美国政府极为重视以国家安全为取向的外语教育政策，以国家利益为最高目的的意识就自然而然地成为其制定美国外语教育政策的战略导向。反过来，由此而派生的国家外语教育政策，又成为这些国家目标得以落实和实现的制度性保障。④

教育政策的比较研究是教育政策研究者和国际比较教育工作者共同关注的主题，在进行比较教育政策研究的过程中，我们需要关注"什么是教育政策比较研究？其研究范畴和理论依据是什么？怎样进行教育政策的比较研究？如何应用教育政策比较研究来认识和改进中国的教育政策？"⑤当然，在实践应用中，教育政策比较研究这一议题具有"硬币的两面性"：一方面，思维逻辑的重建、文本脉络的厘清、范式取向的调整这三个维度，彰显了政策比较研究的内在价值；另一方面，"全球—地方化"、价值冲突、非理性修辞、文化偏见等因素，又是政策比较研究中无法摆脱的局限。要实现教育政策在并置中比较，需要借助整体化立场、政策知识、"以证据为本"的研究，予以规范。⑥

种类 6 为多元文化背景下民族教育政策及其影响因素研究，包括民族教育政策、民族教育、影响因素、少数民族、多元文化 5 个关键词。少数民族教育是世界各国教育事业发展中的重要组成部分，在全球化时代背景下，民族教育政策大都呈现出相似的特点和共同的发展趋势，在民族教育政策制定中，很多国家都奉行民族平等原则，采取差异补偿措施；重视对少数民族学生基本能力和核心素养

① 邹为诚. 论外语教育政策研究的性质、任务和方法——代《中国外语》外语教育政策研究专栏主持人话语. 中国外语，2011，8（4）：26-30.

② 郝成淼. 我国外语教育政策研究的概况与前瞻——基于中国期刊全文数据库的文献计量分析（1993—2012）. 现代大学教育，2013，（1）：57-64，113.

③ 佟晓梅. 国家安全视阈下中国外语教育政策问题研究. 社会科学辑刊，2011，（2）：222-224.

④ 贾爱武. 以国家安全为取向的美国外语教育政策. 比较教育研究，2007，28（4）：13-18.

⑤ 韩玉梅，李玲. 教育政策比较研究：理论、方法及其应用. 比较教育研究，2013，（4）：33-37.

⑥ 李志超. 教育政策比较研究的价值及其限度. 比较教育研究，2015，（4）：15-20.

的培养；既尊重民族文化多样性，又坚持开展共同价值观教育；加大民族教育的资金投入和人员支持；通过完善法律法规，为民族教育提供制度保障。[1]

基于多元文化主义思潮的影响，我国的民族教育政策应建立更加平等的国民教育体系，尊重民族特殊需求；促进课程与教材改革，使之与当地的传统文化相结合；建立民族地区教育补偿机制，加大对民族教育的财政资助和政策倾斜；适当下放民族教育管理权限，增强民族自治能力，从而使我国的民族教育为实现我国文化多元一体格局作出更大的贡献。[2]同时，长期以来我国民族教育政策有两大类型：第一类为优惠性政策；第二类为特殊性政策。在新的形势下，我国民族教育政策正在经历一个由重视数量向重视质量、由重视优惠政策向重视特殊政策转变的过程。[3]

第二节　教育政策学研究领域的拓展空间

依据共词分析的理论和方法的研究发现，教育政策学研究热点主要集中在六个方面，这些研究既推动了教育政策学研究的繁荣与发展，为促进教育政策学学科建设与教育政策学人才培养提供了智力支撑，也为各级各类教育政策的完善提供了指导，为促进我国教育政策的科学化、民主化、制度化、绩效化奠定了理论根基。

与此同时，通过对聚类分析图和多维尺度图的进一步分析，可以归纳出我国近30年教育政策学研究存在的"五多"和"五少"现象，即定性研究多，方法创新少；内容分析多，过程研究少；单一学科研究多，交叉学科研究少；宏观研究多，微观研究少；规范研究多，实证研究少。这就要求我国教育政策学的未来研究，要在继承已有研究的基础上，在"五少"方面开拓进取，争取更大的突破，从而使教育政策学学科更加成熟、研究领域不断完善、相对独立的话语体系日趋形成。

一、加强教育政策学研究方法的创新

研究方法是衡量学科成熟与否的重要指标之一，从我国目前研究教育政策的

---

[1] 顾明远，马健生，田京. 世界主要国家民族教育政策的基本趋势. 外国教育研究，2015，(8)：3-13.

[2] 尹玉玲，唐小平. 论国家民族教育政策的理性选择——基于多元文化主义的视角. 民族教育研究，2013，(1)：28-33.

[3] 王鉴. 试论我国少数民族教育改革重心的转移问题. 民族教育研究，2009，(3)：18-25.

方法来看，大多选用单一的定性法，缺乏综合运用，存在事实描述多、调查取证少，描述性认知多、统计性验证少，宏观层次研究多、微观层次研究少等问题。从理论上来说，研究教育政策的方法非常丰富，既有个案研究与综合研究、思辨研究与实证研究、宏观研究与微观研究，也有历史文献法、比较法、实验法及人类学研究法等具体的研究方法等。教育政策研究者应该综合运用多种研究方法，深入研究教育政策问题。

二、重视教育政策学的过程研究

教育政策的科学化与民主化主要取决于教育政策决策过程中的制度化，因此，重视教育政策的过程研究，对教育政策具有保驾护航的作用。然而，目前国内教育政策研究很大一部分是对政策内容的分析，对于政策过程的研究偏少。要改进教育政策制定系统，离不开对教育政策实际过程的经验研究。透过教育政策过程，可以看到影响教育政策制定和执行的教育自身因素及其与政治、经济、社会等外部变量的复杂关系，而对这些因素及其关系的理解和认识，正是改进教育政策制定的重要基础。柯伯斯在反思美国教育政策研究时曾指出："仅仅对政策过程的认识程度不深这一弱点，就使我们远远缺乏那种可以对可能激发新政策出笼的一些变化作出英明预见的能力，缺乏那种能自信地对某个建议付诸实施将会有何种成果作出预料的能力，缺乏对政策过程进行及时调整修正的能力。"[1]虽然目前国内已有学术期刊论文和硕博士论文对职业教育政策过程进行了案例研究，但这方面的研究尚处于初级阶段。

三、树立教育政策学的交叉学科意识

教育政策学是一门新兴交叉学科，是一门富有生命力的学科，不是现有某一学科的更新，而是具有综合、交叉的特点，因此，教育政策学的研究需要树立学科交叉综合意识。正是因为教育政策研究的这种全新综合的特征，使得它本身具有社会科学或元社会科学的某些意义，即它的理论和方法具有一般方法论的某些特点。但目前我国教育政策研究的理论基础较为薄弱、交叉学科特性不鲜明，更

---

① 余国芳，田艾华. 加强教育政策研究，更好地为教育发展服务. 江西教育科研，1994，(1)：18-19.

多的是基于政策学基本原理来探讨教育政策问题，有简单移植之嫌，单一学科特别是单一的教育学科对教育政策研究的支持力和针对性非常有限。显然，教育政策研究中的跨学科、跨领域研究能力亟待提升，尚且需要研究者综合运用管理学、统筹学、计量学、行政学、法学、博弈论、系统论等学科知识来开展教育政策研究，以此来丰富和推进教育政策学的繁荣和发展，彰显中国问题、中国学派、中国气质、中国语言的教育政策学体系。

四、关注教育政策学的微观研究

教育政策学研究既要关注理论层面、宏大叙事方面的研究，也要关注实践层面、微观方面的研究，做到理论与实践、宏观与微观的结合。在教育政策研究中，宏观研究以整个政策系统和政策过程作为研究和解释的对象，涉及的是地区、国家甚至跨国层次的总体政策系统及过程，探讨政策研究的一般方法论和分析技术，形成宏观的政策理论即教育政策科学总论。微观研究涉及政策系统、政策过程、政策现象的某一部分、方面或环节，对这样一些部分、方面或环节的研究，可以构成教育政策研究的分支学科。在我国，教育政策研究的分化程度相当低，基本停留在教育政策研究的一般理论、宏观分析和方法（总论）的研究上，大部分分支研究并未分化、成型。因此，教育政策学研究领域拓展的关键在于微观研究方面的深入与升华，微观研究要为教育政策学分支研究的发展奠定坚实的基础，从而增强教育政策学的话语权，最终形成教育政策学的学科领域与体系。

五、增强教育政策学的实证研究

实证研究主要处理的是"事实"，提出的是"是什么"的实然问题；规范研究主要处理的是"价值"，提出的是"应该是什么"的应然问题。教育政策的研究既要做事实分析，也要做价值分析，尤其是要高度重视价值判断在决策行为及政策过程中的地位和作用。目前，我国的教育政策研究以文献、思辨和规范研究为主，研究倾向于对教育政策文本的解读和阐释，常见的是对政策问题提出一般性的政策建议，缺乏对复杂真实的教育政策现象的深入了解及以此为基础的理论发展。思辨研究和文献研究是社会科学研究中的重要方法，但缺乏对政策现象的经验和实证研究，可能会使我们的研究脱离教育实践，从而使理论研究陷于思辨和文献之中，造成理论与实践相脱离。以文献研究为主的比较政策研究虽然关注不少热点政策问题，但其政策比较的基点主要是"经验—问题—解决"的思路，缺乏应有的理论深度与高度。

第二章
教育政策过程研究热点的共词可视化

教育政策既是静态文本也是动态过程，其动态过程包括政策制定、政策执行、政策评估等方面，而且每个方面都不是简单的线性过程，不仅可以构成政策圆圈，而且能循环往返。因此，在教育政策基本问题研究方面，教育政策过程研究首当其冲，教育政策过程研究是教育政策基本问题中的基础和核心。

第一节 教育政策制定研究热点的共词可视化

教育政策制定是教育政策过程的起点，它直接关涉教育政策的其他环节与阶段。教育政策制定是教育政策过程的第一阶段，包括问题认定、政策议程、方案决定、政策合法化等几个环节。教育政策的制定过程中，直接或间接地受到政治、经济、利益集团、民意、媒体等诸多因素的影响，这些因素对教育政策制定的过程和结果都有重要的影响。

研究资料来源于中国知网（CNKI），采用标准检索，将期刊年限设定为1985—2015年，期刊为"全部期刊"，以"篇名"为检索条件，设定"教育政策"并含"制定""制订""决策""出台""生成""议程""目标""方案""程序""形成""议题"，加上设定"教育政策问题"，共获得有效文献201篇（检索时间为2016年11月7日）。除此之外，将有效文献中的关键词进行标准化处理，如将"教育政策制定""教育政策制订"统一规范为"教育政策制定"等，从而形成资料的研究来源。

一、教育政策制定高频关键词的词频统计与分析

通过对我国教育政策制定研究文献关键词的统计，经过合并关键词，设定阈值为大于等于4，统计共得到29个关键词，其排序结果见表2-1。

表2-1　29个教育政策制定高频关键词排序

序号	关键词	频次	序号	关键词	频次	序号	关键词	频次
1	教育政策	49	11	民族教育政策	8	21	体制机制	5
2	教育政策制定	21	12	职业教育政策	8	22	教育政策议题	5
3	教育政策问题	16	13	教育政策执行	8	23	农民工子女教育	5
4	国外	14	14	高等教育政策	7	24	民办教育	4
5	教育公平	12	15	程序正义	6	25	教育资源	4
6	政策	11	16	政策目标群体	6	26	教育政策利益	4
7	政策价值取向	10	17	话语分析	6	27	素质教育政策	4
8	师范生免费教育政策	9	18	形成机制	6	28	公共问题	4
9	教育政策议程	9	19	效率目标	5	29	生均教育经费	4
10	政策分析	8	20	影响因素	5	合计		263

从表2-1可以看出，29个高频关键词总呈现频次为263次，占关键词出现总频次的52.76%。通过这29个关键词的排序，可以初步了解教育政策制定相关研究的热点问题与趋势。其中，前9位关键词频次均大于9，依次为教育政策（49）、教育政策制定（21）、教育政策问题（16）、国外（14）、教育公平（12）、政策（11）、政策价值取向（10）、师范生免费教育政策（9）、教育政策议程（9），其余20个关键词出现频次均大于等于4。这一统计结果初步说明，教育政策制定研究大多围绕问题、国外的政策制定、教育公平、价值取向、师范生免费教育政策及政策议程研究等方面的主题进行。

二、教育政策制定高频关键词的相异矩阵及分析

利用BICOMB共词分析软件，将上述29个高频关键词进行共词分析，生成词篇矩阵后，再将矩阵导入SPSS19.0，选取Ochiai系数并将其转化为一个29×29的共词相似矩阵。同时，在进行多维尺度分析时，将此相似矩阵采用（1−相似矩阵）转化为相异矩阵，结果见表2-2。

表 2-2 教育政策制定高频关键词 Ochiai 系数相异矩阵（部分）

关键词	教育政策	教育政策制定	教育政策问题	国外	教育公平	政策	政策价值取向	师范生免费教育政策	教育政策议程	政策分析
教育政策	0.000	0.681	0.816	0.695	0.629	0.957	0.729	0.952	0.784	0.892
教育政策制定	0.681	0.000	0.885	0.880	0.742	0.933	0.859	1.000	0.915	1.000
教育政策问题	0.816	0.885	0.000	1.000	1.000	0.922	0.918	0.828	1.000	0.805
国外	0.695	0.880	1.000	0.000	0.923	0.919	0.831	1.000	1.000	0.899
教育公平	0.629	0.742	1.000	0.923	0.000	0.913	0.817	1.000	1.000	1.000
政策	0.957	0.933	0.922	0.919	0.913	0.000	1.000	0.799	1.000	0.772
政策价值取向	0.729	0.859	0.918	0.831	0.817	1.000	0.000	1.000	1.000	1.000
师范生免费教育政策	0.952	1.000	0.828	1.000	1.000	0.799	1.000	0.000	1.000	0.622
教育政策议程	0.784	0.915	1.000	1.000	1.000	1.000	1.000	1.000	0.000	0.857
政策分析	0.892	1.000	0.805	0.899	1.000	0.772	1.000	0.622	0.857	0.000

从表 2-2 可以看出，各个关键词与教育政策制定距离由远及近的顺序依次为：政策分析（1.000）、师范生免费教育政策（1.000）、政策（0.933）、教育政策议程（0.915）、教育政策问题（0.885）、国外（0.880）、政策价值取向（0.859）、教育公平（0.742）、教育政策（0.681）。此结果说明，人们在谈及教育政策制定时，将"教育政策制定"与"教育政策""教育公平""政策价值取向""国外""教育政策问题"结合起来论述的成果较多。同时，通过对表中的系数大小进一步研究亦可发现，"教育政策"经常与"教育政策制定""国外""教育公平""政策价值取向"结合在一起；"教育公平"多与"教育政策""教育政策制定"呈现在一起；"政策"多与"政策分析""师范生免费教育政策"结合在一起。这也初步说明，在已有的教育政策制定的研究成果中，研究者经常关注教育政策制定与教育公平、国外的教育政策制定及政策分析等方面的问题。

三、教育政策制定高频关键词聚类及其分析

将表 2-2 中的高频关键词相异系数矩阵导入 SPSS19.0 进行聚类分析，得到的聚类结果见表 2-3。根据聚类分析结果显示的聚团连线距离远近，能够直观地看出教育政策制定研究的高频关键词分为 5 类，分别为公共性的农民工子女教育资源保障研究（种类 1）、教育政策制定的价值取向及其影响因素研究（种类 2）、程

序正义视野下民办教育政策议题研究(种类 3)、师范生免费教育政策问题分析(种类 4)、教育政策利益的形成机制及其目标群体研究（种类 5）。

表 2-3　教育政策制定高频关键词聚类结果

种类	关键词
种类 1	教育资源、生均教育经费、公共问题、农民工子女教育
种类 2	话语分析、素质教育政策、政策价值取向、高等教育政策、国外、效率目标、教育政策制定、影响因素、教育政策、教育公平、教育政策议程、体制机制
种类 3	程序正义、教育政策议题、民办教育
种类 4	师范生免费教育政策、政策分析、政策、教育政策问题、民族教育政策
种类 5	形成机制、教育政策利益、教育政策执行、政策目标群体、职业教育政策

　　种类 1 是公共性的农民工子女教育资源保障研究，包括教育资源、生均教育经费、公共问题和农民工子女教育等关键词。农民工进城是有多方面因素的：城市就业收入高的吸引力；城市发展机会和生活环境的拉力；农村家庭内部及外部社会关系的拉力；农村家庭生产生活的推力等。在此基础上，农民工将孩子带入城市的原因包括亲情因素的支配、城市教育政策、城市教育质量、城市职业的稳定性、农民工自身的经济状况等。[①]农民工子女教育问题产生的原因包括：高速的城市化进程，农民举家外出比重增大；政策法规的制定不完善，监督机制不健全；现行户籍制度与人口流动需求不相适应；社会公平显失及农民自身因素的影响等。[②]目前，农民工子女教育主要面临以下问题：户籍人口出生小高峰及户籍生育政策调整后的生育堆积效应，将加剧近期教育资源的供需矛盾；农民工集中居住，区域公办教育资源供需矛盾突出，降低了义务教育资源的总体承载力；农民工子女初中后的教育通道一旦建立，将对义务教育资源形成一定的冲击等。[③]

　　城市教育资源供求不均衡，富余校舍主要集中在中心城区，而农民工聚居的城乡接合部的校舍十分短缺。在计划经济体制下，公办教育资源，尤其是优质学校集中在老中心城区，新兴城区和城郊接合部往往是教育资源配置的薄弱环节。[④]教育资源分配的不均衡，直接或间接地导致了农民工子女教育水平低下，农民工子女与其他同龄孩子相比有更多的自卑感，这会影响他们以后的就业，使他们容

---

① 冯帮. 我国农民工子女教育问题产生的背景分析. 江西教育科研，2007，(4)：52-54.
② 戴国立. 农民工子女教育问题产生原因探索. 中国青年研究，2008，(6)：77-80.
③ 吴瑞君. 农民工子女教育问题及解决思路. 教育发展研究，2009，(10)：1-6.
④ 雷万鹏. 新生代农民工子女教育调查与思考. 华中师范大学学报(人文社会科学版)，2013，52(5)：139-146.

易出现就业机会少、自我表现意识低、综合能力弱等诸多问题。

流动人口由于其职业特征和经济方面的原因，在城市中的分布往往呈现出聚集性的特点，且一般分布在城市的城乡接合部。这些地带往往是城市教育资源布局最为薄弱的地带，这就形成了这些居住地的教育需求与教育供给的不平衡。农民工子女就学的无序及混乱带来了管理上的难度，流动的无序与过度流入给地方政府带来了财政压力等。[①]这说明我国的教育政策制定中对农民工子女教育的相关政策规定仍然是不完善的。显而易见，这些问题本身并不是人们的观念问题，而是制度和体制问题。因此，要解决农民工子女的教育问题，必须对现行的体制和制度作出重大的调整和改革，为农民工子女上学提供制度保障。[②]

这些困难的产生，表明仅有政府尤其是仅有中央政府的重视是不够的，农民工及其子女相关问题的解决，牵涉到多方面的利益矛盾，在执行相关政策的过程中，多元利益的协调与矛盾的整合成为地方政府需要考虑的系统性工程。[③]农民工子女义务教育政策的研究重点应当转移到对影响农民工子女接受义务教育政策有效执行的因素分析上来，只有遏制了这些不利因素，农民工子女的义务教育问题才能得到事实意义上的解决。[④]针对农民工子女义务教育问题，可以采取的对策有：①建立财政转移支付专项资金，支持流入地政府为农民工子女提供公共教育服务；②建立适应农民工子女频繁流动特点的学籍管理网络系统，为其学籍转移提供必要的便利；③在教育过程中坚持"补偿原则"，努力缩小和消除农民工子女与其他孩子在教育和发展方面的差距等。[⑤]

农民工子女教育转型的政策选择必须要在教育资源上大下功夫，进一步转变教育资源配置价值观：①弱势补偿、相对均衡；②扩大教育资源的来源与供给，满足教育需求；③改革资源配置体制，实现"同城待遇"。[⑥]农民工子女义务教育问题不单纯是一个教育问题，从更深层次上看，它其实是一个社会问题。要想有效地解决这个问题，着眼点还在于公共政策，即政府和其他社会机构以什么样的

① 黄祖辉，许昆鹏. 农民工及其子女的教育问题与对策. 浙江大学学报(人文社会科学版)，2006，34(4)：108-114.

② 项继权. 农民工子女教育：政策选择与制度保障——关于农民工子女教育问题的调查分析及政策建议. 华中师范大学学报(人文社会科学版)，2005，44(3)：2-11.

③ 王水珍，刘成斌. 共享的可能?——农民工流入地教育资源供给分析. 中国青年研究，2007，(7)：9-12.

④ 周佳. 农民工子女义务教育：从教育问题到教育政策问题. 当代教育科学，2004，(17)：45-48.

⑤ 王守恒，邵秀娟. 农民工子女教育：难题与对策. 教育科学研究，2011，(1)：23-26.

⑥ 熊觉. 资源配置视角下农民工子女的教育转型研究——以宁波市海曙区为例. 中共浙江省委党校学报，2009，52(2)：102-107.

原则、什么样的方法、什么样的策略和手段来解决该社会问题。[①]所以，农民工子女教育问题在今后仍然是我们需要致力于解决的重点领域。

种类 2 是教育政策制定的价值取向及其影响因素研究，包括话语分析、素质教育政策、政策价值取向、高等教育政策等关键词。教育政策作为国家政策的一个主要方面，必须代表最广大人民群众的根本利益，能激发全社会关注教育、支持教育的积极性和创造力，形成公平竞争的环境，提供良好的服务，保证公共利益最大化，促进教育实现新的跨越式发展。[②]

教育政策是一种弥漫着价值性的活动。教育政策应该确立哪些维度的价值取向，取决于教育这种社会实践活动的性质。基于教育实践活动的性质，教育政策应确立以下维度的价值取向：以人为本、公共性和正义的观念。[③]同时，教育政策的价值取向最主要的规定性是坚持合目的性与合规律性的统一。合目的性要求教育政策的价值取向做到为国家发展与为教育发展的统一、公平与效率的统一；合规律性要求教育政策的价值取向在统一性原则的基础上坚持偏移性原则，相对突出"为教育发展"和"教育公平"的价值选择。[④]

在涉及各类教育政策制定的问题时，"公平"是义务教育政策的首要价值标准，与其他价值标准相比处于主导地位，是教育政策制定的依据和准绳。若义务教育只被一部分人（或者是大部分人）享受，或有人没有享受到义务教育，那么这种义务教育的公共性便处于阙如状态，不是真正意义的公共教育关于"公共性"的界定和理解。[⑤]

未来中国的高等教育价值取向应作出怎样的理性抉择呢？"三元"价值的有机整合是未来高等教育价值取向的合理选择，高等教育不可能脱离个人价值取向，不可能脱离知识价值取向，也不可能脱离社会价值取向，因此制定合理的教育政策，是高等教育"三元取向"有效整合的合理保证。比如，可以修订《中华人民共和国高等教育法》，明确规定高等学校必须实施"学、研、产"结合，并确保高等教育的个人价值、社会价值及知识价值均能得到实现。[⑥]

影响教育政策制定的因素主要有：教育信息的"扭曲"和"失真"、构思教育

---

① 万宝方，龚春明. 公共政策视角下农民工子女义务教育问题探究. 继续教育研究，2010，(4)：66-68.

② 刘丽媛. 影响教育政策制定的因素分析. 教学与管理，2004，(21)：5-6.

③ 魏峰，张乐天. 新时期我国教育政策的价值取向. 教育理论与实践，2010，(13)：25-28.

④ 祁型雨. 教育政策价值取向的几个基本理论问题探讨. 沈阳师范大学学报(社会科学版)，2006，30(3)：9-13.

⑤ 朱永坤. 公平：义务教育政策制定的首要价值标准. 教育科学，2010，26(5)：38-42.

⑥ 徐红，董泽芳. 中国高等教育价值取向 60 年嬗变：教育政策的视角，中国高等研究，2010，(5)：7-10.

政策知识工具的欠缺、不确定性和外部性的影响、意识形态的时滞和刚性、强势集团利益的主导作用、缺乏公平竞争平台。①另外，政策制定者的个人因素对教育政策的制定也起着非常直接的作用，主要包括政策制定者的情感因素、政策制定者的能力及个人利益等。②分析中国公共教育政策制定影响因素的根本目的，就是要寻求解决中国公共教育政策制定过程中出现的问题需要的关键对策，这是当前中国教育事业发展对公共教育政策制定的基本要求。③

教育公平问题源于教育政策。教育政策制定程序包括技术性程序和制度性程序，程序是否公平是影响教育政策公平的一个重要因素。提高教育政策制定程序公平性的有效方法在于程序公开和程序参与，而听证制是程序公开和程序参与的有效形式。④在制定教育政策时，要实现教育政策制定的制度化与程序化；加强公众参与政策制定的方式和程序；加强教育研究；加强民主监督；转变政府职能，推进教育政策制定走向科学化、民主化与法制化。⑤因此，要取长补短，在不影响决策效率的情况下，形成一套教育政策制定过程的制度与程序，尽量避免不利因素对教育政策制定的负面影响。

种类 3 是程序正义视野下民办教育政策议题研究，包括程序正义、教育政策议题、民办教育等关键词。民办教育作为我国教育事业的重要组成部分，经历了观望、认可、鼓励等发展阶段，民办教育要实现可持续发展，在政策层面要解决好地位问题、称谓问题、适用范围问题、营利问题、弹性问题等。⑥当前，我国民办教育政策在学校税收、教师待遇、学生资助、学校办学自主权、特殊受教育群体补偿等方面还存在着歧视等现象，政策冲突、政策模糊和政策盲点是导致歧视现象发生的主要原因。⑦

因此，国家在制定民办教育政策时，要考虑受教育者的需求和利益，除管制外，政府应该注重使用财政、公共设施建设等政策工具，对民办教育进行有效的调节和干预。⑧促进民办教育健康发展，最重要的是要按《中华人民共和国民办教育促进法》的立法精神，创造出公平正义的发展环境，解决这一问题的关键在

---

① 刘丽媛. 影响教育政策制定的因素分析. 教学与管理, 2004, (21)：5-6.
② 常为, 杜朝晖, 刘仁辉. 论教育政策制定者个人因素对政策制定的影响. 教育探索, 2002, (1)：53.
③ 严加红. 中国公共教育政策制定的影响因素及其问题解决对策. 当代教育论坛, 2005, (21)：8-10.
④ 朱永坤, 白永. 教育政策制定程序：教育政策公平性的重要影响因素. 现代教育管理, 2011, (10)：52-56.
⑤ 黄忠敬. 我国教育政策制定过程之探讨. 教育理论与实践, 2007, (5)：21-24.
⑥ 杨全印. 关于我国 20 年民办教育政策的思考. 黑龙江高教研究, 2002, (2)：18-21.
⑦ 胡伶. 民办教育政策歧视现象分析. 现代教育管理, 2013, (12)：62-67.
⑧ 阎凤桥. 民办教育政策的经济学分析. 教育研究, 2005, (9)：59-63.

于制度建设：①围绕产权所属制定规范，即产权制度改革；②政府要解决组织制度滞后于民办教育发展状况的问题，完善各项制度建设；③紧紧抓住《中华人民共和国民办教育促进法》的"一个核心、三个关键"的立法精神，赋予民办学校办学自主权。①

好的民办教育政策应该满足以下条件：①政策目标合理而明确，符合大多数人的利益，具有奖优罚劣的激励作用，对于社会发展能够产生持久的促进作用；②具有与政策目标相配合的有效政策工具，保证政策目标的实现；③政策系统内部保持高度的一致性，政策之间不相互矛盾和抵触。②因此，提高民办学校的办学水平需要政策的大力扶持，也需要社会各界政策主体的共同努力。而程序正义则贯穿教育政策整个过程的始终，无论在何种情况下，实现教育政策公平正义都是当前推进教育事业科学发展的必然选择。教育政策程序正义指的是教育政策的确认、制定、执行、评价与终止都要遵循合理正当的程序，合乎正义的要求。实质正义追求结果的某些平等，而程序正义则坚持可衡量的起点平等和规则普遍适用上的平等、法律面前的平等。②教育政策程序正义是化解教育政策价值冲突的需要，避免教育政策非正义风险的需要，与实质正义相比具有优越性。③

在教育政策制定程序中，影响我国教育政策程序公平的主要因素是程序参与，也就是教育利益相关者有没有参与教育政策的制定，或者参与教育政策制定的程序如何。④在教育政策的制定中，政府作为价值观配置的权威，采用什么样的价值观，采用哪一个"利益相关者"群体的价值观，是教育政策正义性的核心所在。此种境况下，政策制定者采取的立场就非常关键。⑤同时，教育政策议题的确定是教育政策进程中不可忽视的关键环节。在确定教育政策议题时，应尽量以程序化的方式进行，邀请多方人士参与，避免人为因素对教育政策议题的影响，要努力采取相应的措施和技术，努力探索问题的本质，并考虑议题对应的政策可能产生的对其他相关政策的影响。⑥

种类 4 是师范生免费教育政策问题和民族教育政策问题的分析，包括师范生免费教育政策、政策分析、教育政策问题、民族教育政策等关键词。实施师范生

---

① 辛士祥，曹勇安. 实现民办教育公平正义的根本在于制度建设. 教育与职业，2007，(9)：13-16.

② 张军凤. 教育政策程序正义. 教育理论与实践，2010，(16)：24-27.

③ 石火学. 教育政策程序正义的必要性与价值. 国家教育行政学院学报，2011，(10)：44-48.

④ 朱永坤. 利益相关者缺席——影响教育政策程序公平的重要因素. 教育科学研究，2010，(8)：9-13.

⑤ 胡友志. 多维正义观视角下的教育政策正义性反思——兼及教育正义的三重维度和两种进路. 基础教育，2015，12(1)：40-47.

⑥ 李孔珍. 教育政策议题确定中的几个核心问题. 教育研究与实验，2002，(4)：28-32.

免费教育，具有促进教育均衡发展和教育公平的作用，师范生免费教育能够进一步形成尊师重教的社会氛围，可以全面提升中小学的教育质量，能够为广大贫困家庭的学生带来希望和动力。师范生免费教育是对师范教育地位深刻认识的结果，是一个具有示范性的重要举措，对提高我国师资队伍质量具有重要作用。[①]师范生免费教育政策提出的现实背景如下：①在教育均衡发展视角下，农村中小学师资配置严重不均衡；②在收费背景下，师范生生源质量严重下滑；③鼓励优秀人才投身教育事业的迫切要求等。[②]

　　师范生免费教育政策自实施以来，总体情况良好，但也存在一些问题：①学生和家长在选择师范生免费教育的驱动力上存在差异；②接受免费师范教育的学生对于政策本身与自我未来发展之间的冲突存在顾虑；③有一定数量的学生对政策本身内容的赞同度低；④在国家政策限定与学生自身发展之间存在冲突；⑤学生对免费教育政策的最终落实存在顾虑。[③]师范生免费教育政策以促进教育均衡为基本目标，以重塑"尊师重教"的社会风尚为己任，旨在促进新时期教师教育的发展，倡导对弱势群体的关注。免费政策将为农村基础教育提供优秀的师资，这对于农村孩子来说无疑是一件幸事，而农村基础教育的发展和完善也值得期待。[④]

　　民族教育政策应该更多地关注学校教育内部的特殊性问题，将学校的根深深地扎入民族历史文化的土壤之中，使其具有强大的生命力，发挥民族教育真正的培养民族人才与传承民族文化的功能，进而使民族教育从数量发展模式阶段迈入质量发展模式阶段。[⑤]随着多元社会的发展，多元文化教育理论在教育实践中被付诸实施，其中尤以对少数民族和移民的教育政策影响最为突出。衍生到教育领域，其目的就在于改变学校的整体环境，使来自不同种族与族群的学生、不同性别的学生及各个社会阶层的学生，在学校教育中享有均等的受教育机会。[⑥]当前我国民族教育存在的问题有以下几个问题：①基础教育发展薄弱；②民族教育不能适应社会需求，职业技术教育十分薄弱；③民族高等教育的发展有待进一步加

　　① 秦克铸. "师范生免费教育"政策回归：新时期教师教育政策的重大调整. 当代教育科学，2007，(8)：25-28.

　　② 王卫东，付卫东. 师范生免费教育政策：背景、成效、问题及对策——基于全国六所部属师范大学的调查. 河北师范大学学报(教育科学版)，2013，15(8)：10-15.

　　③ 王智超. 师范生免费教育政策实施现状调查及思考. 现代教育管理，2011，(1)：58-61.

　　④ 叶飞. 师范生免费教育政策的价值追求及其落实的思考. 国家教育行政学院学报，2008，131(11)：50-52，95.

　　⑤ 王鉴. 论我国民族教育的特殊性及其政策支持. 学术探索，2010，(5)：126-131.

　　⑥ 尹玉玲，唐小平. 论国家民族教育政策的理性选择——基于多元文化主义的视角. 民族教育研究，2013，(1)：28-33.

快，办学水平和办学规模有待进一步提高；④民族教育体制改革需要进一步坚持及深化；⑤教育法制有待进一步完善；⑥民族教育经费紧张仍是困扰民族教育的一大瓶颈等。①

我国民族教育政策有两大类型：一类为优惠性政策；另一类为特殊性政策。这些政策集中表现在民族教育的质量、管理体制、经费、课程、教师、学生政策等方面。在新的形势下，我国民族教育政策正在经历一个由重视数量向重视质量、由重视优惠政策向重视特殊政策转移的过程。②但我们要看到，独立性和封闭性是我国民族教育体系的一大特征，其不利于民族之间进行实质性的接触与交往；同时双语教育质量低下，少数民族学生严重地偏向文科，专业结构失衡。因此，构建包容开放的民族教育体系，是提高民族教育质量和促进民族团结的重要途径与措施。③

种类 5 是教育政策利益的形成机制及其目标群体研究，包括形成机制、教育政策利益、教育政策执行、政策目标群体等关键词。政策形成的过程，毕竟不是一种形成机制在起作用，而是不同形成机制之间相互作用、相互影响的过程。④教育政策的制定过程是教育政策利益的形成阶段。在目前的教育政策实践中，教育政策利益会受到目标群体、教育政策的制定主体与执行主体等不同程度的影响，且其作用机制也有很大的区别。所以，研究教育政策利益的形成机制对教育发展有重要意义。⑤

教育利益是教育政策的核心要素。教育政策分配教育利益的核心结果就是供给个体各种发展的资格和机会，同时促进个体身心的和谐发展。⑥不同的制定主体对政策利益的形成有不同方式和程度方面的影响，但都将价值取向和自身利益反映在政策利益及其形成中。⑦根据中国社会利益集团的现实状况，在教育政策活动的过程中，应该充分考虑各种利益集团的利益要求，中国的利益集团的组织形式、发育程度与美国发达的利益集团相比较，具有很大的隐匿性，这也正是教育政策活动的瓶颈所在。⑧在我国的教育政策实践中，由于博弈规则的不完善，

① 王维. 试析近年来我国民族教育存在的问题及对策. 中南民族大学学报(人文社会科学版)，2007，27(1)：178-181.

② 王鉴. 试论我国少数民族教育政策重心的转移问题. 民族教育研究，2009，30(3)：18-25.

③ 高承海，党宝宝，万明钢. 我国民族教育政策：问题与建议. 当代教育与文化，2016，(1)：31-37，48.

④ 吴重涵. 教育政策过程的形成机制与实证研究的框架. 江西教育科研，2007，(9)：9-11.

⑤ 李金艳. 论教育政策利益的形成机制. 教育理论与实践，2015，(21)：10-11.

⑥ 李北群. 论教育政策的利益分析：必要性、框架及应用. 江苏社会科学，2008，(6)：210-214.

⑦ 徐自强，龚怡祖. 教育政策利益的形成及其影响机制分析. 教育发展研究，2011，(Z1)：64-70.

⑧ 周小虎，王玲. 论教育政策制定的利益指向——利益集团理论的分析视角. 教育科学，2006，22(1)：9-12.

非对称式的利益博弈普遍存在，对非正式博弈手段的使用也较为频繁，那些完全自由的、市场化的利益博弈理论在我国的政策现实中并不完全适用，不断加强教育政策制度建设和政策环境建设，已成为一个亟待解决的问题。①

教育政策在执行过程中，目标群体的积极配合参与，有利于政策目标的达成，但由于种种原因，常常会出现各种执行偏差。这些执行偏差，会对目标群体产生重大影响，进而影响政策目标的落实，因而也受到教育政策研究领域的特别重视。②教育政策执行偏差已成为阻碍教育公平实现的突出问题之一，教育政策的利益分析为研究该问题提供了理论上新的支持点，利益是教育政策执行偏差的根本动因，而利益矛盾和冲突则是教育政策执行偏差的直接动因。③寻求教育政策执行过程中多元利益主体之间的利益契合点，完善教育政策执行的监督机制，以实质正义观重新审视教育政策内容，协调教育政策执行过程中多元利益主体之间的利益，就要找到他们之间的契合点，使利益达到相对最大化。④

教育政策是政策利益相关者相互博弈所形成的契约关系，教育政策制定应当权衡各种利益相关者的利益，按照其参与决策治理的能力、责任感和意愿等，在诸多利益相关者之间寻求一种平衡，实现所有利益相关者的整体利益最大化。⑤对利益分配格局的把握，是分析一项政策措施及其实施后果的重点所在，也是对一项政策进行价值评判的重要前提。因此，当前，针对大量教育政策措施，我们可以运用利益相关者分析框架，从利益分析的角度进行分析，从而帮助人们加深对当前我国教育发展与改革实践的理解和认识。⑥

四、教育政策制定研究领域的未来展望

依据共词分析的理论与方法研究，我们发现，教育政策制定研究热点主要集中在五个方面，这些研究推动了教育政策制定研究的繁荣发展，为完善教育政策制定研究提供了很多可供借鉴的经验，更为整个教育政策学的良性发展提供了理

---

① 张国强. 教育政策中的利益相关者及其博弈逻辑. 河北师范大学学报，2014，(2)：90-94.

② 张宝灵. 教育政策执行偏差对目标群体影响的研究——以中小学职称评审政策执行为例. 教育学术月刊，2010，(7)：40-42.

③ 衣华亮，李北群. 教育政策执行偏离的利益分析. 教育理论与实践，2010，(16)：20-23.

④ 王阳. 教育政策执行过程中多元利益主体的交锋与制衡. 清华大学教育研究，2010，(6)：108-112.

⑤ 刘荣. 利益相关者共同治理视阈下的教育政策制定. 现代教育科学，2011，(9)：21-24.

⑥ 陈汉聪. 利益相关者分析框架：教育政策执行研究的一种尝试——基于独立学院的案例分析. 教育学术月刊，2011，(12)：3-7，50.

论支撑。但通过对聚类分析图和多维尺度图的进一步归纳分析发现，我国改革开放以来的教育政策制定研究依然存在着教育政策制定模型研究分析较少、教育政策议程探讨不足、教育政策制定方案规划研究不够等问题，这就需要教育政策制定研究在未来不断拓展研究领域，以促进教育政策制定体系的科学发展。

（一）加强教育政策制定模型研究

一个好的模型可以将教育政策制定中错综复杂的关系按照一定的逻辑联系理清，将复杂问题简单化，使其具有可操作性，便于更好地展开研究。从教育政策主体来讲，有理性模型、规范最佳模型、有限理性模型等；从教育政策环境来讲，有渐进主义模型、垃圾桶模型等。但当前我国现有的对于教育政策制定的模型研究中，大多是对几种模型进行简单介绍，对于模型的特点或者对于我国政策制定的借鉴之处的阐述还不够明确，没有形成相对完整的理论体系。因此，对于教育政策制定模型，应该从多种角度进行探索，深入挖掘，不能仅停留于移植、复制的层面。

（二）重视教育政策议程研究

教育政策议程是教育政策制定过程中的关键一环，高效公正的政策议程可以为政策制定的下一步骤的顺利开展保驾护航。当前国内的现有研究大多都是对教育政策议程的概念进行界定、过程进行探讨、影响因素进行分析、类型进行阐述，基本都停留在比较基础的理论层面，就教育政策议程中的某一部分、环节或方面的研究寥寥无几，如公众参与、如何促进政策议程的科学化与民主化等方面的研究较为欠缺。因此，教育政策制定领域还应该重视对政策议程更细化、更深入的方向进行挖掘。

（三）强化教育政策制订方案规划研究

政策规划是理性公共政策制定过程的必要阶段之一，借助这一阶段可以更加科学地对教育政策问题做好规划方案。从微观层面来看，目前国内研究大多只从自身需要进行单方面研究，如外语教育政策规划、语言教育政策规划、技术职业教育政策规划等。从宏观层面来看，对于教育政策制定的整个规划的相关研究几乎是空白的，或者是基于政策学的相关内容进行简单的移植来谈论教育政策规划，缺乏自身的独特性研究。因此，教育政策制定方案规划相关研究还是极其匮乏的，扩展这方面的研究是极其必要的。

（四）增进教育政策制定合法化研究

教育政策合法化是教育政策制定的最后一个阶段，可以确保教育政策得到有效执行。但是通过梳理国内教育政策合法化的相关研究可以发现，只有少量研究进行了区域性的教育政策合法化的价值取向，或者对影响因素进行了分析。对政策制定的程序公正虽然进行了较多论述，但对政策主体、政策内容、合法化的路径研究几乎没有涉及。可见对教育政策制定合法化仍然需要加大研究力度，加深研究层次，结合自身特色探寻适合我国当前教育发展的教育政策学学科体系。

（五）关注国外教育政策制定相关研究

我国教育政策研究的实践活动已有 30 年之久，但目前在理论和实践研究的许多方面还存在许多问题，主要为研究目标单一、研究机构类别较少、研究形式片面、研究范围狭窄、研究方法落后等。因此，关注国外教育政策研究就显得尤为重要，国外的相关研究大体上理论丰富，实践领域拓展范围较广。通过对国外相关研究的更多探索，可以丰富我们的理论知识与实践活动，有利于我们将教育政策学从公共政策学的束缚中解放出来，建立具有自身特色的教育政策学。

第二节　教育政策执行研究热点的共词可视化

美国学者艾利森曾经说过，在实现政策目标的过程中，方案确定的价值只占 10%，而其余的 90%取决于政策的有效执行。政策执行是政策执行者通过建立组织机构，运用各种政策资源，采取解释、宣传、实验、实施、协调与监控等各种行动，将政策观念形态的内容转化为实际效果，从而实现既定政策目标的活动过程。教育政策执行是政策执行主体综合运用各种手段，将教育政策的观念、目标、内容转化为教育发展中的行动、现实、结果，为培养社会需要的技术技能型人才、为国民素质的提高提供服务的过程。教育政策执行的本质，实际上就是将教育政策目标转化为现实结果的过程，是对与受教育权相关的资源进行分配的过程，它表现为遵循政策目标进行变革、将政策付诸实施的各种行动的总和。教育政策执行的有效与否关系到教育政策活动的成败。

教育政策执行研究热点的研究资料来源于中国知网，采用标准检索，将期刊年限设定为 1985—2015 年，期刊为"全部期刊"，以"篇名"为检索条件，设定"教育政策"并含"执行"，共获得有效文献 198 篇（检索时间为 2016 年 10 月 30 日）。除此之外，将有效文献中的关键词进行标准化处理，如将"政策执行偏差""政策执行偏离"统一规范为"政策执行偏差"等，从而形成资料的研究来源。

一、教育政策执行高频关键词的词频统计与分析

通过对我国教育政策执行研究文献关键词的统计，经过合并关键词，设定阈值为大于等于 4，统计共得到 43 个关键词，其排序结果见表 2-4。

表 2-4　43 个教育政策执行高频关键词排序

序号	关键词	频次	序号	关键词	频次	序号	关键词	频次
1	政策执行	62	16	执行模式	9	31	义务教育政策	5
2	教育政策	59	17	职业教育政策	8	32	教育公平	5
3	教育政策执行	51	18	复杂性	8	33	教育事业改革	5
4	体制机制	18	19	政策执行主体	7	34	教育政策执行偏差	5
5	义务教育	14	20	执行环境	6	35	政策评估	5
6	影响因素	13	21	执行机制	6	36	特征	4
7	利益	11	22	素质教育政策	6	37	政策科学	4
8	政策执行偏差	11	23	对策	6	38	政策工具	4
9	流动人口子女	10	24	政策制定	6	39	问题分析	4
10	政策执行失真	10	25	农民工子女	6	40	有效执行	4
11	进城人口子女	10	26	思想政治教育	6	41	民族教育政策	4
12	价值取向	9	27	政策研究	5	42	中小学布局调整	4
13	政策执行效果	9	28	政策网络	5	43	执行困境	4
14	国外	9	29	政策执行过程	5			
15	执行阻滞	9	30	免费师范生	5	合计		456

从表 2-4 可以看出，43 个高频关键词总呈现频次为 456 次，占关键词出现总频次的 58.67%。通过对 43 个关键词的排序，可以初步了解到教育政策执行相关研究的热点问题与趋势。其中，前 11 位关键词频次均大于等于 10，依次为政策执行（62）、教育政策（59）、教育政策执行（51）、体制机制（18）、义务教育（14）、影响因素（13）、利益（11）、政策执行偏差（11）、流动人口子女（10）、政策执行失真（10）、进城人口子女（10），其余 32 个关键词出现频次均大于等于 4。这一

统计结果初步说明，教育政策执行研究大多围绕教育政策执行、体制机制、义务教育、影响因素及政策执行偏差等方面的主题进行。但是，仅仅对高频关键词的词频统计分析，还难以发现不同研究主题之间的联系。因此，我们还需要通过关键词共现技术来进一步揭示高频词之间隐藏的重要信息，进而深入挖掘研究主题之间的联系。

二、教育政策执行高频关键词的相异矩阵及分析

利用 BICOMB 共词分析软件，将上述 43 个高频关键词汇进行共词分析，生成词篇矩阵后，再将矩阵导入 SPSS19.0，选取 Ochiai 系数并其转化为一个 43×43 的共词相似矩阵。同时，在进行多维尺度分析时，将此相似矩阵采用（1－相似矩阵）转化为相异矩阵，结果见表 2-5。

表 2-5 教育政策执行高频关键词 Ochiai 系数相异矩阵（部分）

关键词	政策执行	教育政策	教育政策执行	体制机制	义务教育	影响因素	利益	政策执行偏差	流动人口子女	政策执行失真
政策执行	0.000	0.702	1.000	0.850	0.728	0.859	0.923	0.809	0.873	0.920
教育政策	0.702	0.000	0.909	1.000	0.896	0.783	1.000	0.764	0.870	0.959
教育政策执行	1.000	0.909	0.000	0.769	0.963	0.922	0.916	0.958	0.907	0.956
体制机制	0.850	1.000	0.769	0.000	1.000	1.000	1.000	0.787	0.921	0.925
义务教育	0.728	0.896	0.963	1.000	0.000	1.000	0.919	1.000	0.733	1.000
影响因素	0.859	0.783	0.922	1.000	1.000	0.000	1.000	0.833	1.000	0.825
利益	0.923	1.000	0.916	1.000	0.919	1.000	0.000	1.000	0.899	0.905
政策执行偏差	0.809	0.764	0.958	0.787	1.000	0.833	1.000	0.000	1.000	1.000
流动人口子女	0.873	0.870	0.907	0.921	0.733	1.000	0.899	1.000	0.000	1.000
政策执行失真	0.920	0.959	0.956	0.925	1.000	0.825	0.905	1.000	1.000	0.000

从表 2-5 可以看出，各个关键词与教育政策执行距离由远及近的顺序依次为政策执行（1.000）、义务教育（0.963）、政策执行偏差（0.958）、政策执行失真（0.956）、影响因素（0.922）、利益（0.916）、教育政策（0.909）、流动人口子女（0.907）、体制机制（0.769）。此结果说明，人们谈及教育政策执行时，将"教育政策执行"与"体制机制""流动人口子女""教育政策""利益"结合起来论述的成果较多。同时，通过对表中的系数大小进一步研究亦可发现，"教育政策"经常与"政策执行""影响因素""政策执行偏差"结合在一起；"体制机制"多与"教

育政策执行""政策执行偏差"呈现在一起；"义务教育"多与"政策执行""流动人口子女"结合在一起。这也初步说明，在已有的教育政策执行的研究成果中，研究者经常关注教育政策执行与体制机制、流动人口子女教育、政策执行偏差等方面的问题。

三、教育政策执行高频关键词聚类及其分析

将表 2-5 中的高频关键词相异系数矩阵导入 SPSS19.0 进行聚类分析，得到的聚类结果见表 2-6。根据聚类分析结果显示的聚团连线距离远近，能够直观看出教育政策执行研究的高频关键词分为 6 类，分别为义务教育政策执行困境与执行阻滞研究（种类 1）、政策网络视域下教育政策执行模式研究（种类 2）、教育政策执行的价值取向及其执行失真的影响因素与对策研究（种类 3）、教育政策执行过程及其执行与制定和评估的关系研究（种类 4）、教育政策执行的复杂性及其有效执行的体制机制研究（种类 5）、基于教育公平的民族教育政策执行偏差及其政策工具研究（种类 6）。

表 2-6　教育政策执行高频关键词聚类结果

种类	关键词
种类 1	农民工子女、义务教育政策、执行阻滞、流动人口子女、执行困境、义务教育、政策执行、思想政治教育、执行机制、进城人口子女、问题分析、特征
种类 2	执行模式、政策网络
种类 3	政策执行效果、对策、价值取向、政策执行失真、影响因素、素质教育政策、职业教育政策、执行环境
种类 4	政策执行主体、政策制定、政策评估、政策执行过程、教育事业改革、教育政策、政策科学
种类 5	政策执行偏差、中小学布局调整、国外、有效执行、体制机制、教育政策执行、复杂性、政策研究
种类 6	教育公平、民族教育政策、教育政策执行偏差、政策工具、利益、免费师范生

种类 1 是义务教育政策执行困境与执行阻滞研究，包括农民工子女、义务教育政策、执行阻滞、流动人口子女、执行困境等关键词。在我国推进素质教育的关键阶段，由于受诸多因素的影响，教育政策执行出现了很多问题，如执行效率不高、达不到预设目的等，甚至与政策内容完全背离，导致教育领域内的矛盾与冲突日益显现，从而也阻碍了教育政策绩效的实现。[①]

---

① 刘春梅. 失衡与制衡：教育政策执行的困境与消解. 教育研究与实验，2011，(4)：75-77.

当前我国教育政策执行中导致政策执行阻滞的原因是多重的：①政策本身的质量问题是影响政策执行效果的首要因素，如缺乏科学性、稳定性、公平性；②政策执行主体的原因，如利益驱动、素质不高、机构不合理；③政策环境的原因，如资源不足、监控机制不健全等。[①]在流动儿童义务教育政策执行中，政策最主要的三方面利益主体基于自身不同的利益诉求，面对同一教育政策的具体执行时，很可能作出不同的行动选择。这种情况下，如果政策对利益的分配不能很好地适应各利益群体的需要，又没有良好的沟通渠道，很容易造成政策合作不利，导致政策执行受阻。[②]而流动儿童教育政策涉及最为明显的两类执行机关是教育行政部门和接收流动儿童的学校，教育行政部门在对流动儿童学校的管理中，只能在一定程度上给予支持，并不能拨付其发展所需的全部资金，而以公办学校为主就近接收流动儿童入学的政策规定，导致的直接后果是流动儿童与城市儿童对有限教育资源的争夺。[③]该政策的困境主要表现为：政策资源的紧缺，使政策执行乏力；政策执行主体得不到正向激励，流入地政府执行政策的积极性受到影响。[④]

要解决农民工子女义务教育问题，需要明确一项目标；扶持简易学校；关注政策执行成本；重视政策执行评价。[⑤]同时，必须采取措施来维护这些农村群体的教育利益，制定农村义务教育的单行文本政策；提高政策执行人员的素质；加大农村义务教育的资源投入；加大对农村义务教育政策的宣传教育力度。[⑥]要激发地方政府执行政策的积极性，必须建立政策执行的激励机制与健全政策执行的考核机制；建立农民工子女义务教育专项经费，增强对流入地政府的激励；建立"教育券"制度，赋权农民工子女；建立农民工子女义务教育考核机制，加强对流入地政府的考核。[⑦]

从学校自身来讲，改变教育政策低效的出路在于制度变革，要对学校制度进行重新建构，使学校的制度目标与学校成员之间形成"心理耦合"，依托学

① 郑恒峰. 当前我国政策执行中的阻滞现象分析. 中共福建省委党校学报，2006，(9)：37-41.

② 班建武，余海婴. 教育政策执行难的利益分析——以北京市流动儿童义务教育政策实施为例. 教育科学，2006，22(3)：10-13.

③ 史晓浩，王毅杰. 流动儿童城市教育政策的执行困境. 教育理论与实践，2009，(26)：9-10.

④ 侯云. 流动儿童义务教育政策执行的复杂性——基于政策网络视角的研究. 教育科学研究，2012，(7)：38-41.

⑤ 周佳. 农民工子女义务教育政策执行研究. 中国青年研究，2006，(9)：23-27.

⑥ 藏瑞瑞. 我国农村义务教育政策执行的困境与对策. 民生保障，2013，(1)：228-229.

⑦ 李文彬. 农民工子女义务教育政策执行梗阻的实证研究——以珠江三角洲 D 市为例. 江汉论坛，2009，(7)：15-18.

校"自组织"系统的形成与支持。①对于农村中小学布局调整政策执行阻滞的矫正，也有几点对策：改变单一的绩效考核制度；加强和完善行政监督制度；合理设计激励机制；增加意识形态资本的投入，强化对政策主、客体的政治社会化功能。②

种类 2 是政策网络视域下教育政策执行模式研究，包括执行模式、政策网络等关键词。政策网络研究范式的兴起，一方面通过描述和解释现实的公共政策过程，为公共政策研究提供了一个新的视角；另一方面作为现代治理的一种重要形式，为政府公共管理改革提供了一种新的思路。③教育政策执行的网络模式，一方面重视正式与非正式制度和结构对教育政策制定和教育政策执行的作用，另一方面，注重分析政策行动者的利益表达对教育政策执行结果的影响，并突出强调行动者之间关系的强弱程度对政策制定和执行的深远意义。④

政策网络治理作为一种新的公共治理模式，能够把政府机制、市场机制和社会机制有效地结合起来。它强调教育政策网络的开放、教育资源的均衡配置、教育政策行动者的水平互动、建立信任和协调机制，从而使公共教育利益在政府、市场和社会多元利益行动者的互动中得以实现。⑤其理念主要强调改变单一的权威中心发布的官僚制治理模式，形成协同治理的理念指导政策网络治理，促进各网络成员之间伙伴关系的构建，形成相对稳定的共同价值观与信念基础，从而为教育政策网络治理机制的运作提供观念基石。⑥

教育政策执行的网络模式认为，教育政策的制定和执行过程实际上是一个由宏观层面的正式政治结构、中观层面的网络结构和微观层面的非正式政治结构联结在一起的多层结构。公民因教育利益、教育资源、教育信息等因素相互依赖而通过微观层面结成诸多社会团体，形成一定的社会利益关系。⑦

在各级各类教育中，基础教育政策重构的过程也是教育政策执行组织之间互动的过程，这种互动在自主模式中表现为县域教育行政组织的授权和学校之间的多元合作，在竞争模式中表现为县域教育行政组织的协调与最终决策和学校之间

① 曲正伟，孙艳. 我国教育政策实施困境的学校制度解答. 教育理论与实践，2002，(3)：14-17.
② 姚松. 农村中小学布局调整政策执行之阻滞与矫正. 教育学术月刊，2013，(2)：89-92.
③ 林震. 政策网络分析. 中国行政管理，2005，(9)：36-39.
④ 邓凡. 教育政策执行的网络模式研究. 教育学术月刊，2011，(1)：15-20，79.
⑤ 邓凡. 政策网络治理与公共教育利益的实现. 现代教育管理，2010，(10)：47-51.
⑥ 姚荣. 关于我国教育政策网络治理的思考. 教育探索，2013，(9)：69-71.
⑦ 邓凡. 关系、结构与利益表达——教育政策执行的网络模式. 教育理论与实践，2010，(19)：15-18.

重复进行的竞争与妥协。①另外，整体推进模式是我国公共基础教育政策执行的主要模式，此推进模式的内涵特征表现为精英主义和因地制宜。其优势在于能够发挥精英的力量，并重视县域基层的根基作用，缺陷表现为执行失真现象和利益平衡问题时有发生。②

　　素质教育在农村地区推进的过程是一个政策执行的过程，农村县级区域素质教育政策执行过程已经形成了基本模式，呈现出了独有的特征，但同时也暴露出了"主体缺位、环节缺失、手段缺乏"等诸多突出问题，因此，要完善和创新在区域素质教育过程中起着重要作用的"县级模式"。③同时，运用政策网络理论分析农民工子女义务教育问题可以发现，农民工子女义务教育网络参与主体的多元性与网络结构的开放性，是我国农民工子女义务教育问题得以有效解决的深层次原因。政府在这个过程中的作用，就是不断地与各个群体协商、不断地修订政策，从而平衡各方的利益，以期更好地解决农民工子女义务教育问题。④基于政策网络的视角来分析教育政策执行问题，对策有以下几个方面：①调整政策社群与府际网络之间的权责分配；②打开封闭的政策网络，加强各政策行动者之间的互动；③健全公民政治参与体系，强化议题网络政策行动者的话语权等，以促进教育政策的顺利执行，最终促进教育公平。⑤

　　种类3是教育政策执行的价值取向及其执行失真的影响因素与对策研究，包括价值取向、政策执行失真、影响因素、素质教育政策、职业教育政策等关键词。为了实现教育权利的分配公正，必须要以执行教育政策这种制度的分配公正为前提，所以教育政策执行过程中的价值追求就是追求教育政策这一制度对教育资源的公正分配。⑥教育政策执行除了具有实现教育政策目标的工具价值外，还具有推动教育政策执行理论的产生与发展，宣传与创新教育理念，规范教育对象与主体行为，实现教育政策的社会价值和制度价值等内在价值。⑦但执行中如若过于看重价值理性会导致发展的效率较低。因此，我们在执行国家的教育政策时，必

---

　　① 李孔珍，任虹. 县域基础教育政策执行：自主模式与竞争模式. 首都师范大学学报(社会科学版)，2013，(3)：129-135.

　　② 李孔珍. 我国基础教育政策执行：整体推进模式. 中国教育学刊，2010，(11)：14-17.

　　③ 杨润勇. 农村县级区域素质教育政策执行过程模式研究. 当代教育科学，2007，(14)：27-31.

　　④ 邓凡. 农民工子女义务教育政策过程分析：政策网络的视角. 现代教育管理，2011，(4)：54-57.

　　⑤ 邓凡. 异地高考政策执行困境与破解——基于政策网络视角的研究. 教育发展研究，2014，(5)：60-65.

　　⑥ 沈有禄. 教育政策的执行过程分析与价值分析——兼论"两免一补"政策及其改进. 教育科学研究，2008，(1)：9-13.

　　⑦ 石火学. 教育政策执行的概念、属性与内在价值. 江苏高教，2012，(5)：9-12.

须对价值理性和工具理性的价值取向进行合理的抉择与整合，找到价值理性与工具理性的平衡点。①

在教育政策执行的过程中，不可避免地会产生失真现象，教育政策失真的内涵是指由于各种主、客观消极因素的相互作用，教育政策执行主体或执行对象采取有意偏离、违背教育政策目标的行为，或者以消极不作为来逃避、妨碍、干扰教育政策对相关利益的调整和分配，从而使教育政策目标不能圆满实现甚至完全落空的现象和情形。②从制度环境角度来看，教育政策执行失真的影响因素有：①政治环境，包括决策制度与环节不明确、政策评估机制缺位、监督机制不健全；②经济环境，包括传统的成才机制与就业机制、有限的资源分配、市场经济需求；③文化和社会心理环境，表现在政策执行方式、方法、态度和效率等方面。③从公共政策执行模式研究的角度可以发现，政策本身、执行组织、相关人员、执行行动和执行环境是公共教育政策执行的主要影响因素。受这些因素影响，我国教育政策执行存在以下问题：执行组织存在表面主义倾向、相关人员的意向不够坚定、执行行动的控制有待加强、政策资源浪费严重。④

因此，要确保教育政策被全面、彻底地贯彻，就需要从思想上树立教育政策过程观、强化教育政策自身效力、重视政策执行队伍培养、确立合理的政策实施代价意识、加大教育督导和行政检察工作的力度。⑤素质教育政策的实施更不能例外，针对素质教育政策执行，需要正确处理各方面对教育提出的现实要求、确立教育方针的权威、大力普及教育科学知识。⑥针对职业教育政策失真问题，也要考虑加强中等职业教育就业导向政策制定的科学性，充分考虑环境不利因素的影响，加大就业导向政策的宣传，加强对就业导向执行人员的培训指导，明确就业导向相关主体的权责，建立健全就业导向实施监督系统，提升政府的服务水平，确保资源投入充足。⑦

种类 4 是教育政策执行过程及其执行与制定和评估的关系研究，包括政策执行主体、政策制定、政策评估、政策执行过程等关键词。教育政策执行过程是由

---

① 郭元凯，秦燕燕. 工具理性与价值理性权衡下的教育政策执行分析——以流动儿童教育政策为例. 教育科学研究，2014，(5)：37-40.

② 衣华亮. 教育政策失真：概念、特点与主要表现. 现代教育管理，2009，(1)：27-30.

③ 张爱阳. 素质教育政策执行失真的制度环境分析. 教育与职业，2008，(2)：42-43.

④ 李孔珍. 我国公共教育政策执行：影响因素、问题和路径选择. 中国行政管理，2010，(11)：53-57.

⑤ 陈学军，邬志辉. 教育政策执行：问题、成因和对策. 教育发展研究，2004，24(9)：18-20.

⑥ 蒋建华. 素质教育政策失真的原因与对策. 教育研究，2001，(7)：40-43.

⑦ 李兴洲，庄曼丽. 中等职业教育就业导向政策执行失真及其矫治. 职教论坛，2011，(34)：79-82.

教育、行政、管理、服务构成的综合过程，是一种教育行政管理、教育教学、合同外包、依法执教的过程。[①]

教育政策执行过程有经典的两元路径，即自上而下和自下而上。在此基础上，从自下而上的路径中横向分解出由内及外和由外及内的路径。这对于多数教育政策具有很大的应用价值，它们形成了教育政策执行的网状图式，保证了教育政策执行中公众参与和政策效能的实现。[②]同时，教育政策的执行本身就是一个涉及多个因素、经历诸多环节同时要经过一个时期的过程，这个复杂的过程需要教育政策执行管理的环节来组织、协调和监督。[③]在这一过程中，政策执行主体承担着非常重要的角色。教育政策执行主体是指负责贯彻落实教育政策的单位、组织和个人，他们掌握着实施政策的资源、手段和方法，是将教育政策贯彻于政策对象中的施行者、组织者和责任者。[④]不断强化政策执行主体的人生观、价值观、职业道德及责任意识等方面的教育，培育和塑造其社会荣誉感和职业情操，唤起政策执行者的责任感、事业心和敬业精神，能从思想上为防止其在政策执行过程中角色错位构筑牢固防线。[⑤]

同时，教育政策的执行过程是体现教育权力和利益具体操作的实然价值判断过程，寻求教育政策执行过程中多元利益主体之间的利益契合点、完善教育政策执行的监督机制、以实质正义观重新审视教育政策内容，才能更好地促进党的教育方针、政策的全面落实。[⑥]需要注意的是，教育政策执行本身是一个极为复杂的过程，其效果往往受到诸多因素的影响和制约，政策制定的科学性与否对政策执行的效果至关重要，即教育政策制定的合理性、明晰性、协调性、稳定性及公平性等对政策执行有效性的影响是相当重要的。[⑦]其中，政策制定主体对政策执行的影响更为关键，政策制定主体素质的低下、政策制定主体在政策认知中的缺位、政策制定主体对配套政策和再决策的忽视、政策制定主体控制力的下降、政策制定主体对执行的支持力度不够、政策制定主体对执行监督的乏力等都会影响

① 胡春梅. 教育政策执行过程之四重特征. 教育理论与实践, 2006, (13): 21-24.

② 邓旭. 教育政策执行的四重路径. 江西教育科研, 2007, (5): 6-9.

③ 杨润勇, 杨克瑞. 关于教育政策执行过程的管理问题研究——以素质教育政策执行过程为例. 当代教育科学, 2007, (5): 33-36.

④ 姚永强. 教育政策主体的利益冲突与整合. 教育学术月刊, 2012, (2): 31-35.

⑤ 姚松. 博弈论视野下的教育政策执行主体行为偏差成因——基于对农村教育布局调整政策运行状况的考察. 现代教育管理, 2014, (1): 61-66.

⑥ 王阳. 教育政策执行过程中多元利益主体的交锋与制衡. 清华大学教育研究, 2010, (6): 108-112.

⑦ 丁煌. 政策制定的科学性与政策执行的有效性. 南京社会科学, 2002, (1): 38-44.

政策执行的效果。①

除政策制定以外，还要考虑政策评估与政策执行的关系，政策评估是素质教育政策制定与执行过程中必不可少的环节，但现实中评估环节存在的问题已经构成了素质教育政策有效实施的瓶颈，问题主要表现在评估的缺失、不规范及形式主义等方面，所以要使素质教育政策过程逐步完善，素质教育政策运行才会更加顺畅，政策效果才会得到更大的提升。②教育政策执行的监测与评估是新时期教育改革与发展的迫切需要，是纠正政策执行偏差、实现科学决策的迫切需要，是转变政府职能、形成问责机制的迫切需要。实现教育政策决策民主化和科学化，实现对教育政策的良性监测与评估，是最终促进并保障政策目标达成的重要选择。③

种类 5 是教育政策执行的复杂性及其有效执行的体制机制研究，包括政策执行偏差、中小学布局调整、国外、有效执行、体制机制等关键词。随着教育政策对教育改革和发展作用的凸显，其执行情况越来越成为社会关注的焦点，教育政策执行的内在机理涉及行动主体、时间、环境、政策争论、政策中的政治与价值观冲突等复杂互动因素。这些因素使教育政策执行过程充满了利益冲突与竞争，导致教育政策执行更具复杂性。④引起教育政策执行复杂性问题的原因主要有政策执行遭遇制度和体制性障碍、政府治理缺乏整体框架设计、教育财权与教育事权不相称、政策内容与政策实践难以协同等。⑤

近年来，有关中小学布局调整政策执行较为突出的问题有：政策制定者与执行主体存在利益冲突，政策执行主体路径依赖性强、执行方式单一，政策缺乏约束力，政策执行文化不合理等，所以还需要对政策执行系统进行布局调整、全面优化。⑥政策执行偏差也是教育政策执行中的一个重要问题，其表现形式有 5 种：象征性执行、附加式执行、残损式执行、替代式执行、机械式执行。⑦教育政策执行是一个涉及诸多因素和变量的极为复杂的活动过程。影响教育政策执行并导致教育政策执行偏差的因素有许多，但从系统角度看，教育政策问题、教育政策、教育政策执行主体、教育政策执行客体、教育政策工具、教育政策执行环境等是

① 张玉强. 公共政策执行偏差的再思考——以政策制定主体为视角. 宁夏党校学报, 2010, 12(5): 56-59.
② 杨润勇. 素质教育政策运行过程中的评估问题分析. 江西教育科研, 2006, (7): 11-13.
③ 范国睿, 孙翠香. 教育政策执行监测与评估体系的构建. 教育发展研究, 2012, (5): 54-60.
④ 蒋园园. 教育政策执行复杂性研究：复杂理论的视角. 教育发展研究, 2011, (7): 10-14.
⑤ 蒋园园. 民工子女教育政策执行复杂性多维度分析. 中国教育学刊, 2011, (8): 9-12.
⑥ 姚松. 农村中小学布局调整政策有效执行的障碍性因素分析. 教学与管理, 2013, (3): 5-8.
⑦ 石火学. 教育政策执行偏差的表现、原因及矫正措施. 教育探索, 2006, (1): 51-53.

主要影响因素。①所以，提高政策执行者素质、加强理论宣传、构建合理的政策体系和多样化的教育评价体系、畅通信息渠道、实现政策执行手段多样化，以及加强监控和法治等，是当前解决执行偏差的重要对策。②

在影响教育政策执行过程与导致教育政策执行偏差的诸多因素中，制度是一个不可忽视的因素。通过制度分析方法，可以探索影响和制约教育政策执行过程中诸多因素之中具有关键和综合作用且隐藏较深的因素。所以，抓住制度因素来分析教育政策执行过程是一项很有价值且可行的研究，对教育政策执行研究具有启发意义。③机制视角研究框架包括行政机制、市场机制、法律机制、教学机制、社会机制。除此之外，教育政策执行中还可以创新更多的体制机制，如社会机制、文化机制、媒体机制等。④因此，构建科学化、民主化、法制化的教育体制，对于适时调整与完善以往的教育政策并赋予政策以切合时代的新精神、新内容及新的运作方式，使教育政策自身保持应有的生命力，从而提高教育政策的效力，以促使教育事业可持续的发展，无疑具有非常重要的作用。⑤通过对整个教育政策执行机制的分析，可以为我们提供一幅更为完整的教育不均衡结果的脉络图。可见教育政策执行过程是否科学合理，教育政策执行的机制、程序与具体运作人员的水平高低，也会对教育政策最终的结果产生不可忽视的作用。⑥

种类6是基于教育公平的民族教育政策执行偏差及其政策工具研究，包括教育公平、民族教育政策、教育政策执行偏差、政策工具等关键词。民族教育政策是发展民族教育的航向，地理环境、民族经济环境、民族政治环境、民族文化环境、国际环境对民族教育政策执行的影响是不可忽视的，采取合理的应对措施，对振兴民族教育事业具有深远的意义。⑦教育政策的有力执行是实现政策目标、推进教育公平的关键环节，由于种种原因，我国教育的地区差距、城乡差距、校际差距仍然比较大，政府还需要通过教育政策持续的、强有力的执行来继续推进教育公平。⑧

作为民族教育公平发展的制度保障，民族教育政策的核心是保障少数民族成

---

① 衣华亮. 教育政策执行偏离的主要影响因素：系统的观点. 现代教育管理, 2010, (2)：22-25.
② 白媛媛, 牛海彬. 素质教育政策执行偏差分析及对策研究. 现代教育科学, 2010, (2)：106-107.
③ 胡春梅. 制度分析方法与教育政策执行研究. 教育理论与实践, 2007, (9)：26-29.
④ 胡春梅. 教育政策执行研究之新视角：机制分析. 辽宁教育研究, 2006, (2)：19-22.
⑤ 邓志祥. 教育管理体制与教育政策效力关系论析. 理论月刊, 2009, (7)：179-181.
⑥ 李晓军, 张英魁. 中国教育政策执行的内涵、机制与效果评估. 辽宁教育研究, 2008, (6)：30-33.
⑦ 严庆. 现阶段民族教育政策实践环境浅析. 西南民族大学学报(人文社科版), 2007, 28(1)：45-50.
⑧ 李孔珍. 政策执行：政府推进教育公平的关键环节. 教育理论与实践, 2010, (13)：22-24.

员公平地享受教育权利。教育政策就是政府为了解决教育方面的公共问题和实现一定的教育目标，通过决策和计划，对全社会的价值做权威性的分配而采取的一系列行动，因此会深刻影响教育机会的起点和过程公平。[①]但民族教育政策执行中两难的实质是对差异和公平的权衡，是权衡民族教育决策者价值取向的体现。两难的消除也是未来民族教育政策改革的目标和理想，出现的偏差需要不断推进政策改革，才能真正在政策执行中满足不同利益相关者合理的政策诉求。[②]民族教育政策应做到：树立正确的民族教育理念，提高教育政策的科学化和民主化水平，完善民族教育政策体系，建立符合民族地区实际的政策评价标准，完善教育政策内容，加强政策监控，进一步完善与民族教育相适应的文化环境，促进民族教育政策的完善和实施。[③]

当前，政策工具是指政府赖以推行政策的手段。政策工具研究涉及一系列问题，而其中的核心问题聚集在怎样将政策意图转变为现实的管理行为，可以将政策工具研究看作政策理想转变为政策现实的"桥梁"进行研究。[④]它是指政府及其有关部门为促进社会公共问题的有效解决或者达成既定的公共政策目标而采取的一系列手段和机制，该研究理应成为转型期我国教育政策执行偏差研究一个崭新的视角。剖析政策工具的内涵、分类及其选择模型的基础，探讨政策工具在教育政策执行过程中的重要性，可以为教育政策执行偏差的矫正和教育公平的实现提供理论基础。[⑤]教育政策工具可以分为命令性工具、激励性工具、能力建设工具、系统变革工具和劝告或劝诱工具等 5 种类型，它们各自有不同的优缺点，适合于不同的教育情境。在选择教育政策工具时要采取不同的策略，综合运用这些工具。[⑥]

由于民族教育观念的偏颇及自治区政府教育规划战略目标中对民族特性的强调不足，民族教育的政策工具设计无法在教育体系规划中占据应有的聚焦位置，民族教育的政策工具创新进而更难产生。[⑦]如何增强我国民族教育的政策工具的

---

① 李孔珍，洪成文. 教育政策的重要价值追求——教育公平. 清华大学教育研究，2006，27(6)：65-69.

② 张善鑫. 试论民族教育政策执行中的两难. 当代教育与文化，2014，(6)：39-43.

③ 张建英. 论我国民族教育政策存在的问题及对策. 民族论坛，2012，(10)：71-74.

④ 李津石. 教育政策工具研究的发展趋势与展望. 国家教育行政学院学报，2013，(5)：45-49.

⑤ 衣华亮，姚露露，徐西光. 转型期教育政策执行偏离探析：政策工具的视角. 江苏高教，2015，181(3)：24-28.

⑥ 黄忠敬. 教育政策工具的分类与选择策略. 国家教育行政学院学报，2008，(8)：47-51.

⑦ 扶松茂. 国家及五个自治区政府中长期民族教育规划政策工具分析. 云南行政学院学报，2012，(5)：119-122.

执行力,需要做到以下几个方面:①通过科学的方法统一民族教育内涵;②拓展政策工具的创新空间;③协同推进民族教育立法,保证民族教育政策工具的执行力;④完善民族教育的政策体系,发挥民族教育政策工具的协调互补效应;⑤积极开发民族地区的教育资源,创设自愿性政策工具以优化民族教育政策工具。①

四、教育政策执行研究领域的未来展望

依据共词分析的理论与方法研究发现,教育政策执行研究热点主要集中在六个方面,这些研究丰富了教育政策执行的理论体系,为科学高效地推进教育政策有效执行提供了指导,促进了教育事业的改革与发展。与此同时,通过对聚类分析图和多维尺度图的进一步分析和归纳发现,改革开放以来,我国教育政策执行研究还存在着教育政策执行滞后问题研究较少、教育政策执行有效性及其路径研究不足、对国外教育政策执行研究不够等问题,这就促使教育政策执行的未来研究还需深入挖掘,以期不断拓展教育政策执行的研究领域。

(一)加强教育政策执行滞后问题研究

教育政策执行滞后问题普遍存在于各种类型的政策中,表现为时间的滞后或者政策的拖延,最终导致与原先设定的教育政策目标不一致,所以对这方面的研究就显得尤为重要。了解滞后问题,可以运用理论指导实践,降低政策执行滞后对教育政策绩效的负面影响,保证教育政策科学、高效地运行,使教育政策在有限的时间内和执行区域内得到有效执行,最终有效达成教育政策目标。但当前国内文献对于滞后问题的研究仍然比较片面,大多数文献对导致教育政策执行滞后的原因做了分析和研究,并相应地提出了一些措施,但是对于这个问题的研究程度仍然比较浅显,大多仅仅对教育政策执行滞后做了简要界定与因素分析,缺少对滞后问题更深层次的研究,比如,如何基于更多视角看待教育政策执行滞后问题,并提出可操作性的具体建议,滞后问题带来的影响有哪些等。因此,今后要加强对教育政策执行滞后问题的研究,更深层次地探索关于教育政策执行滞后的更多问题。

(二)增强教育政策执行有效性及其路径研究

政策执行的有效性是我国政治体制改革及社会主义民主政治建设的一个基本

---

① 扶松茂. 我国民族教育的政策工具发展研究. 复旦教育论坛, 2011, 9(5): 14-17.

任务和目标，也是我国社会主义市场经济发展的内在要求，更是提升执政党执政水平的重要标志。[①]对于教育政策更是如此，教育政策有效性是政策目标得以实现的关键。在教育政策执行中，执行主体、目标群体和政策环境都会对政策的效果产生影响，因此增强对政策执行有效性及路径的研究，可以优化教育政策的执行过程。通过查阅相关文献发现，国内文献对此部分的研究较为欠缺，仅有的相关研究大多针对某一方面，大多是对师范生免费政策执行的有效性分析、民族地区义务教育师资队伍建设政策执行的有效性分析，对其他教育政策涉及非常少，如民族教育政策、职业教育政策等，同时基于整个教育政策执行的有效性分析几乎为空白。所以，对于教育政策执行的有效性及其路径研究还有很大的进步空间，今后需要完善关于教育政策执行的有效性方面的理论探索，寻求增强教育政策执行有效性的路径。

（三）关注国外相关教育政策执行研究

我国的教育政策执行研究从教育政策过程中分离出来就成为备受关注的研究热点，如何改进教育政策执行，如何用更科学的方法执行教育政策等，都是大多数学者关注与讨论的问题。通过梳理国内文献，大多数学者从教育政策执行体制、机制与模式等方面提出了一些有创见性的观点，比如，胡春梅通过执行机制视角谈及教育政策执行的行政机制、市场机制、法律机制及教学机制对于教育政策执行的影响等，丰富了我国教育政策执行的理论体系。但是我国当前的教育政策学研究还处在初级阶段，发展仍然是不成熟的。因此，了解国外相关研究对于指导我国教育政策执行研究是极其有必要的。通过了解国外的相关研究，可以为我国的研究提供一些理论参考或实践指南，比如，可以尝试用国外的先进理论模型解释中国教育政策执行中的问题或困境。

（四）重视教育政策执行本身影响因素研究

任何一种事物都不是孤立存在的，它的产生与发展都会受到来自不同因素的影响，通过分析事物本身的影响因素，可以更好地了解事物的全貌与相关事物的关系。分析教育政策执行的影响因素，把握其内在联系，是实现教育政策有效执行的关键。但当前国内现有的研究大多对教育政策执行本身的影响因素没有进行深入研究，仅有的少量文献只是在执行理论模型的基础上探讨了教育政策执行的

---

① 谢国华. 增强政策执行的有效性、湖北财经高等专科学校学报，2005，(3)：3-6.

影响因素，其他相关文献则是分析了各类教育政策执行失真、滞后或偏差等问题的影响因素。可以看出，目前的研究从政策执行本身出发，分析影响因素视角单一、研究不深入，因此进一步细化和深化教育政策执行影响因素的研究，也成为今后需要努力的方向。

第三节　教育政策评估研究热点的共词可视化

教育政策是否科学、有效，在教育制定阶段和实施阶段就要经过审查与监控。比如，制定出来的教育政策要经过专门的机构进行政策分析，教育政策方案选定以后，要经过教育政策合法化环节。在教育政策执行中还要通过控制、调整来对教育政策实施的效果进行跟踪验证。但是，这些对教育政策进行的检验还是初步的，因为在一项教育政策还没有终止前的检验，只是局部性的、阶段性的，还不是最终的评估。因此，在对教育政策的制定、实施进行研究的过程中，还需要对教育政策评估进行讨论。教育政策评估是教育政策分析的一个重要方面，是一种具有特定标准、方法和程序的专门研究活动。但在相当长的时间里，教育政策评估并未引起人们的重视，作为教育政策分析过程中不可或缺的一环，教育政策评估在教育政策分析过程中有着重要意义。教育政策评估是依据一定的标准和程序，对政策的效益、效率及价值进行判断的一种政治行为，其目的在于取得有关这些方面的信息，将其作为决定政策变化、政策改进和制定新政策的依据。

教育政策评估研究热点的研究资料来源于中国知网，采用标准检索，将期刊年限设定为1985—2015年，以"篇名"为检索条件，设定"教育政策"并含"评价""评估"，共获得相关文献256篇（检索时间为2016年11月7日），最终得到226篇有效文章。此外，将有效文献中关键词进行标准化处理，如将"教育政策评价""教育政策评估"规范为"教育政策评估"等，形成资料的研究来源。

一、教育政策评估高频关键词的词频统计与分析

通过对我国教育政策执行研究文献关键词的统计，经过合并关键词，设定阈值为大于等于5，统计共得到43个关键词，其排序结果见表2-7。

表 2-7　43 个教育政策评估高频关键词排序

序号	关键词	频次	序号	关键词	频次	序号	关键词	频次
1	教育政策	65	16	政策执行	9	31	教育政策监测与评估	6
2	政策评估	50	17	评估标准	8	32	变迁	6
3	政策	23	18	内容分析	8	33	职业教育	6
4	政策分析	23	19	评价	8	34	教育政策制度分析	5
5	国外	20	20	教育公平	8	35	农村教育	5
6	评估	19	21	高等教育评估	7	36	教育质量评估	5
7	教育政策评估	18	22	农村义务教育	7	37	教育政策价值分析	5
8	教育政策绩效评估	16	23	教育均衡发展	7	38	两免一补	5
9	教育质量	14	24	教育政策过程	7	39	政策建议	5
10	价值取向	13	25	职业教育政策	7	40	教育评估	5
11	高等教育	11	26	评估指标体系	7	41	流动儿童	5
12	义务教育	11	27	教师队伍建设	7	42	政策效益	5
13	教育政策分析	10	28	高等职业教育	7	43	评估政策	5
14	问题	9	29	政策评价机制	6			
15	远程教育政策	9	30	政策研究	6	合计		488

从表 2-7 可以看出，43 个高频关键词总呈现频次为 488 次，占关键词出现总频次的 47.37%。通过对 43 个关键词的排序，可以初步了解教育政策制定相关研究的热点问题与趋势。其中，前 10 位关键词频次均大于等于 13，依次为教育政策（65）、政策评估（50）、政策（23）、政策分析（23）、国外（20）、评估（19）、教育政策评估（18）、教育政策绩效评估（16）、教育质量（14）、价值取向（13），其余 32 个关键词出现频次均大于等于 5。这一统计结果初步说明，教育政策评估研究大多围绕教育政策、政策评估、政策分析、教育质量及价值取向等方面的主题进行。

二、教育政策评估高频关键词的相异矩阵及分析

利用 BICOMB 共词分析软件，将上述 43 个高频关键词汇进行共词分析，生成词篇矩阵后，再将矩阵导入 SPSS19.0，选取 Ochiai 系数并其转化为一个 43×43 的共词相似矩阵。同时，在进行多维尺度分析时，将此相似矩阵采用（1-相似矩阵）转化为相异矩阵，结果见表 2-8。

表 2-8　教育政策评估高频关键词 Ochiai 系数相异矩阵（部分）

关键词	教育政策	政策评估	政策	政策分析	国外	评估	教育政策评估	教育政策绩效评估	教育质量	价值取向
教育政策	0.000	0.790	0.974	0.845	0.889	0.801	0.854	0.876	0.867	0.794
政策评估	0.790	0.000	0.882	0.882	0.874	0.773	0.967	1.000	0.849	0.725
政策	0.974	0.882	0.000	0.957	0.767	1.000	1.000	0.896	1.000	1.000
政策分析	0.845	0.882	0.957	0.000	0.907	0.904	1.000	0.948	0.889	0.884
国外	0.889	0.874	0.767	0.907	0.000	0.949	0.947	0.944	0.940	0.938
评估	0.801	0.773	1.000	0.904	0.949	0.000	0.946	1.000	0.755	0.936
教育政策评估	0.854	0.967	1.000	1.000	0.947	0.946	0.000	0.941	1.000	1.000
教育政策绩效评估	0.876	1.000	0.896	0.948	0.944	1.000	0.941	0.000	0.933	1.000
教育质量	0.867	0.849	1.000	0.889	0.940	0.755	1.000	0.933	0.000	1.000
价值取向	0.794	0.725	1.000	0.884	0.938	0.936	1.000	1.000	1.000	0.000

从表 2-8 可以看出，各个关键词与教育政策评估距离由远及近的顺序依次为：政策（1.000）、政策分析（1.000）、教育质量（1.000）、价值取向（1.000）、政策评估（0.967）、国外（0.947）、评估（0.946）、教育政策绩效评估（0.941）、教育政策（0.854）。此结果说明，人们谈及教育政策评估时，将"教育政策评估"与"教育政策""教育政策绩效评估""评估""国外"结合起来论述的成果较多。同时，通过对表中的系数大小进一步研究亦可发现"教育政策"经常与"政策评估""价值取向""评估"结合在一起；"教育质量"多与"评估""教育政策""政策评估"呈现在一起；"政策分析"多与"教育政策""政策评估"结合在一起。这也初步说明，在已有的教育政策评估的研究成果中，研究者经常关注教育政策评估与政策分析、教育政策绩效评估、教育质量等方面的问题。

三、教育政策评估高频关键词聚类及其分析

将表 2-8 中的高频关键词相异系数矩阵导入 SPSS19.0 进行聚类分析，得到的聚类结果见表 2-9。根据聚类分析结果显示的聚团连线距离远近，能够直观地看出教育政策执行研究的高频关键词分为 7 类，分别为农村义务教育均衡发展的政策评估研究（种类 1）、教育政策评估指标体系研究（种类 2）、基于农村义务教育与"两免一补"的教育政策监测与评估及其执行研究（种类 3）、教育政策评估标准研究（种类 4）、国外教育政策评估机制研究（种类 5）、教育质量评

估政策的制度分析（种类 6）、教育政策绩效评估及其政策建议研究（种类 7）。

表 2-9 教育政策评估高频关键词聚类结果

种类	关键词
种类 1	义务教育、流动儿童、教育均衡发展、农村教育
种类 2	评估指标体系、职业教育
种类 3	农村义务教育、两免一补、政策执行、教育政策监测与评估
种类 4	评估、评估政策、教育质量、教育评估、教师队伍建设、内容分析、教育政策价值分析、教育政策分析、价值取向、教育公平、教育政策、评估标准、政策评估、教育政策过程、政策分析、政策研究、政策效益、教育政策评估、远程教育政策、问题、高等教育评估
种类 5	国外、政策评价机制、评价、职业教育政策
种类 6	高等职业教育、教育政策制度分析、教育质量评估、质量
种类 7	政策、政策建议、教育政策绩效评估、高等教育

种类 1 是农村义务教育均衡发展的政策评估研究，包括义务教育、流动儿童、教育均衡发展、农村教育等关键词。自从我国实施义务教育以来，义务教育均衡发展取得了很大的成就，但依然面临许多问题：城乡和区域间基本办学条件存在差距，城乡和区域间师资在数量、质量、稳定性方面差距很大，农村义务教育阶段学生辍学率高，义务教育管理体制面临挑战等。[①]

作为影响农村教育改革与发展的主导因素，农村教育政策的制定和执行，对农村教育的发展起着决定作用。在义务教育全面普及后，国家适时将工作重点转移到推进均衡发展上，义务教育政策瞄准了更高的目标，在多个重点领域、薄弱环节，都对教育政策作出了调整，如进一步深化农村义务教育管理体制改革，提升农村中小学教师队伍素质，提高农民科学文化素质，培育有文化、懂技术、会经营的新型农民等。[②]我国目前实施的改善农村贫困地区学校物质条件的相关政策，如国家贫困地区义务教育工程、中小学布局调整、危房改造工程及国家西部地区"两基"攻坚计划中的相关政策都表现出了一定的有效性。[③]政策质量的高低最终是由政策实施后的结果来评判的，这种评判不仅是检验教育政策质量的基本途径，提高农村教育政策水平的重要途径，而且有利于农村教育事业的发展。[④]

但是通过对农村教育政策的评估发现，其仍存在着诸多不足之处：对农村教

① 曾天山，邓友超，杨润勇，等. 义务教育均衡发展是实现教育公平的基石. 教育研究，2007，(1)：5-16.
② 杨润勇. 我国十年农村教育政策进展与分析. 国家教育行政学院学报，2013，(12)：3-10.
③ 金莲，李小军. 农村义务教育政策对农村贫困的影响评估. 中国农村经济，2007，(S1)：9-19.
④ 张娜. 农村区域教育政策评估的思考. 科教前沿，2009，(5)：261-262.

育缺乏针对性，忽视了城乡差别和地区差别；政府包揽的办学格局没有根本转变；农村教育投资供求矛盾进一步恶化；农村教育结构单一，布局不合理。[①]尤其是在农村中小学布局调整上，大量撤并村小和教学点，农村小学布局过于集中及隐性强行撤并的思路和做法，造成教育资源浪费，使农村小学生就近入学变得更加困难。所以，应建立一整套民主的教育政策决策和纠错机制，保护处境不利的群体的教育机会，最大限度地增强政策的理性。[②]创新农村教育政策应做到：在政策目标上，强调育人性和实用性相结合，并倡导与城市教育的偏离分化；在政策主客体上，主体表现出层次上移性，客体表现出范围广延性；在政策方案上，经费政策法治化、补偿政策全面化、师资政策扶弱化；在政策关系方面上，重新明确农村教育的重要地位和作用。[③]

同时，流动儿童的义务教育政策也是重点关注的话题。当前农村地区办学条件落后，包括学校设施、教师队伍等由于多种因素的制约不如城市，是造成流动儿童教育问题的根本原因，同时，我国教育行政决策面临观念制约、能力制约及政策冲突制约等多重困境，所以找到正确的解决路径尤为必要。[④]通过对流动人口子女教育政策进行评估，我们可以更好地理解流动人口子女教育政策出台的背景、政策的价值取向、政策文本内容的本质等问题，以便更好地改进流动人口子女教育政策，并最终促成流动人口子女教育问题的解决。[⑤]所以，要建立现实教育决策与社会道德理想之间的适度平衡，提升教育决策的伦理自主性；要承认社会发展水平的阶段性和局限性，提高教育伦理决策的紧迫性和责任感；要促进各方利益诉求之间的妥协和解；要提高教育决策的伦理自主性和正当性，构建社会发展的动力机制和平衡机制，是在政策评估后解决流动儿童教育问题的有效路径。[⑥]

种类2是教育政策评估指标体系研究，包括评估指标体系、职业教育等关键词。教育政策评估标准体系的建构是教育政策评估问题的核心，系统且科学的教育政策评估标准是进行政策评估的前提。教育政策评估自身必须具备科学性，这是政策评估的核心所在，在评估活动的各个环节中，指标的设置是必不可少的前

① 张红，李俏. 改革开放以来农村教育政策分析与绩效评估. 湖北社会科学，2007，(1)：157-160.

② 霍翠芳. 农村义务教育学校布局调整政策的地方性理解与实践. 教育学报，2013，9(4)：38-46.

③ 吴家庆，杨远来. 我国现阶段农村教育政策的创新及启示. 湖南师范大学社会科学学报，2007，36(5)：33-37.

④ 孙翠香. 流动人口子女教育政策分析. 教育学术月刊，2009，(1)：7-11.

⑤ 陶西平. 我国流动儿童教育问题的制约因素和政策出路. 教育科学研究，2012，(5)：5-9.

⑥ 谢春风. 我国流动儿童教育政策演进的伦理分析. 教育科学研究，2012，(5)：14-19.

提条件，也会最终影响教育政策评估的质量。①

政策从制定到执行，再到结果的检测，环环相扣，任何一个环节出现问题，教育政策的效力都得不到最大程度的发挥，教育问题也无法得到有效的改善和解决。对一项政策的完整评估应包括对政策制定的评估、对政策实施或执行的评估及对政策绩效的评估等三部分内容，对每一个部分的评估又包含对许多更小的部分的评估，所以建立一套完整的评估指标体系是必要的。②

目前，国内教育政策评估指标体系研究存在许多不足之处：①现有的教育政策评估指标体系多从宏观的角度泛泛而谈，只是依据法律法规提出原则性的要求，缺乏细化、明确的标准，无法将其应用到实际的评估工作中。②评估指标体系多关注存量指标，忽视增值评估指标，对于教育公平、教育均衡发展、满意度等此类指标也少有提及。③上述背景和研究基础，对构建一个具有普遍意义，同时又能根据实际情况具体到某项教育政策而加以调整的教育政策效果评估指标体系，具有一定的理论意义和现实意义。④依据教育政策评估的标准，建立教育政策评估指标体系，以教育政策评估对象为依据，可以将一级指标分为教育政策主体、教育政策客体、教育政策环境三个指标。⑤

架构教育政策评估标准体系需要考虑三个原则：①标准必须能反映教育政策的属性特征；②标准必须具有全面性，能反映教育政策的整个过程；③标准在技术上有可行性，既能进行收集和加工，又能在量化的基础上加以分析。⑥具体到各类各级教育上，要考虑不同时期、地区义务教育发展的短板所在，以保证教育质量为核心。针对薄弱环节，要确立在特定时期内优先发展和达成的教育目标，并将其纳入区域内义务教育均衡发展指标，形成富有特色的、切合实际的区域内义务教育均衡发展指标体系。⑦

高等教育评估指标体系的构建，则需要提高理论水平，加强立法建设，提高人员素质，尤其是多元指标体系的建构：各级评估机构应针对高等学校办学主体、

---

① 宋健峰，袁汝华. 政策评估指标体系的构建. 统计与决策，2006，(22)：63-64.

② 李慧敏. 教育政策评估标准研究. 科教导刊，2013，(1)：11，22.

③ 张茂聪，杜文静. 教育政策评估：基本问题与研究反思. 教育理论与实践，2013，(10)：19-24.

④ 黄明东，陈越，姚宇华. 教育政策效果评估指标体系构建研究——基于后实证主义方法论的视角. 教育发展研究，2016，(1)：1-6.

⑤ 王素荣. 教育政策评估指标体系研究. 教育理论与实践，2006，(6)：8-10.

⑥ 胡伶. 教育政策评估标准体系的架构研究. 教育理论与实践，2008，(34)：20-24.

⑦ 薛二勇. 区域内义务教育均衡发展指标体系的构建——当前我国深入推进义务教育均衡发展的政策评估指标. 北京师范大学学报(社会科学版)，2013，(4)：21-32.

质量、机制、层次的不同，分工协作，建立多元化的评估指标体系。[①]职业教育政策评估指标体系更要注重科学有效，这是职业教育政策评估的核心环节。指标选择重在引导政策主体提高政策制定的科学性，提高政策执行的水平和效益，最终实现让政策受众及利益群体满意。[②]

教育的健康发展依赖于科学实际的教育政策，所以在教育政策评估的过程中要兼顾教育政策的效果、效益、效用等不同方面，分别使用不同的评估方法，建立科学的教育政策评估体系，致力于中国教育事业的可持续发展。[③]

种类 3 是基于农村义务教育与"两免一补"的教育政策监测与评估及其执行的研究，包括农村义务教育、两免一补、政策执行、教育政策监测与评估等关键词。相关重大教育政策、重大教育改革项目的实施，客观上要求建立和完善教育政策执行的监测与评估体系。教育政策监测与评估涉及教育政策成本、教育政策需求与满意度、教育政策执行力、教育政策影响与结果的监测和评估。建立复杂、动态、立体的教育政策执行的监测与评估机制，是实现对教育政策的良性监测与评估，最终促进并保障政策目标达成的重要选择。[④]

构建实施教育政策监测与评估基本上有五个步骤：实施准备情况评估、设计监测与评估指标、实施政策监测、实施政策评估、报告结果与结果使用。[⑤]现阶段，政策监测与评估已经成为世界各国提高政策绩效的有效工具。但是，在我国现有的政治文化背景下，专业机构尽管拥有开发监测与评估指标体系、运用科学方法和技术的能力，但由于缺乏自上而下的指挥能力，使得他们无法获得政策执行者的配合，难以深入政策的现场获得鲜活的信息和数据，导致其得出的结论缺乏针对性。[⑥]

但教育政策评估是有限度的，这种限度既与外部政策评估制度有关，也受教育政策本身所带有的内在限制性因素的制约。要减少教育政策评估的限度，应构建公众评议教育政策的平台，保障公众的表达权利；沟通多种角度的评估，减少不同立场的局限；全面评估政策的各种可能效果，提高评估的科学性。[⑦]

而在农村义务教育中，"两免一补"政策是监测与评估的重要教育政策之一，长

① 李慧仙. 我国高等教育评估指标体系问题与对策研究. 高等理科教育，2003，(4)：27-30，70.
② 周晶. 职业教育政策评估指标体系设计与实施. 职业技术教育，2011，32(16)：47-52.
③ 王宗军. 论科学的教育政策评估体系建设. 山东省青年管理干部学院学报，2008，(4)：80-82.
④ 范国睿，孙翠香. 教育政策执行监测与评估体系的构建. 教育发展研究，2012，(5)：54-60.
⑤ 胡伶. 教育政策监测与评估实施步骤研究——以免费师范生政策为例. 教育发展研究，2014，(2)：21-27.
⑥ 胡伶，范国睿. 教育政策监测与评估主体的现状与发展建议——基于权力来源与向度的分析框架. 教育发展研究，2012，(Z1)：8-13.
⑦ 高庆蓬，杨颖秀. 论教育政策评估的限度. 教育理论与实践，2010，(22)：17-20.

期存在的"城乡二元"结构模式使城乡在各方面处于极度不均衡状态。国家在农村义务教育阶段实行"两免一补"的倾斜政策，从优先解决贫困学生的入学问题着手，逐步实现对全体农村孩子实行免费义务教育，最终促进城乡教育均衡发展，解决农村教育发展问题。①"两免一补"是指对农村义务教育阶段家庭经济困难的学生免杂费、书本费，补助寄宿生生活费的教育资助政策，目的是确保义务教育阶段的孩子不能因贫困而失学，体现了国家对农村义务教育的高度重视和对农村困难群体的亲切关怀，对促进农村义务教育事业的发展具有十分重要的意义。②它减轻了农民家庭的经济负担，在某种程度上降低了适龄儿童的辍学率，营造了农村教育的新氛围，改变了农民"读书无用论"的错误认识，并且间接地提高了劳动生产率，增加了经济效益。③因此，政府部门应设立一套完整的、民主的教育政策决策监督机制，以保障农村薄弱学校受教育者的教育权和平等权，给予他们充分的话语权和利益表达机会。这样才能从根本上将教育政策落到实处，促进农村义务教育均衡发展。④

今后，教育政策评估研究还应该加强多学科的理论综合研究；拓展研究内容，建立科学完善的教育政策评估指标体系；优化研究结构，加强教育政策评估保障机制研究；创新研究方法，促进定性分析和定量分析的综合化、系统化。⑤对于类似"两免一补"政策的其他相关政策，政府除了建立资金保障体系，还应建立良好的、动态的、全国范围内的义务教育数据库，用于对已实施的政策进行有效精确的效果评估及为制定下一步的政策提供参考。⑥这些问题的研究将是一个长期的过程，随着研究的深入，对其认识还会有不断变化和更新。

种类 4 是教育政策评估标准研究，包括教育质量、教育评估、内容分析、教育政策分析、评估标准、远程教育政策、高等教育评估等关键词。政策评估是构成公共政策不可缺少的重要步骤，关系到政策的执行和终止。采用客观公正的政策评估标准，是检验政策成功的关键。教育政策评估的标准对于审查或选择教育政策方案、衡量政策优劣和质量高低具有重要作用。教育政策评价的标准主要包括认定问题是否正确、政策目标是否恰当、政策方案是否可行、政策执行是否严

---

① 曹思芹. 义务教育阶段"两免一补"教育政策分析. 教学与管理，2009，(21)：3-4.
② 孟洋，刘新芳. "两免一补"教育政策执行效果分析. 科教导刊，2012，(7)：18，25.
③ 卫思祺. 农村教育"两免一补"政策的理论价值与实践效应分析. 中国农学通报，2011，27(17)：182-186.
④ 冯全全，马丽. 我国农村中小学布局调整政策执行的评估研究——基于义务教育均衡发展的视角. 湖北第二师范学院学报，2014，31(4)：96-99.
⑤ 杜文静，张茂聪. 教育政策评估研究理论视点：问题与反思. 当代教育科学，2013，(20)：13-15.
⑥ 王小龙. 贫困地区"两免一补"财政政策目标实现的障碍与对策. 中国财政，2009，(12)：43-45.

格、政策效益是否最佳等五个方面。①

构建教育政策评估标准，要做到以下几点：①要遵循价值观的相对统一和坚持评价标准与当前教育观的契合；②要寻找一个明确、合理的标准构建维度，评估标准的建构不能脱离教育政策的本体，应是形式标准、事实标准和价值标准的统一。②在我国教育政策评估中，普遍存在评估标准不清的现象，表现为：教育内部其他政策及教育外部政策之间缺乏一致性；政策缺乏前瞻性；政策目标并不明确，预期的效果很难测量；政策目标的实现程度模糊等方面。③所以明确教育政策价值以期更好地进行教育政策评估极为重要。

然而，现有的研究由于缺乏对教育政策价值这一前提性问题的探讨，因而对教育政策评价标准的把握不够全面、系统。教育政策评价本身具有许多主观性的特质和表现，但其评价标准却是客观的。它的客观性来源或依赖于教育政策价值的客观存在。认清教育政策的价值及其层级结构，才能全面而系统地把握教育政策的评价标准。④教育政策价值的分析主要回答教育政策处理各种有冲突的教育利益诉求，或者分配有限的教育资源所依循的价值准则是什么，核心是以价值目标为标准对价值事实进行评判，最终确立价值规范，包括对教育政策的价值取向、政策主导的价值倡导、利益群体的价值协调三个方面。⑤

同时，任何教育政策都不能忽视教育质量问题，而质量必须依赖政策的保护，教育政策既要关注人才培养的质量问题，也必须关注教育政策的质量问题。只有通过政策的调节，人才培养才能获得必要的教育资源；只有通过政策的倾斜，人才培养质量才能得到加强；只有通过政策的指导和规范，人才培养活动才能取得相应的地位。⑥

高等教育政策评估是高等教育政策运行过程的一个重要环节。在实践运行中，我国高等教育政策评估应做到以下几点：①回归民意，理性思考评价目的；②集思广益，多元选择评价主体；③长远规划，持续改善评价客体；④权衡利弊，因情制定评价标准；⑤综合分析，合理运用评价方法。⑦在远程教育政策的事前评估、事中评估和事后评估的过程中，远程教育政策评估也应当建构合理的标准维

---

① 肖远军. 教育政策评价的标准探讨. 浙江教育学院学报，2012，(3)：86-91.

② 白贝迩，司晓宏. 教育政策评估标准的建构. 教育理论与实践，2015，(13)：20-24.

③ 胡伶，全力. 我国教育政策评估的成就、问题与建议. 辽宁教育行政学院学报，2009，26(3)：49-52.

④ 祁型雨. 论教育政策的价值及其评价标准. 教育科学，2003，19(2)：7-10.

⑤ 孟卫青. 教育政策分析：内容、价值与过程. 现代教育论丛，2008，(5)：38-41，49.

⑥ 张卫良. 人才培养质量视野下的教育政策分析. 现代大学教育，2007，(4)：84-87.

⑦ 张继平. 高等教育评估政策评价的五大难题. 学术论坛，2011，34(9)：203-206.

度与框架，以体现其教育发展观和选取原则，促进远程教育的可持续发展。[①]

因此，今后教育政策评估标准研究要注意以下几个方面：①紧密结合教育活动的本质特征，进一步完善和充实教育政策评价标准研究的理论基础；②进一步探讨和阐明教育政策评价标准的内在规定性；③针对教育政策的内容和过程设计系统的、具体的评价指标；④尝试运用构建的评价标准和评价指标，对我国教育政策的内容、过程、环境等进行评价。[②]

种类 5 是国外教育政策评估机制的研究，包括国外、政策评价机制、评价、职业教育政策等关键词。如何借鉴外国教育政策和实践经验，是完善我国教育政策学必须关注的一个问题。一个国家的教育能够对另一个国家的教育产生重要影响，这种影响可以宏观到改变一国最高决策层的教育理念和构想，也可以微观到改变教师层面的教学方法。[③]教育政策评估研究的借鉴与学习更是如此，当前我国对于发达国家的教育政策评估研究较多。

在评估内容上，主要包括结果评估和过程评估两种类型；在评估理论上，普遍对政策评估标准体系、分析方法体系、规范的政策评估模型三方面进行理论建构；在评估方法上，实证主义与后实证主义不占主导地位，呈现出明显的范式融合趋势。[④]政策评估作为各国政府制定和修正国内外事务治理方针政策的技术工具，在经历了不同的发展阶段后，无论在理论研究方面，还是在实践进展方面，都有了很大突破：政策评估理论日渐丰富，研究的交叉性和综合性逐渐显现；政策评估机构的专业化不断提升，官方机构和民间机构互相促进；政策评估领域不断拓展，经济、外交、环保、人口等领域成为当今政策评估的主要领域；政策评估标准与价值导向不断更新，在提高政策评估科学性的同时，更加关注民主和公平，强调技术理性向价值理性的转变。[⑤]提高教育决策的有效性除了要进一步健全决策机制以外，还需要充分发挥科学研究支撑教育决策的作用。

英国有关政策制定之间关系的理论建设和实践探索，特别是近期有关以证据为基础的政策理念及其研究方法的发展，对于强化我国教育政策研究基本理论和方法建设、提高教育政策研究水平有重要的参考价值。[⑥]

① 唐克，陈楠. 试析远程教育政策评估标准与合理框架. 教育学术月刊，2012，(2)：94-96.

② 曹连众，祁型雨. 教育政策评价标准研究述评. 山西师大学报(社会科学版)，2011，38(5)：137-140.

③ 大卫·菲利普斯，钟周. 比较教育中的教育政策借鉴理论. 清华大学教育研究，2006，27(2)：1-9.

④ 李莹. 教育政策评价的发展脉络及启示. 中国高等教育评估，2006，(2)：23-26.

⑤ 邓剑伟，樊晓娇. 国外政策评估研究的发展历程和新进展：理论与实践. 云南行政学院学报，2013，(2)：34-39.

⑥ 桑锦龙. 为教育政策提供证据——当前英国教育政策研究的特点及启示. 教育科学研究，2012，(1)：12-17，32.

法国的政策有以下特点：评估机构具有相对独立性；评估时间具有周期性；评估内容具有整体性，重视对高等教育系统整体协调性和整个高等教育政策的有效性进行评估；评估类型具有多样性，表现为内部评估与外部评估相结合，自我评估与他人评估相结合，综合评估与单项评估相结合，结果评估与后继跟踪评估相结合。①

欧美教育政策研究的关注点包括政策的制定、执行及其产生的影响。关于政策执行，研究者关注的主要是影响政策有效执行的因素，如学校的社会资源、校长的影响力等。对政策产生的影响的研究相对较多，绝大部分文章都是从学生的视角来评估政策影响，如讨论某项具体的政策或制度对学生学业成就、辍学率、升学机会的影响。②

而同属亚洲文化圈的日本，在世纪之交完成了教育政策评价机制的构建，将之统筹在政府政策评价的总体框架之下。日本教育政策评价方式相对多样，辅以配套支持措施，注重评价结果反馈，通过多种手段充分保证教育政策评价的科学、有效。③

俄罗斯教育政策的评价机制也具有自身特点：政策的评价采用目标达成模式，并以官方评价为主导。虽然俄罗斯教育政策形成、实施及评价机制存在利益团体参与少、执行低效、评价机制不完整等问题，但俄罗斯政府正努力促使其向科学、民主和高效方向发展。④

值得注意的是，因果推断模型越来越成为国际主流教育政策评估的定量研究方法，也是公共财政、劳动力经济学等多个社会科学领域所主要采用的实证研究方法。因果推断法首先在实证经济学中发展，随着教育理论的发展和高质量教育研究数据的增加，因果推断法也逐渐被引入教育政策评估。⑤总之，我国政策评估应该借鉴国外的先进理念与做法：①政府应重视利用社会中介组织的力量，加强对教育的宏观管理；②积极推进教育评估立法，使评估机构"依法评估、合法介入"；③以管理体制改革为契机，大力加强教育评估的行业管理与自律；④把握

---

① 苌庆辉，闫广芬. 法国高等教育评估制度的特征. 高校教育管理，2008，2(2)：17-22.

② 刘水云，刘复兴，徐赟. 欧美教育政策研究与学科发展及其与中国的比较分析. 教育学报，2014，10(3)：62-68.

③ 李建民，肖甦. 日本教育政策评价机制评析. 现代教育管理，2015，(7)：26-30.

④ 赵伟，肖甦. 俄罗斯教育政策形成、实施及评价机制的特点. 外国中小学教育，2014，(3)：35-40.

⑤ 张羽. 教育政策定量评估方法中的因果推断模型以及混合方法的启示. 清华大学教育研究，2013，34(3)：29-40.

事业单位改革的机遇，从实际出发对专业评估机构进行准确定位。①

种类 6 是教育质量评估政策的制度分析，包括高等职业教育、教育政策制度分析、教育质量评估、质量等关键词。《国家中长期教育改革和发展规划纲要（2010—2020 年）》中有关教育质量政策的部分，体现了教育科学发展观及内涵发展观。其中设定的提高教育质量的五个指标的落脚点表现在人才培养、教学过程关键环节、外部保障靠质量标准及有效手段靠质量评价。此外，该纲要中的教育质量政策呈现出"覆盖面全、涉及点广，质量建设和质量保障并重、更加注重质量保障的要求，将制度改革作为提高质量的突破口"三大特点。②

近年来，我国出台了众多提高高等教育质量的政策，形成了高等教育的质量话语。这些政策诞生在我国社会向市场转向，高等教育领域开展招生和就业改革的社会背景下，这些改革形成了高等教育市场的有效供给和有效需求。③对我国中长期高等教育质量来讲，要重点处理好三个方面的问题：①明确高等教育改革发展的主要任务；②树立多样化的高等教育质量观；③建立以高校自主建构为基础的质量保障与评价体系。④高等教育质量政策内容主要包括质量建设和质量保障两个方面。质量建设关注利益结构的调整，主要通过经济杠杆来实现。质量保障关注教育教学活动过程中行动准则的规范和调整，主要通过相关的质量制度和质量标准来实现。只有达到两者间的平衡才能真正有效地促进高等教育质量的不断提高。⑤因此教育质量政策评估也不可或缺。

从战略设计上看，高等教育质量评估政策经历了由一般到具体的发展过程；从本质上看，经历了从工具性价值到目的性价值转变的过程；从功能上看，经历了从基准控制的导向功能和奖优罚劣的调节功能向提高质量的管理功能转变的过程。我国高等教育质量的评估主体有待多样化，评估目的性价值有待加强，质量内涵有待进一步明确，对评估结果的反馈和应用有待进一步加强。⑥

制度是教育政策的保障，教育政策的制度分析应该是方法论整体主义和个人主义的统一，而其实现的桥梁则是对行动者策略行为的充分关注。作为方法论的

---

① 上海市教育评估考察团. 国外教育评估机构运行机制分析与借鉴——美国、加拿大教育评估考察报告. 教育发展研究，2005，25(15)：29-33.
② 郗芳. 教育质量政策的设计与思考——解读《国家中长期教育改革和发展规划纲要(2010—2020)》. 当代教育科学，2011，(23)：29-31.
③ 王友航. 高等教育质量政策的话语策略. 教育学术月刊，2012，(10)：31-35.
④ 王海涛. 关于我国中长期高等教育质量政策的思考. 黑龙江高教研究，2010，(1)：13-14.
⑤ 卢晓中，刘志文. 我国高等教育质量政策的特点及走向. 教育发展研究，2008，(Z3)：46-50.
⑥ 蔡映辉. 我国高等教育质量评估政策的哲学思考. 江苏高教，2009，(1)：29-31.

制度分析，它的特点主要表现在对教育制度差异的敏感性，应注重制度发展史、关注观念与意识形态等心智结构因素对制度发展的影响。教育政策的制度分析的最终落脚点在对教育政策制度伦理公正的考量。①高等学校作为质量评估的主体和被评估的对象，其自我评估应成为整个评估体系的基础，但高校展开的自我评估，其评估结果往往有失科学和公允，甚至倾向于"孤芳自赏"。因此，学术导向型的高校内部质量自我评估并非"关起门"来评估，而应把握评估的开放性，加强与社会的联系。②

当前，在国际高等教育质量评估发展中，呈现出实行分类评估、调整不同评估主体职能分工、赋予高等院校以质量保障的主要权责、重视资源使用效率及学生学习成效、注重定性描述信息等新特点。我国也应该提高评估工作的规范性和透明度，完善评估专家的选拔、培训与考核制度，健全对评估工作的评估、评估成效反馈的机制。③科学的评估制度是高等教育评估工作走向法制化、规范化的必由之路。各国高等教育的评估活动都是先通过立法或行政手段予以确立，依照有关政策和法律规定进行，高校必须参与和接受评价这项硬性任务，教育评估制度必须在法律的保障下才能走上健康的发展道路。④高等教育评估制度建设应做到：加强高等教育质量评估主体建设，实现管评分离；转变高等教育质量评估机制，适应高等教育发展规律；加强高校内部质量评估体系，提供制度保障，遵照本国的具体国情，走一条适合中国高等教育发展的道路。⑤

种类 7 是教育政策绩效评估及其政策建议研究，包括政策建议、教育政策绩效评估、高等教育等关键词。加强公共政策绩效评估，有利于检验政策的效果、效率、效益，有利于实现政策资源的有效配置，是进行政策调整、提出政策建议的重要依据。加强公共政策绩效评估，不仅能总结经验教训和及时纠正政策失误，有利于提高决策的科学化和民主化水平，还能对公共政策参与人员起到重要的间接监督作用，增强相关人员的责任心，从而增强公共政策的有效性。⑥

我国教育政策绩效评估的低效能在很大程度上是因为其过程缺少制度性保障

---

① 张烨. 教育政策的制度分析：必要、框架及限度. 复旦教育论坛，2006，4(6)：24-28.

② 刘恩允. 高等教育外部质量评价机制探讨——兼论中介性评估组织的建立和发展. 辽宁教育研究，2003，(12)：29-31.

③ 钟秉林，周海涛. 国际高等教育质量评估发展的新特点、影响及启示. 高等教育研究，2009，(1)：1-5.

④ 邓成超. 国外高等教育评估制度分析与比较研究. 教育学术月刊，2008，(1)：71-73.

⑤ 孙宏斌，张凤杰. 国外高等教育质量评估机制对我国的启示. 黑龙江省政法管理干部学院学报，2015，(3)：148-150.

⑥ 中国行政管理学会课题组，贾凌民. 政府公共政策绩效评估研究. 中国行政管理，2013，(3)：20-23.

框架，建构合理的保障框架是进行教育政策绩效评估的制度分析的重要手段。教育政策绩效评估制度分析框架由正式制度和非正式制度两个范畴组成，应用分析框架研究教育政策活动，才能形成完善的教育政策绩效评估的制度规约体系，保障教育政策绩效评估的效能。①当前我国县级政府教育政策绩效评估主要存在以下问题：以官方评估为主，评估主体单一；评估程序随意，规范性不足；评估方法简单，实效性不强；评估标准多元，易于相互冲突。因此，应采取以下措施来提高教育政策绩效评估：实现评估的制度化和法制化；积极促进评估主体多元化机制的构建；制定和完善评估程序；实现评估方法多样化；建立相对一致的评估标准。②

以免费义务教育政策为例，该政策存在实施持续时间长、影响范围广、涉及经费数额大、各地区面对的政策环境差别巨大等困境。这就要求各级政府主管部门要在本区域内选择具有典型性条件的地区，设计相应的试点方案，并及时认真地总结试验的结果，对政策实施情况作出实事求是的评估，这样才能有效地为各地制订整体的实施计划，并提供成功的经验和吸取失败的教训。③

对于农村义务教育政策而言，通过绩效评估发现存在以下问题：对农村教育缺乏针对性，忽视了城乡差别和地区差别；政府包揽的办学格局没有根本转变；农村教育投资供求矛盾进一步恶化；农村教育结构单一，布局不合理等。④要想改善农村高等教育政策，需要加强高中阶段教育资源的公平并实行高等教育补偿政策，从根本上帮助农村子女消除对学费的担忧，这对促进我国教育公平具有积极意义。⑤但是要想了解政策对于教育水平的实际影响效果，教育政策的绩效评估就极为重要，但绩效评估是复杂的，要求评估主体多角度、组成多元化，同时要保证调查对象的广泛性、研究过程的专业化和独立性。建构合理的评估团体、采用科学的评估方法、建立科学的研究标准和公开信息管理制度，能够提高研究的有效性。⑥

学习和借鉴国外公共政策绩效评估经验，应提高对其重要性的认识，将其纳入政府绩效评估体系作为一项重要内容来对待；同时，要加强公共政策绩效评估的法律制度体系建设、专业人才培养和机构设置，科学运用评估方法，提高评估

---

① 邓旭，赵刚. 制度规约下教育政策绩效评估框架的建构. 当代教育科学，2013，(10)：3-6.

② 张茂聪，付晓彬. 我国县级政府教育政策绩效评估存在的问题及对策研究. 教育科学研究，2015，(3)：16-20.

③ 杨润勇. "免费义务教育"政策及其实施的思考与建议. 教育发展研究，2006，(5)：44-47.

④ 张红，李俏. 改革开放以来农村教育政策分析与绩效评估. 湖北社会科学，2007，(1)：157-160.

⑤ 钟莉，刘少雪. 改善农村高等教育的政策建议. 复旦教育论坛，2006，4(6)：56-59.

⑥ 路耀芬. 教育政策绩效评估的有效性研究. 教学与管理，2016，(10)：7-9.

的针对性和有效性，扩大公众参与的范围，增加评估的透明度。[①]总之，教育政策绩效评估研究虽然取得了一些成果，但总体而言还处于初始的探索阶段，这一主题还存在较大的研究空间和前景。无论是从教育学、公共政策学还是公共管理学的角度出发，教育都是"价值品"，其效益需要经过较长时间才能显现，因此对教育政策进行绩效评估的重要性不言而喻。[②]所以，以下几个方面还有待深入研究：厘清教育政策绩效评估中的关键问题；构建教育政策绩效评估的基础理论；建构中国特色利益相关者多元综合模型；建立适用、实用的教育政策绩效评估指标体系；重视教育政策绩效评估的质量问题研究。[③]

四、教育政策评估研究领域的未来展望

依据共词分析的理论与方法研究发现，教育政策评估研究热点主要集中在七个方面，这些研究推动了教育政策评估理论的繁荣与发展，有助于政策目标的达成，以及促进政策继续执行、修改继而作出正确的政策判断，促进我国教育政策的良性运行。与此同时，通过对聚类分析图和多维尺度图的进一步归纳分析发现，我国改革开放以来的教育政策评估研究存在着对教育政策评估方法研究较少、教育政策预评估研究欠缺、教育政策评估模式研究较少、教育政策评估类型研究较少等问题。这就要求教育政策评估的未来研究还需要不断拓展研究领域，才能使教育政策评估相关研究更加完善和成熟。

（一）加强教育政策评估方法研究

教育政策评估方法的科学效率直接关系到教育政策科学的发展。常见的几种教育政策评估的方法有：多元评估方法，包括定量方法、定性方法与定量与定性相结合的方法及伪评价、正式评价和决策理论评价；单一评估方法即模拟实验计划（QED）。要根据不同的实际情况采用不同的政策评估方法，才能为教育政策的运行提供科学的方法指导。因此，对教育政策评估的方法研究也是极其重要的，但是我国当前对这个领域的研究几乎没有涉及，大多是在公共政策学方法的基础上研究教育政策评估的方法，尚未形成自己独特的评估方法。所以，今后的研究

---

① 姚刚. 国外公共政策绩效评估研究与借鉴. 深圳大学学报(人文社会科学版)，2008，25(4)：80-85.
② 林敏娟，杨锋. 教育政策绩效评估研究的现状与启示. 中国高等教育评估，2010，(3)：29-34.
③ 林敏娟. 国内外教育政策绩效评估研究若干问题探析. 社会纵横，2011，26(3)：131-135.

应该加强对教育政策评估方法的研究，探求教育政策自身所特有的评估方法，为教育政策评估方法的运用寻求理论指南。

（二）重视教育政策预评估研究

教育政策预评估是在一项教育政策制定之前，对此项政策预先进行一个评估，即对政策目标、可行性或者价值作出一个事先的分析，以便更好地展开后续的教育政策过程的相关步骤。考虑到一项政策本身的复杂性，进行预评估可以对教育政策的运行动向有一个宏观上的把握，如对政策的可行性进行再评估，从而更全面、准确、客观地评估教育政策，一定程度上避免教育政策的制定与执行效率低下等问题。我国对教育政策预评估的相关研究寥寥无几，说明我国还没有看到教育政策预评估的重要性，所以应加强教育政策预评估的研究，以弥补这方面研究的理论缺失，从而完善教育政策评估理论，为教育政策评估的实施提供一个新的视角。

（三）关注教育政策评估模式研究

模式是解决一类问题的总的方法论，是可以照着做的样式，而在教育政策评估模式的指导下，可以解决一些教育政策评估中的难题，引导我们更好地评价教育政策的实施效果等。目前，国内研究最多的是教育政策制定模式研究和教育政策执行模式研究，再加上教育政策处于公共政策的大环境之下，发展水平不高，这方面的研究较为落后，少有的一些模式研究大多对国外的教育政策评估模式做了相关介绍与评析，时间上也较为滞后，没有取得实质性的突破。所以关注教育政策评估模式研究，紧紧抓住当前研究趋势的发展，可以为进行高效的教育政策评估提供科学的方法论指导。

（四）增强教育政策评估类型研究

一般来讲，教育政策评估类型有：非正式评估与正式评估、内部评估与外部评估、个人评估与组织评估及第一方评估、第二方评估与第三方评估等。将教育政策评估按照一定标准进行分类，可以使得一项复杂的教育政策更易于理解，评估起来更加方便。例如，每一种类型的评估的内涵是什么、评估效果怎样、如何运用这些更好地为政策评估服务，都是需要解决的问题。但是通过对国内的文献梳理发现，国内对教育政策类型的研究数量较少，并且研究并不深入，所以对于教育政策评估类型的研究到目前为止还没有涉及。对教育政策评估类型的研究进行深入挖掘，离不开广大学者的共同努力探索。

第三章
教育政策文本与价值研究热点的共词可视化

政策文本作为社会经济、政治、文化等在某一领域综合影响的结果，能够敏锐地感应社会过程的变动和多样性。当文本被制定、修改或废除时，它也记录了组织面对内部或外部压力时所作出的反应，其演变反映着所在领域社会结构和组织的变迁。而对教育政策文本的系统分析，是从宏观上把握教育政策和职业教育改革发展的一个起点。

文本作为一种社会活动产物，因其具有可见性和持久性，所以能为实证研究提供特定的历史数据。政策文本对于研究社会结构、政策过程（政策发展轨迹）及批判性政策分析有着重要的意义和价值，同时由于政策主体（政策制定者）、政策客体（政策对象）及政策目标和政策措施等要素均内含于政策文本中，通过对政策文本中这些要素的系统编码分析和对政策文本的分类，可从一个新的角度探讨我国教育政策的宏观发展过程，并有可能发展出新的政策理论或模型。[1]正如詹金斯所说："在政策领域，过程和内容之间可能存有某种动态的联系。作为一个分析的焦点，政策内容提供了理论的可能性，对政策内容的考察为探查政治机器的内部动力学提供了手段。"[2]政策文本分析是理解政策的基本手段，也是促进我国教育政策研究发展的重要途径。

第一节　教育政策文本研究热点的共词可视化

教育政策文本从形式上是指传统意义上的文本，包括由全国人民代表大会和

---

① 陈学飞. 教育政策研究基础. 北京：人民教育出版社，2011：86.

② Jenkins W. Policy Analysis: A Political and Organizational Perspective. London: Martin Robertson, 1978: 93-105.

地方人民代表大会及其常务委员会、中共中央及其直属机构、中央和地方政府及相关部门颁发的各种书面形式的教育法规和文件。

教育政策文本研究热点的研究资料来源于"中国学术期刊网络出版总库"，采用标准检索，将期刊年限设定为 1985—2015 年，指定来源类别为"全部期刊"，以"主题"为检索条件，设定"教育政策"并含"文本"为检索内容，共获得相关文献 215 篇。为了保证研究的可靠性与有效性，去除会议纪要、征稿信息、会议报道等非学术性论文，共得到 204 篇有效文章。在此基础上，将有效文献中的关键词进行标准化处理，从而形成研究的资料来源。

一、教育政策文本高频关键词的词频统计与分析

通过对我国教育政策文本研究文献的关键词进行统计，共得到 387 个关键词最终确定高频低频词阈值为 4，统一同义词后，得到 34 个高频关键词，其排序结果见表 3-1。

表 3-1　34 个教育政策文本高频关键词排序

序号	关键词	频次	序号	关键词	频次	序号	关键词	频次
1	教育政策	68	13	话语分析	11	25	基础教育	5
2	政策价值取向	42	14	高等教育	10	26	定量分析	5
3	政策文本	35	15	职业教育政策	10	27	权力	5
4	政策	22	16	流动人口子女	9	28	高等教育政策	5
5	国外教育政策	21	17	成人教育	9	29	内容分析	5
6	政策执行	19	18	教师教育政策	8	30	义务教育	4
7	文本分析	16	19	政策分析	8	31	教育改革	4
8	教育政策制定	16	20	对策与建议	8	32	联合国教科文组织	4
9	职业教育	14	21	教师教育	7	33	中小学布局调整	4
10	教育公平	12	22	教育质量	7	34	政策工具	4
11	政策变迁	12	23	影响因素	6			
12	教育体制政策	12	24	义务教育政策	6	合计		433

从表 3-1 可以看出，34 个高频关键词总呈现频次为 433 次，占关键词出现总频次的 56.43%，通过前 34 位的关键词排序，可以初步地了解 30 年来我国教育政策文本研究领域的集中热点。其中，前 8 位关键词频次均大于 16，依次为教育政策

（68）、政策价值取向（42）、政策文本（35）、政策（22）、国外教育政策（21）、政策执行（19）、文本分析（16）、教育政策制定（16），其余 26 个关键词出现频次均大于或等于 4。这一结果直观地表明，教育政策文本的研究多围绕教育政策、政策价值取向、政策文本、政策、国外教育政策、政策执行、文本分析等方面的主题进行。

二、教育政策文本高频关键词的相异矩阵及分析

利用 BICOMB 共词分析软件，将上述 34 个高频关键词进行共词分析，生成词篇矩阵后，再将词篇矩阵导入 SPSS19.0，选取 Ochiai 系数并其转化为一个 34×34 的共词相似矩阵。在进行多维尺度分析时，将此相似矩阵采用（1–相似矩阵）转化为相异矩阵，结果见表 3-2。

表 3-2　教育政策文本高频关键词 Ochiai 系数相异矩阵（部分）

关键词	教育政策	政策价值取向	政策文本	政策	国外教育政策	政策执行	文本分析	教育政策制定	职业教育	教育公平
教育政策	0.000	0.747	0.918	0.948	0.864	0.794	0.727	0.806	0.930	0.790
政策价值取向	0.747	0.000	0.912	0.926	0.961	0.873	0.869	0.860	1.000	1.000
政策文本	0.918	0.912	0.000	0.928	0.887	0.959	0.958	0.955	0.707	0.951
政策	0.948	0.926	0.928	0.000	0.857	0.948	0.947	0.943	0.938	1.000
国外教育政策	0.864	0.961	0.887	0.857	0.000	1.000	1.000	1.000	1.000	0.935
政策执行	0.794	0.873	0.959	0.948	1.000	0.000	0.939	0.870	0.790	1.000
文本分析	0.727	0.869	0.958	0.947	1.000	0.939	0.000	1.000	0.928	1.000
教育政策制定	0.806	0.860	0.955	0.943	1.000	0.870	1.000	0.000	1.000	0.923
职业教育	0.930	1.000	0.707	0.938	1.000	0.790	0.928	1.000	0.000	0.833
教育公平	0.790	1.000	0.951	1.000	0.935	1.000	1.000	0.923	0.833	0.000

从表 3-2 可以看出，各关键词与教育政策文本的距离由远及近的顺序依次为政策执行（0.959）、文本分析（0.958）、教育政策制定（0.955）、教育公平（0.951）、政策（0.928）、教育政策（0.918）、政策价值取向（0.912）、国外教育政策（0.887）、职业教育（0.707）。这个结果说明，人们谈论教育政策文本时，将"政策文本"与"职业教育""国外教育政策"结合起来论述的成果较多。同时，通过对表中的系数大小进一步分析发现，"教育政策"与"文本分析""政策价值取向""教育公

平""政策执行"经常呈现在一起；"政策执行"与"教育政策""职业教育"，"教育公平"与"教育政策""职业教育"较多地呈现在一起。这表明，关于教育政策文本的研究成果中，学术界会经常研究"政策文本""教育政策""政策价值取向""政策执行""教育公平"等问题。

三、教育政策文本高频关键词聚类及其分析

将表 3-2 的高频关键词相异系数矩阵导入 SPSS19.0 进行聚类分析，得到的聚类结果见表 3-3。根据聚类分析结果显示的聚团连线距离远近，可以直观地看出教师教育政策研究的高频关键词可分为 5 类，分别为权力视角下教育政策文本内容的话语分析（种类 1）、义务教育政策的影响因素及其对策与建议研究（种类 2）、国外教育政策及其教师教育变革研究（种类 3）、高等教育政策工具研究（种类 4）、教育政策文本的定量分析及教师教育政策变迁研究（种类 5）。

表 3-3　教育政策文本高频关键词聚类结果

种类	关键词
种类 1	教育公平、联合国教科文组织、教育政策制定、话语分析、政策价值取向、权力、成人教育、教育政策、文本分析、内容分析、政策执行、中小学布局调整、职业教育政策
种类 2	教育体制政策、流动人口子女、政策、义务教育、政策分析、义务教育政策、对策与建议、影响因素
种类 3	国外教育政策、教师教育、教育改革
种类 4	高等教育政策、政策工具
种类 5	教育质量、基础教育、高等教育、政策文本、定量分析、职业教育、政策变迁、教师教育政策

种类 1 为权力视角下教育政策文本内容的话语分析，包括教育公平、联合国教科文组织、教育政策制定、话语分析、政策价值取向等关键词。权力有广义和狭义之分，广义的权力是指某种影响力和支配力，它分为社会权力和国家权力两大类；狭义的权力指国家权力，即统治者为了实现其政治利益和建立一定的统治秩序而具有的一种组织性支配力。

权力与教育政策无法分离，因为权力的运行铸就了政策过程的结果。在教育政策主体内起支配作用的政治权力，在具体政策决定过程中也发挥主要作用。并且在某种场合下，教育政策的决定过程也会随政治权力性质的变化而变化。[1]改

---

① 吴遵民. 教育政策学入门. 上海：上海教育出版社，2010：40-41.

革开放以来，国家发布的《中共中央关于教育体制改革的决定》《面向 21 世纪教育振兴行动计划》《国家中长期教育改革和发展规划纲要（2010—2020 年）》三个纲领性文件，标志着我国教育体制改革工作全面启动。"简政放权"一直贯穿于教育体制改革中。

对比这三个纲领性文件，党和国家的教育政策的简政放权之路是：①中央向地方放权，更加明确、更加系统；②政府向学校放权，更加具体、更加制度化；③社会各界共同参与，范围更广、更加规范化；④强调组织领导，主导作用更加科学化；⑤依法治教，教育法律法规逐步健全。①而通过考察四次全国教育工作会议前后颁布的教育政策文本，并结合高校办学自主权的性质、内容、外部治理结构和内部治理结构四个主题可以看出，我国高校办学自主权政策的演进具有四个趋势：①逐渐强化高校自主办学的权利意识；②推进重心逐渐从"扩大"转向"落实"；③逐渐提升高校外部治理结构中专业组织的地位；④逐步平衡高校内部行政权力和学术权力。②

权力视角下的政策文本内容研究侧重于话语分析。《国家中长期教育改革和发展规划纲要（2010—2020 年）》的颁布标志着中国教育改革进入了新阶段，反映了中国教育改革顺应市场经济的发展趋势。政策本身作为高度政治化的文本，其中高等教育部分的话语承载着众多的市场化隐喻，构建了高等教育市场化的认知体系。通过对隐喻表达式进行甄别和归纳其概念隐喻，分析高等教育市场化的隐喻系统发现：政府既是宏观监督者，又是服务总部；高等学校既是培训机构，又是企业；大学生既是消费者，又是产品；大学教师既是员工，又是产品生产者；高等教育既是产品，又是产业。通过隐喻分析，高等教育的参与者身份变化与人际关系变化在教育政策文本中得到彰显。③

以"教育部年度工作要点"为研究素材，运用文献计量方法对政策文本进行解读，考察改革开放以来我国教育公平问题的政策关注点及走向发现，"教育部年度工作要点"对教育的城乡差异、区域差异、阶层差异和教育补偿均有涉及，关注点分布均匀，21 世纪后对教育公平问题的关注面有所扩展。从整体走势看，政策话语对公平问题的关注呈低起点、快提升的特点。"教育部年度工作要点"的用

---

① 冯文全，周巧. 中国教育政策的简政放权之路——基于"决定"、"计划"、"纲要"的文本分析. 临沂大学学报，2013，35（5）：1-5.

② 李红惠. 高校办学自主权政策的文本考察与趋势. 现代教育管理，2012，（12）：38-43.

③ 陈群. 当代中国高等教育政策话语的隐喻分析——以《国家中长期教育改革和发展规划纲要(2010—2020 年)》为例. 牡丹江教育学院学报，2012，（2）：73-74.

词和行文中对农村地区、农村教育和农村地区教育对象表现出明显的话语关注，正是中央的文件精神在教育政策中的具体体现，表明我国教育政策对教育区域公平的关注日益具体和深入，教育公平将成为政策话语的重要组成部分。①

教育开放也是我国教育政策话语体系的重要组成部分。改革开放以来我国教育开放政策的关注点主要包括出国留学与人才回归、来华留学生和外籍教师引进、孔子学院与汉语国际推广与联合国教科文组织等国际组织的多边交流合作、中外合作办学与境外办学等方面。

众所周知，教育公平是社会公平的重要基础，也是国际组织所关注的重要内容。联合国教科文组织和经济合作与发展组织（OECD）发布的一系列关于教育公平的教育报告，深化了对教育公平的认识，影响着各国的教育政策。通过对这两个国际组织有关教育公平报告的文本分析可以发现，二者从成立开始都将教育公平作为教育工作的重要内容。其都将教育公平界定为平等与全纳两个方面，认为教育过程的参与方涉及多个方面，强调在教育的整个过程中推行教育公平。当然，其在不同时期对教育公平政策制定的侧重点、对教育公平及教育结果的侧重点、对教育公平政策的具体理解方面又有所不同。②

在联合国教科文组织数十年的漫长历史中，其价值取向的轨迹体现为由价值理性的尊崇（二十世纪四五十年代的"基本教育"理念）到工具理性的凸显（20世纪60年代的"教育规划"理念），再从价值理性的回归（20世纪70年代的"终身教育"理念）过渡到价值理性与工具理性的融合（20世纪90年代后的"全民教育"理念）。联合国教科文组织天生具有"长期的、不间断的耐心"的这种自由主义气质，决定了只要有可能，其就不会放弃对"价值理性"的不懈追求，这也是联合国教科文组织教育政策的基调。但这并不意味着联合国教科文组织抗拒或排斥工具理性，工具理性是其无法回避的现实挑战。正如个体与社会无法分离一样，价值理性和工具理性在一个人的身上原本也是一体的，是人之高尚本性——理性不可分割的两个方面。教育的主要功能恰恰就是充分挖掘和发挥人的理性，因此，只有还原价值理性和工具理性在教育活动中的一体性、完整性和复杂性，我们才能真正把握具有长久生命力的国际教育理念。③

① 周谷平，余源晶. 近 30 年来政策话语对教育公平的关——基于《教育部工作要点》的实证研究. 教育研究，2012，（2）：35-40.

② 窦卫霖. 关于 UNESCO 和 OECD 教育公平话语分析. 华东师范大学学报(哲学社会科学版)，2013，（4）：87-92，160.

③ 滕珺. 价值理性与工具理性的抉择——联合国教科文组织教育政策的话语演变. 教育研究，2011，（5）：92-101.

　　种类 2 为义务教育政策的影响因素及其对策与建议研究,包括教育体制政策、流动人口子女、政策、义务教育、政策分析等关键词。就制度和政策层面而言,影响流动儿童在城市入学的主要因素有:我国的基础性制度决定着相关政策难以有效执行和执行中存在偏差、流动儿童义务教育政策本身存在一些缺陷、流动儿童义务教育政策没有与农民工政策相互衔接和配套等方面。科学有效、公平公正的政策文本是政策有效执行的基础和前提,也是顺利实现目标的先决条件。

　　解决流动儿童的入学问题,必须从改变政策文本开始:①应该加强基础性制度建设,剥离户籍制度与某些特权的关系;②应该更加注重义务教育政策的公平性;③应该关注流动儿童义务教育政策与农民工政策的协调性。[①]教育公平问题源于教育政策,要解决教育公平问题,应从教育政策入手。教育政策主体的多元性,导致了教育决策价值标准的多元性。而多元化的教育决策价值标准客观地影响了教育政策的公平性。要解决教育政策公平性问题,就应该将"公平"作为教育决策的首要价值标准,进而化解多重利益冲突,实现义务教育的公平。[②]

　　当前进城务工农民子女义务教育政策存在的问题:首先是缺乏具体规定,"两为主"政策(流入地为主、公办学校为主)落实困难;其次是教育经费的"户籍原则"。改革进城务工农民子女义务教育制度的政策建议包括:①要完善监督立法,以增加监督施行的可操作性;②应加快监督法的制定,尤其是针对进城务工农民子女教育的专项监督法;③要完善社会监督的保障制度,社会监督是行政监督的有效补充,也是必不可少的一部分内容,除了权力机关在行使监督职能时,确保要以客观事实为依据,以有关法律为准绳,还要保证社会团体和公民个人的监督权利得以真正实施。[③]让流动人口子女接受"均等教育"的政策理念已经成为新时期政策文本指导思想的核心内容。受实施主体不明确、利益机制不均衡、缺乏整体性构建、监控机制不力、缺乏强制性保障等因素的影响,当前流动人口子女义务教育政策在许多地方陷入了政策变形、失真的困境。流动人口子女教育政策的执行困境,都可以还原为政策和制度问题。因此,要提高政策的有效性,必须确立切实可行的政策体系,形成良好的政策执行环境,对相关政策的有效执行过程进行监控与评估。具体要求如下:①要明确中央与地方的责任,协调地方政府部门的利益;②要完善流动人口子女教育政策的监控、评估与问责机制;③要营

① 聂洪辉. 影响流动儿童义务教育的制度和政策分析. 中共南宁市委党校学报, 2009, (5): 28-30.
② 朱永坤. 教育决策价值标准: 教育政策公平性的影响因素——兼论义务教育公平问题的成因及策略. 东北师大学报(哲学社会科学版), 2009, (1): 124-130.
③ 刘璇. 进城务工农民子女义务教育问题的政策研究及对策. 才智, 2011, (2): 266.

造良好的社会氛围，构建流动人口子女教育的社会支持网。[1]

种类 3 为国外教育政策及其教师教育变革研究，包括国外教育政策、教师教育、教育改革等关键词。美国科学、技术、工程与数学（STEM）教育政策是由美国联邦政府自上而下推动的一项国家长期教育战略规划，分别于 2007 年、2010 年以立法的形式加以推进。其主要内容包括 STEM 教育目标与评估政策、师资培养政策、经费政策及教育公平政策等。STEM 教育彰显了美国教育的实用主义理念，并且带有较为明显的"国家意志"色彩。《美国 STEM 教育五年战略计划》的导言部分说道："美国的本科学位中只有 19%授予了 STEM 领域，而在中国有超过 50%的第一学位授予了 STEM 领域。"这是一个有趣的现象，当我们在朝着美国的教育目标看齐的同时，美国也在参照我们的教育经验。

由此可见，21 世纪各国政府对科技领域的竞争更加倾注全力，这是关系到国家安全与发展的根本性问题，而教育面临的挑战和不确定性也因此增加。需要注意的是，我们虽然有近半数的 STEM 学位，且国家对这一领域的政策长期倾斜，但我们在科学技术领域依然落后于美国，特别是在国防方面存在较大差距。即使在这种情况下，中国也被美国视作潜在对手，为此在 STEM 教育方面我们决不能满足已有成绩，必须奋起直追，寻求质的突破。[2]

20 世纪 60 年代以来，英国高等教育的发展按照政策指向、政策动因和背景、政策实施及政策评价的框架，经历了"高等教育模式从传统走向现代，从精英型走向大众型""管理体制改革""高等教育多样化与深化改革""面向 21 世纪高等教育发展"四个时期。[3]布朗首相执政时期出台的教育政策，都有一个共同背景，即当时英国正遭遇全球金融危机，这使得其在基础教育、继续教育与高等教育方面的决策更加立足实际，更为科学。布朗政府关注弱势群体，建立的教育体制更加公平，核心伦理诉求是"公平正义"；标志性文本的政策目标及主要内容富有民主性；各阶段教育政策指向明确，具有鲜明的针对性；其政策更注重延续性，后续文本是前面文本的继续与修正，始终围绕"建立'世界级'教育体系"的宏观战略目标进行。

我国当前教育的发展与英国面临相似的问题，由于社会经济发展的不平衡，部分地区基础教育与高等教育同样存在公平与质量问题。我国应将教育公平放在教育政策目标序列的首位，针对基础教育与高等教育存在的实际问题制定决策，

---

[1] 孙中民. 当前流动人口子女教育政策的执行困境与出路. 湖南第一师范学院学报，2010，10(1)：131-134.

[2] 上官剑，李天露. 美国 STEM 教育政策文本述评. 高等教育研究学报，2015，38(2)：64-72.

[3] 赵恒平，龙婷. 20 世纪 60 年代以来英国高等教育政策的文本分析. 全球视野理论月刊，2007，(5)：151-153.

并不断对政策实施情况予以监督和调整，以确保政策的连续性。在继续教育方面，我国政府应继续加强对继续教育的宏观决策，从政策与技术两个层面推动我国继续教育的改革；重视企业参与，鼓励继续教育机构与企业合作；充分调动弱势群体的积极性，形成全民参与、公平学习的氛围，这对缓解就业难问题，促进我国经济发展，无疑具有重要的现实意义。①

联合国教科文组织自成立以来先后颁布了四份有关职业技术教育的重要政策文件：1962 年的《技术和职业教育建议书》、1974 年的《技术和职业教育建议书（修订版）》、1989 年的《技术和职业教育公约》和 2001 年的《技术和职业教育建议书（修订版）》。运用 N-Vivo8.0 版对上述四份政策文本进行分析发现：职业技术教育的社会认可度已基本稳定；联合国教科文组织对职业技术教育的理解随着时代的发展不断丰富；专业技能的培养随着社会的进步不断强化；强调全纳平等是联合国教科文组织职业技术教育政策的一大特色。②国际组织作为全球教育变革的引领者，其教育政策随着时代的发展也在不断更新和变化。通过分析联合国教科文组织、世界银行、经济合作与发展组织、欧洲联盟和联合国儿童基金会在 2012—2014 年的教育政策发现，当今国际教育存在着五大趋势和特征：①关注 21 世纪核心技能；②从教育系统层面关注教育质量，从系统层面关注教学因素和结构性质量因素的结合；③强化全球教育合作；④重塑高等教育的世界格局；⑤多方面保障全纳教育的实现。

从 2012—2014 年国际教育发展的最新趋势来看，国际组织对于教育问题的思考和认识，既源于社会发展的现实需要，又与其组织的教育理念息息相关。其中一些反映了当前教育发展过程中遇到的现实问题和困境，一些是以往教育政策的延续和反思，另一些则是在近些年来国际教育发展的新思潮和新理念的指引下，多个国家和国际组织给予的共同关注。最为突出的是，国际组织认识到要从教育系统的层面提升教育质量，而不仅仅是关注教育活动的某一个环节或某一方面，这些新的认识为各国提升教育质量提供了新的方法和思路，也对我国当前的教育改革具有重要的指导意义。③

---

① 缪学超. 布朗执政时期英国基础教育政策文本分析. 当代教育理论与实践，2012，4（9）：10-13；缪学超. 布朗执政时期英国继续教育政策文本分析. 怀化学院学报，2013，32（1）：116-118；缪学超. 布朗执政时期英国高等教育政策文本分析. 民族高等教育研究，2013，1（2）：21-24.

② 滕珺，李敏谊. 联合国教科文组织职业技术教育政策的话语演变——基于 N-Vivo 的文本分析. 教育研究，2013，（1）：139-147.

③ 乔鹤，沈蕾娜. 国际教育发展最新趋势研究——2012~2014 年度国际组织教育政策文本解读. 比较教育研究，2015，37（1）：14-20.

21世纪以来，美国教师教育政策改革频繁，联邦政府干预力度日益加强，地方政策不断推行，专业组织也加大参与力度，教育机构不断调整实施政策。美国教师教育改革政策的特点表现为政治驱动、标准本位、合作伙伴和效能导向。美国教师教育政策本质上是出于政策驱动，联邦政府及各州为了提升学生的学业成就，将教师教育改革作为一个重要的政策问题，以确保教育的一流水准和国力的霸主地位；教师教育改革政策特别强调教师标准，教师标准表现为多样性和系统化；强调大学与中小学两种机构的合作、实习教师与指导教师两类教师的合作、联邦政府与地方各州两种权力的合作；鲜明导向为注重教师教育的产出，在职前教育方面，各州提出教师质量与标准，在职后教育方面，政府强调教育问责，致力于教师专业发展促进学生教育成就。①经过近20年的改革，美国的教师教育改革取得的突出成就体现为，专业发展学校改善了教师职前培养和在职培训。与此同时，其改革还存在一些问题，如延长修业年限困难重重，专业发展学校在实践中暴露出实效与理想的差距，因而未能真正确立其示范地位。随着美国教师教育改革的不断深入，其在改革模式上表现出"集权式"和"市场式"相结合的特点，在改革内容上表现出一定的历史继承性与富有时代意义的创新性，在改革的进程中表现出复杂性与渐进性，不过从其意义上看，它对世界教师教育的改革起到了一定的示范作用。②

英国教师教育的发展趋向体现在六个方面：①中央对教师教育的控制管理渐趋强化；②师资培训体系由两级分离（职前、职后）逐渐走向三环（职前培养、入职辅导、职后提高）合一；③教师教育日益强调对教师胜任力的培养；④"以中小学为基地"的师资培训模式更加强化，教师教育机构与普通中小学之间的关系更加紧密；⑤推行以提高教师专业水准为目的的教师评价制度；⑥重视普通师资培养特殊化。③

近年来，日本政府对教师教育制度进行了重大改革，改革内容主要集中在设立教师教育研究生院制度和建立教师资格证书更新制度两个方面，力图通过对教师教育制度的革新，培养高素质的教师，并为教师的终身学习提供条件。④日本教师教育以大学为依托，具备严格的教师资格认证体系，形成了开放型的教师教育制度，并不断进行改革。教师教育决定了教师素质的高低，并影响了教师的教

---

① 谌启标. 新世纪美国教师教育改革政策述评. 比较教育研究, 2013, (9)：57-61.
② 邓涛, 单晶. 近二十年来美国教师教育的改革与发展. 外国教育研究, 2003, (5)：42-46.
③ 杨秀玉. 英国教师教育的发展趋向. 外国教育研究, 2002, (12)：50-52.
④ 田凤. 日本教师教育制度改革探析. 大学(学术版), 2010, (10)：78-84.

育质量，关注日本教师教育改革的新动向，对我国教师教育课程体系的重构、政策的制定及实践环节的改革等多方面都具有借鉴意义。

21世纪以来，澳大利亚出台了一系列旨在培养优质教师、建立全国标准的教师教育政策，开展了以实施变革型教师专业化、加强初任教师入职教育等为主要内容的教师教育改革，在各方的共同努力下改革卓有成效。澳大利亚的改革经验对中国教师教育政策改革的启示表现为：①制定渐进性和时代性的教师教育政策；②设置高标准和低门槛的教师准入机制；③开发绩效观与发展观并举的评价方案；④强化多方合作的教师教育改革模式。①

德国教师教育的改革受到了不同阶层的广泛关注，在教师教育改革过程中，不同的学者和专家提出了不同的改革模式和许多良好的改革建议。自2004年12月德国文教部长联席会议颁布全联邦的教师教育标准以来，德国教师教育的改革指向于研制能力标准，监控教师教育质量，变革教师培养模式，保障教师教育均衡发展。两个标准和一个决议成为德国教师教育改革的参照系和方向标。根据德国教师教育改革的特点，我国需要研制能力标准保障教师教育均衡发展，参照能力标准监控教师教育质量，倡导教师教育发展的自主性和多样性。②

种类4为高等教育政策工具研究，包括高等教育政策、政策工具等关键词。政策工具被视为连接政策制定和政策执行的重要机制，近年来成为政策过程研究的主要议题之一。采用西方公共政策学者提出的概念类型，教育政策工具的概念可以分为权威工具、激励工具、象征与劝诫工具、能力建设工具、系统变革工具和学习工具6种类型。各种政策工具被使用的频率是不同的，不同的教育政策工具类型暗含着不同的行为假设，即将政策方案转化为政策目标的行为机制，这一机制影响了教育行政部门在治理高等教育领域时对政策工具进行选择的偏好。③

政策工具是政府为解决社会公共问题或达成一定的政策目标而采用的可以控制的手段。任何一种政策工具都有其发挥作用的条件和假设。要在复杂的高等教育改革中顺利实现政策目标，必须在公众参与和民意调查的基础上识别政策目标群体的态度、价值观、行为方式等特性，并在此基础上选择合理的政策工具，以便更有效地推动政策执行。④政策工具是政府赖以推行政策的手段，也是政府促

---

① 杜静，颜晓娟. 政策群视阈下的21世纪澳大利亚教师教育改革及启示. 比较教育研究，2014，(10)：43-49.
② 徐斌艳. 基于能力标准的德国教师教育改革. 基础教育，2012，(2)：5-10.
③ 林小英，侯华伟. 教育政策工具的概念类型：对北京市民办高等教育政策文本的初步分析. 教育理论与实践，2010，(25)：15-19.
④ 吴合文. 改革开放以来我国高等教育政策工具的演变分析. 高等教育研究，2011，(2)：8-14.

进政策执行时所采用的实际方法。

以我国高等教育领域原"211 工程""985 工程"等为代表的"教育工程"，可以看作是一种能力建设导向的教育政策工具，是产生于我国特定的政治、经济条件下，在高等教育领域行之有效的政策工具。然而，我们必须认识到教育工程在实施中也表现出了一定的局限性，例如，权威工具笼罩下的"终身制"已经影响了大学多样性的形成；能力建设工具边界模糊造成一定程度的造假风气出现；沟通与监管工具运用不足使得攀比之风在相当范围内盛行。根据我国的行政体制背景和教育自有规律，要继续完善我国高等教育"教育工程"：①教育政策工具的选用应更加注重遵循教育规律；②在重点建设进行至一定阶段时，兼顾政策工具使用的效率与公平；③要更加积极地创造或采用新工具，避免过度使用权威工具。

随着我国政府改革步伐的加快，高等教育必然要面对从管理到治理的转变。而新的治理范式是一个从一元工具到多元工具发展的过程，其中的创新工具包括网络制、公私合作、谈判和劝服及授权技术。[①]通过对我国 1994—2014 年的 159 份政策文本进行文本计量与内容分析，发现我国高等教育政策数量与高等教育大众化阶段密切相关，能力建设工具使用频率较多的是科学研究领域，其他各类工具使用频率较多地集中于学校管理领域，而自愿性工具的使用极少，仅占所有工具类型的 2.3%。我国高等教育政策制定应注重长远目标和宏观目标，适当结合短期效益；围绕政策问题属性和政策目的均衡、合理、创新地使用各类工具，政策领域应适当向人才培养倾斜；积极引入自愿性工具，使政府对大学的管理由"过程控制"转向"结果管理"。[②]

在我国高等教育的改革与发展过程中，政策工具的应用发挥了重要作用。自1985 年以来，我国高等教育改革与发展的政策工具呈现出以下特征：政策工具由单一向多元转变，但政策工具仍不够丰富；以强制性政策工具为主，自愿性工具和混合型工具运用不足；与社会主义市场经济体制相适应，积极拓展了市场工具的应用；"权力下放"政策工具效果不明显，随之而来的是大学内部政策工具的运用进入了误区。在未来政策工具选择方面，应提升高等教育政策工具的多元化与适切性；重视自愿性政策工具和混合型政策工具的使用；进一步重视"市场"政策工具的使用；进一步拓展"权力下放"政策工具的空间。[③]

---

① 李津石. 我国高等教育"教育工程"的政策工具分析. 中国高教研究，2014，(7)：42-47.

② 李科利，梁丽芝. 我国高等教育政策文本定量分析——以政策工具为视角. 中国高教研究，2015，(8)：50-56.

③ 张端鸿，刘虹. 中国高等教育改革与发展的政策工具分析. 复旦教育论坛，2013，11(1)：50-54.

　　种类 5 为教育政策文本的定量分析及教师教育政策变迁研究,包括教育质量、基础教育、高等教育、政策文本等关键词。本书采用文献计量的方法,对 1992—2012 年中国期刊全文数据库收录的关于教育政策的论文进行统计分析,发现我国教育政策研究工作已经取得一定数量的成果,正处于纵深发展阶段。但研究主要集中于教育学学科,研究热点多集中在教育公平、政策和高等教育上,多学科的教育政策研究尚显欠缺。该领域金字塔形的核心研究者群体已经形成,因此我国教育政策研究大有希望,将会沿着理性、健康的方向发展。[①]

　　对纷繁复杂的中国教育政策开展"过程"研究,是丰富中国特色教育研究的重要内容,也是推进教育智库建设的有效手段。近年来,国内学者对教育政策过程所做的相关探讨总体上体现出 5 种研究类型与特征,即关于教育政策文本的话语分析研究、教育政策过程的案例研究、理论导向的教育政策经验研究、教育政策过程的"回顾式"研究及运用某种理论对教育政策的解释性研究。通过对以往研究进行类型化的分析与探讨,有助于加深对当下教育政策过程的理解与研究方法的改进。笔者通过对文献的系统跟踪与综述发现,当前涉及教育政策过程研究的成果较多,"政策研究"的意识明显增强。然而,规范意义上的"政策过程案例研究"成果难求,多数混杂于"政策研究""政策分析"之中。

　　相对而言,人们一般习惯于对一项政策的制定予以较多的关注和研究,而对政策的执行过程、发展演变过程及终结退出过程不够重视。与此同时,有关政策过程的综合性研究成果较多,对政策过程的细节研究投入不够。如果按照政策过程分类,对这些政策案例进行严格意义上的归类与区分较难。虽然有一些政策案例研究开始自觉导入西方某一理论,但总体上而言,经验分析与实证研究不足。值得一提的是,伴随纪念改革开放 30 周年、中华人民共和国成立 60 周年等重要活动的开展,政策过程"回顾式"的研究成果日渐增多。这些研究以庆典活动为契机,不仅在一定程度上对政策文本进行了梳理,还对政策过程进行了描述。这些颇具中国特色的教育政策研究非常值得笔者重视。

　　总体而言,尽管我国的教育政策研究成果不断涌现,但成果质量良莠不齐,突出的问题在于科学意识、方法意识、学科意识、实证意识及本土意识较弱,亟待加强。[②]也有学者通过对职业教育政策文本的数量发展、权威部门构成、政策主题分布、不同类型与层次的职业教育政策文本的统计分析,发现我国职业教育

[①] 王小许,蔡文伯. 我国教育政策研究现状及其发展趋势的计量分析. 高教探索, 2013,(6):28-33.

[②] 贺武华. 我国教育政策过程研究的基本类型——基于文献计量述评研究. 教师教育学报, 2015, 2(5):62-71.

政策文本具有不稳定性和非连续性、多权威控制性及师资建设政策与中等职业教育政策受关注等特点。在职业教育政策的未来走向中，作为职业教育政策制定主体的国家权威机构需要做到以下几点：①加强对职业教育政策决策的科学研究，尽量避免政策出台的随意性；②保持政策的稳定性与延续性，尽量避免政策"朝令夕改"的波动性；③强化政策的可操作性与可执行性，尽量避免"上有政策、下有对策"的应对性；④形成多层次的职业教育政策机制，尽量避免形式过于单一的刻板性；⑤注意对政策的适时追踪与评估，尽量避免"只开花不结果"的虚置性。①当前我国职业教育政策文本的走向与国家职业教育发展和产业布局调整的步调基本一致，反映出政策与发展的协调性和引导性。在内容上重视实训操作和财政协调，这与教育事业本身的发展特点和职业教育的发展层次是一致的。②

我国教师教育政策变迁的研究集中在改革开放以来，在对政策文本分析的基础上，划分阶段并总结政策演进的特征、轨迹，据此针对存在的问题提出展望。有学者将改革开放以来我国教师教育政策的演进历程划分为五个阶段，即恢复调整时期（1978—1984 年）、探索提高时期（1985—1992 年）、转型完善时期（1993—2000 年）、改革发展时期（2001—2006 年）和创新突破时期（2007—2013年）。教师教育政策在演进过程中呈现出鲜明的特点，即从注重社会需要到平衡并重视社会与个人需求；从注重外延发展到统筹兼顾外延和内涵建设；从注重规模扩张到更加注重质量的提高与保障。③

也有学者梳理了改革开放以来我国相关的教师教育政策，发现我国教师教育发展的特点和趋势为：教师教育需求从数量至上走向质量优先；教师教育体系从封闭定向走向开放多元；教师教育管理从计划包办走向标准导向。今后，我国教师教育将发生巨大变化，教师入职标准和教师质量将不断提高，教师教育管理的法制化、国家教师资格制度的完善、教师教育标准体系的建构等将会成为今后教师教育发展的重要内容。④

改革开放以来，我国经济社会和教育自身发展迅速，对教师素质提出了更新、

① 石学云，祁占勇. 中国职业教育改革发展的政策走向分析——1995~2008 年中国职业教育政策文本的定量分析. 职业技术教育，2010，31(34)：5-11.
② 王郧，闫慧明. 区域公共教育服务中职业教育政策文本的定量分析——以湖北省 2008—2013 年为例. 湖北职业技术学院学报，2014，17(4)：5-8.
③ 曲铁华，崔红洁. 我国教师教育政策的演进历程及特点分析——基于(1978—2013)政策文本的分析. 国家教育行政学院学报，2014，(12)：56-62.
④ 黎婉勤. 三十多年来我国教师教育发展的特点和趋势——基于政策文本的视角. 河北师范大学学报(教育科学版)，2015，(2)：98-102.

更高的要求。为此，我国颁布实施了一系列教育法律、政策，其重心都在于加强教师队伍建设、改革师范教育、大力提高师资质量等方面。改革开放以来，中小学教师教育政策的发展透视出从重视教师数量到重视教师质量、从重视部分教师发展到重视教师全员发展、从重视职前教育到重视职前职后一体化的三大趋势，为我国中小学教师教育改革指明了方向。因此，教师教育部门应顺应这一趋势，大力提高教师培养、培训的质量，广大教师也应把握教师教育发展的趋势和潮流，努力提高自己的专业水平。①

四、教育政策文本研究领域的未来展望

依据共词分析的理论和方法研究发现，教育政策文本研究热点主要集中在五个方面，这些研究既推动了教育政策文本的研究与发展，也对教育政策文本的完善提供了指导，为促进我国教育政策文本的科学化、民主化、绩效化提供了学理基础。但与此同时，通过对聚类分析图和多维尺度图的进一步归纳和分析，可以发现教师教育政策研究还需要在教育政策文本分析的意义及其价值研究、教育政策文本的内涵及其本质研究、教育政策文本分析的方法论研究与热点教育政策文本分析的力度等方面不断提升，从而使教育政策文本的研究领域不断完善。

（一）强化教育政策文本分析的意义及其价值研究

文本作为现代国家最主要的政策载体，是理解政策的基本途径。政策文本能够体现社会过程的变动和多样性，反映该领域社会结构和组织的变迁，对于研究社会结构、政策过程及批判性政策分析有着重要的意义与价值。②教育政策的文本价值分析既是教育政策分析的一个核心领域，也是教育政策分析的一类主要方法。教育政策价值分析主要回答"教育政策处理各种有冲突的教育利益诉求或者分配有限的教育资源所依循的价值准则是什么"这一问题，核心内容是以价值目标为标准对价值事实进行评判，最终确立价值规范，包括对教育政策的价值取向、政策主体的价值倡导、利益群体的价值协调三个方面。③然而，在实际研究中，一些教育政策研究者忽视了教育政策文本分析的意义，其突出表现为在众多教育政策的研究成果中，较少涉及教育政策文本的价值研究。未来，教育政策的研究

---

① 曹志杰，冷伏海. 共词分析法用于文献隐性关联知识发现研究. 情报理论与实践，2009，32（10）：99-103.
② 陈学飞. 教育政策研究基础. 北京：人民教育出版社，2011：285.
③ 孟卫青. 教育政策分析：价值、内容与过程. 现代教育论丛，2008，（5）：38-41.

者需要自觉重视起文本分析的意义，多运用价值分析的方法来深入研究教育政策文本，这样既能丰富教育政策文本的理论框架，又能更全面地理解教育政策文本，更好地改进和完善教育政策。

（二）强化教育政策文本的内涵及其本质研究

政策文本分析是基于文本的政策分析，该分析立足于政策文本，但不拘泥于文本，它通过与文本相关的历史、制度和政策实践的对话来揭示文本的深层意涵。政策文本分析可以是经验的，也可以是诠释理解的，在一定程度上二者的结合是研究发展的趋势。[①]在教育政策领域，文本分析的过程与内容之间可能存在某种动态的联系。作为一个分析的焦点，政策内容提供了理论的可能性，考察政策内容为探查政治机器的内部动力学提供了手段。研究教育政策文本，不仅可以增进对教育政策及其政策过程的基本认知，同时也可以从整体结构的层面来探讨教育政策过程，从文本中理出制度演变的逻辑与路径，促进研究者对教育政策及其发展过程的深入理解。[②]内涵是对事物内在属性的反映，是内在、隐含地附着于事物的。对事物内涵的研究有助于更深入、更准确地认识事物的属性，即可以进行涉及本质的研究。内容分析是教育政策文本分析的起点，其着重于理解政策文本的内涵，深化对政策文本之本质的认识。目前，我国教育政策文本的研究集中于笼统的过程研究，而对于政策文本的内涵却少有人解读，因此，政策文本研究的学者在未来需要深入文本内涵，做好本质研究，这不仅有利于深入理解文本、与时俱进，又能以本质研究推动实证研究的发展。

（三）提升教育政策文本分析的方法论研究

众所周知，在教育政策文本分析中，传统的内容分析以定量分析为主，而话语分析多以定性分析为主。那么文本分析是定性的还是定量的？这就涉及文本分析的定量与定性问题。以教育政策评估的方法为例，目前，国际上主流的评估教育政策的方法是定量的，包括随机试验、自然实验、断点回归模型、倾向分数配对法等方法，这些研究方法主要是为了解决教育领域中的自选择偏误。但定量研究方法有其自身的复杂性和局限性，加之在教育领域，大部分变量是概念性的（比如智商、能力、动机等），很难测量，采用已有的量化测量工具也

---

① 涂端午. 教育政策文本分析及其应用. 复旦教育论坛，2009，7(5)：22-27.
② 陈学飞. 教育政策研究基础. 北京：人民教育出版社，2011：285-286.

只能是近似。因此，我们不应该简单地认为定量方法优于定性方法。任何事物都是质与量的统一，文本分析不是简单的定量或定性问题，文本分析的研究者应将定性与定量的方法相结合，而不是形式拼接，以期获得全面、有意义的研究洞见。[①]现在，越来越多的教育研究采用定量方法与质性方法相结合的混合方法。未来教育政策文本分析的方法论应多借鉴成熟的研究范式，提倡混合方法，避免为了量化而量化的无意义且琐碎的研究，从而真正实现政策文本分析方法论研究的提升。

（四）加大热点教育政策文本分析的研究

当前我国教育政策研究工作已经取得一定数量的成果，正处于纵深发展阶段。现有研究主要集中于教育学学科，研究热点多集中在教育公平、政策和高等教育上，学者"政策研究"的意识明显增强，且教育政策研究领域金字塔形的核心研究者群体已经形成。然而，多学科的教育政策研究尚显欠缺，规范意义上的"政策过程案例研究"成果难求，总体上经验分析与实证研究不足。近年来，政策过程"回顾式"的研究以庆典活动为契机，成果日渐增多。这不仅在一定程度上对政策文本进行了梳理，还对政策过程进行了描述，这些颇具中国特色的教育政策研究也值得肯定与重视。总体而言，对于热点的教育政策文本，研究者应该保持敏锐性，多做分析，一方面结合理论反思实践，提出政策建议，推动政策文本的科学化、民主化进程；另一方面激发教育政策文本的研究活力，丰富我国教育政策的研究成果。

第二节　教育政策价值研究热点的共词可视化

教育政策是什么，什么是教育政策研究中的基础性问题，都属于教育政策的事实分析。但在教育政策实际的发展过程中，经常被转换成这样一个问题：什么样的教育政策是"好"的或"理想"的？也就是说，人们更关心的是教育政策的价值问题，或者说它被落实在教育政策的价值上，主要回答因为什么、为了什么、为了谁、应优先考虑什么、赞成哪些行为、反对哪些行为等问题，作用主要是阐明教育政策的价值基础及在此基础上的政策选择，内容主要是提出并评价教育政

---

① 陈学飞. 教育政策研究基础. 北京：人民教育出版社，2011：302.

策价值论点正确性的判断标准,中心问题是用什么标准证明教育政策行为的正确、有益或公正,意义在于帮助人们树立正确的价值观,端正制定政策的思想,有效地解决政策中的价值冲突,调节政策制定的全过程,使政策能被其对象所认同。事实上,教育政策不仅涉及教育自身的发展,更牵涉国家社会经济的繁荣与进步及接受教育的人的幸福和发展,同时,教育政策的不断发展和变动的历史,都是特定时代教育价值观念的反映,无论是集权型教育政策还是分权型教育政策,教育基本政策还是教育具体政策等,"它们作为客观存在,是在各自不同的价值观指导下制定出来的教育政策制定与实施"。为什么政府在制定教育政策时选择这一类型教育政策(如中央集权型),而不选择另外一类型的教育政策(如地方分权型或学校自主决策型),反映的就是教育政策主体在教育政策方面的价值取向问题。从根本上来说,目的不是为了说明对象是什么,而是为了实现教育的价值追求与目标。

教育政策价值研究热点的资料来源于"中国学术期刊网络出版总库",采用标准检索,将期刊年限设定为 1985—2015 年,指定来源类别为"全部期刊",以"篇名"为检索条件,设定"教育政策"并含"价值"为检索内容,共获得相关文献 167 篇。为了保证研究的可靠性与有效性,教育政策价值研究中没有会议纪要、征稿信息、会议报道等非学术性论文,所以其有效文章依然为 167 篇。在此基础上,将有效文献中的关键词进行标准化处理,如将"政策法规""法律法规""法规"统一规范为"政策"等,从而形成研究的资料来源。

一、教育政策价值高频关键词词频统计与分析

通过对我国教育政策价值研究文献的关键词进行统计,共得到 316 个关键词,最终确定高频低频词阈值为 3,统一同义词后,得到 39 个高频关键词,其排序结果见表 3-4。

从表 3-4 可以看出,39 个高频关键词总呈现频次为 404 次,占关键词出现总频次的 57.55%,通过前 39 位的关键词排序,初步地了解到 30 年来我国教育政策价值研究领域的集中热点。其中,前 7 位关键词频次均大于 10,依次为教育政策(78)、价值取向(67)、教育公平(24)、公平(16)、价值(16)、政策文本(11)、教育效率(10),其余 32 个关键词出现频次均大于或等于 4。这一结果直观地表明,教育政策价值研究多围绕教育政策、价值取向、教育公平、公平、价值等方面进行。

表 3-4 39 个教育政策价值高频关键词排序

序号	关键词	频次	序号	关键词	频次	序号	关键词	频次
1	教育政策	78	15	价值选择	7	29	教育政策制定	4
2	价值取向	67	16	教育事业改革	7	30	政策评估	4
3	教育公平	24	17	师范生免费教育	7	31	有效性	4
4	公平	16	18	教育政策执行	7	32	多元文化	4
5	价值	16	19	公共教育资源	7	33	教育政策文本	4
6	政策文本	11	20	实体价值	6	34	高等教育	4
7	教育效率	10	21	教育政策价值	6	35	教育利益	4
8	工具价值	9	22	职业教育政策	6	36	合法性	4
9	政策价值	9	23	影响因素	5	37	外语教育政策	4
10	价值基础	9	24	制度变迁	5	38	民族教育	4
11	义务教育政策	8	25	教育管理	5	39	教师教育	4
12	高等教育政策	8	26	成人高等教育	4			
13	价值主体	8	27	民族教育政策	4			
14	政策	7	28	权利	4	合计		404

二、教育政策价值高频关键词的相异矩阵及分析

利用 BICOMB 共词分析软件，将上述 39 个高频关键词进行共词分析，生成词篇矩阵后，再将词篇矩阵导入 SPSS19.0，选取 Ochiai 系数并其转化为一个 39×39 的共词相似矩阵，在进行多维尺度分析时，将此相似矩阵采用（1-相似矩阵）转化为相异矩阵，结果见表 3-5。

从表 3-5 可以看出，各关键词与教育政策距离由远及近的顺序依次为：政策价值（0.886）、价值基础（0.848）、公平（0.829）、工具价值（0.828）、政策文本（0.820）、教育效率（0.784）、价值（0.772）、教育公平（0.611）、价值取向（0.554）。这个结果说明，人们谈论教育政策价值时，将"教育政策价值"与"教育政策""价值取向"结合起来论述的成果较多。同时，通过对表中的系数大小进一步分析发现，"教育效率"与"教育公平""公平"较多呈现在一起；"价值基础"与"工具价值""政策文本"经常呈现在一起；"教育政策"与"价值""价值取向""教育公平"较多地呈现在一起。这表明，关于教育政策价值的研究成果中，学术界

会经常研究"教育政策"的"价值取向"，"教育效率"与"教育公平"，"政策文本"的"价值基础"与"工具价值"等问题。

表 3-5　教育政策价值高频关键词 Ochiai 系数相异矩阵（部分）

关键词	教育政策	价值取向	教育公平	公平	价值	政策文本	教育效率	工具价值	政策价值	价值基础
教育政策	0.000	0.554	0.611	0.829	0.772	0.820	0.784	0.828	0.886	0.848
价值取向	0.554	0.000	0.792	0.847	0.908	0.884	0.845	1.000	0.959	1.000
教育公平	0.611	0.792	0.000	0.893	0.947	1.000	0.528	1.000	1.000	0.858
公平	0.829	0.847	0.893	0.000	0.938	1.000	0.684	0.906	0.917	1.000
价值	0.772	0.908	0.947	0.938	0.000	0.921	1.000	1.000	1.000	1.000
政策文本	0.820	0.884	1.000	1.000	0.921	0.000	1.000	0.761	0.895	0.684
教育效率	0.784	0.845	0.528	0.684	1.000	1.000	0.000	1.000	1.000	0.895
工具价值	0.828	1.000	1.000	0.906	1.000	0.761	1.000	0.000	1.000	0.622
政策价值	0.886	0.959	1.000	0.917	1.000	0.895	1.000	1.000	0.000	1.000
价值基础	0.848	1.000	0.858	1.000	1.000	0.684	0.895	0.622	1.000	0.000

三、教育政策价值高频关键词聚类及其分析

　　将表 3-5 中的高频关键词相异系数矩阵导入 SPSS19.0 进行聚类分析，得到的聚类结果见表 3-6。根据聚类分析结果显示的聚团连线距离远近，可以直观地看出教育政策价值研究的高频关键词可分为 6 类，分别为教育政策的工具价值与实体价值研究（种类 1）、教师教育政策的价值基础研究（种类 2）、基于权利的高等教育政策研究（种类 3）、教育利益视角下教育政策文本分析（种类 4）、公平与效率视域下教育政策价值与价值取向及其影响因素研究（种类 5）、教育政策价值维度及其民族教育政策价值研究（种类 6）。

表 3-6　教育政策价值高频关键词聚类结果

种类	关键词
种类 1	工具价值、实体价值、价值基础、政策文本、教育政策执行、成人高等教育
种类 2	师范生免费教育、教师教育
种类 3	高等教育政策、高等教育、权利、教育政策制定
种类 4	教育政策文本、教育利益、职业教育政策
种类 5	教育事业改革、教育管理、政策价值、制度变迁、政策评估、外语教育政策、价值主体、价值、政策、义务教育政策、影响因素、公平、教育公平、教育效率、多元文化、教育政策、价值取向、公共教育资源
种类 6	民族教育政策、民族教育、价值选择、有效性、合法性、教育政策价值

　　种类 1 为教育政策的工具价值与实体价值研究，包括工具价值、实体价值、价值基础、政策文本等关键词。教育政策程序正义的必要性就是相对于教育政策实质正义而言不可或缺的特性。教育政策的程序正义的价值包括工具性价值和内在性价值，教育政策程序正义的工具性价值是直接或间接服务于教育政策实质正义的，即教育政策结果正义的价值，使教育政策程序正义具有独立于实质正义的内在价值，既非单纯手段，也非实质正义的附属物。教育政策程序正义的内在性价值体现在确保教育政策相关主体和对象广泛参与教育政策过程，实现有关教育政策信息完全公开，营造平等参与教育政策的环境，促使教育决策主体严守价值中立，营造良好的教育政策正义价值氛围五个方面。①

　　高等教育政策的程序正义的价值包括工具性价值和内在性价值，工具性价值是将高等教育政策的程序正义作为工具或手段，通过对高等教育政策各个环节的控制和约束，实现高等教育政策目标过程中的价值。内在价值是相对于工具价值之外的独立价值，也就是"不依赖于程序结果的正当性而内在于程序自身之中"的价值，体现了社会与高等教育政策主体对高等教育政策系统的价值期待。高等教育政策的程序正义的工具性价值能够确保高等教育政策公共教育利益的实现，提升高等教育政策的科学性，约束高等教育政策主体的不正义行为，提高社会对高等教育政策的可接受性，确保教育政策伦理的实现。②

　　同时，通过对 1979—1998 年 533 项高等教育政策文本中价值的经验分析发现，高等教育政策的价值可以划分为实体价值（包括经济价值、权力价值、知识价值、技术价值、福利价值）和符号价值（包括专有称谓、名誉、意识形态、规划目标）两大类。③教育政策执行是教育政策精神与环境、技术判断与执行主体价值判断、公共教育利益与个人教育利益、教育政策的特殊性与公共政策的普遍性、公平与效率价值在实践中的统一。教育政策执行除了具有实现教育政策目标的工具价值外，还具有推动教育政策执行理论的产生与发展、宣传与创新教育理念、规范教育对象与主体行为、实现教育政策的社会价值和制度价值等内在价值。④

　　有研究者将政策文本中的价值分为反映物质层面的实体价值和反映精神层面的符号价值，对《国家中长期教育改革和发展规划纲要（2010—2020 年）》进行

① 石学火. 教育政策程序正义的必要性与价值. 国家教育行政学院学报, 2011, (10)：44-48.

② 石学火. 高等教育政策程序正义的内涵、要求及价值——基于工具价值的视角. 科学社会主义, 2010, (6)：98-100.

③ 涂端午. 高等教育政策的价值结构——基于政策文本的实证分析. 清华大学教育研究, 2010, 31(5)：6-13.

④ 石火学. 教育政策执行的概念、属性与内在价值. 江苏高教, 2012, (5)：9-12.

价值结构分析，以及与改革开放以来前三次教育改革政策文本的比较发现，该纲要的价值结构具有三大特征，实体价值比重大于符号价值，价值组合以实体价值为主；实体价值比重上升，技术价值占实体价值首位；符号价值比重下降，意识形态和规划目标是符号价值的主要组成部分。《国家中长期教育改革和发展规划纲要（2010—2020 年）》中价值结构的变化，体现了政策制定者更加注重以人为本、公平等价值观念。[①]

就教育政策价值而言，有学者倾向于把其价值划分为工具价值与终极价值。工具价值是教育政策满足其价值主体达成特定阶段目标需求的价值，终极价值则是教育政策满足价值主体追求的终极目的。工具价值以终极价值的实现为目的，终极价值则要靠工具价值来实现。实现人之自由发展是创业教育政策的终极价值，应是创业教育政策的核心价值，是创业教育政策一切价值的主导和根本。在创业教育政策中，经济发展、创业、创业教育分别作为第一、第二、第三显性工具价值。三者之间存在一定的主次关系，经济发展为核心，创业次之，而创业教育再次之。创业教育政策价值在遵循终极价值原则的基础上，还必须考虑经济发展规律、创业原则及教育相关原则。三者缺一不可，但三者不能超越人之自由发展这一终极价值范畴。

从历史上来看，效率与公平的矛盾关系一直困扰着政策的价值选择。为了解决公平与效率冲突而带来的混乱状态，价值秩序显得尤为重要。秩序是人们在互动过程中自发形成或理性建构的规则。这种规则使得效率与公平最大可能地得以和谐，也使得人们对明天有一种确定性的安排。[②]

种类 2 为教师教育政策的价值基础研究，包括师范生免费教育、教师教育等关键词。教育政策是价值选择的结果，教育政策研究必须重视价值问题。教育政策的价值基础由一系列价值原则及其理论依据构成。教育政策活动主体之间相互作用所形成的基本问题和关系，是教育政策价值基础的客观依据。

众所周知，教师教育政策是教育政策的一个部分，它是为教育目的的实现而服务的。由于教育目的的实现涉及教育的方方面面，其中教师的因素又是实现教育目的的主因，为此，教师教育政策被视为教育政策的核心。教师教育政策的价值基础，是人们对于教师教育决策活动及其结果的一种评价和选择。探究教师教育政策价值取向，对教师教育政策的调整和未来走向具有关键性、根本性的意义。

① 朱春奎，刘宁雯，吴义欢.《国家中长期教育改革和发展规划纲要（2010—2020 年）》的价值结构分析. 复旦教育论坛，2011，9(5)：5-8.

② 王贤芳. 赵翠. 创业教育政策的价值结构探析. 交通职业教育，2011，(4)：47-50.

我国教师教育政策的价值取向表现为"五个坚持",即坚持优先发展教师教育的战略地位,是教师教育政策的基石;坚持以独立设置的各级各类师范院校为主体、其他高等院校参与的多渠道、多层次、多规格、多形式的教师教育体系,是教师教育政策的体制基础;坚持教师教育的免费性,是教师教育政策的核心;坚持国家对教师教育的有限干预与规范,是教师教育政策的关键;坚持师范生权利与义务的统一,是教师教育政策的法律保障。①

我国改革开放以来教师教育政策变迁价值取向的演变轨迹,呈现出从工具本位到教育本位、从阶段性到整体性、从一元化到多元化、从讲究效率到追求均衡等的变化与趋势。当然,我国教师教育政策价值也存在一些问题与弊端,如近年来出现的师范教育特色的弱化与泛化、教师教育主体性的缺失、教师教育公平性的诉求等。对这些问题的揭示与思考,不仅可以客观地把握教师教育政策的利弊与得失,同时也可为未来国家层面教师教育政策的制定提供重要的理论借鉴和实践参考。②

高等师范教育免费政策作为高等教育迅速发展过程中一个重要的制度安排,有其特有的价值内容与决策程序。高等师范免费教育政策的价值取向体现为教育公平。当然,高等师范免费教育政策实质价值缺失体现在新的教育不公平问题的出现、贫困学生专业选择上的趋利性等。高等师范免费教育政策的形式价值的缺失体现在决策程序的非制度化、决策目标的偏离与政策执行的偏差等三个方面。③

种类 3 为基于权利的高等教育政策研究,包括高等教育政策、高等教育、权利、教育政策制定等关键词。有学者从维护西部地区最为广泛的学生平等的入学权出发,探析我国高等教育中的入学权区域平等保护问题。教育平等权为宪法性权利,对于我国教育权利,尤其是高等教育权利的享有和实施而言,我国东西部地区的区域性差异是客观存在的。我国高等教育入学权的区域不平等根源在于社会的开放程度不够,东西部地区经济、政治资源不平衡,高等教育作为稀缺资源,高校择优录取的原则使得本来教育资源就匮乏的西部更加受限。而教育政策的差异补偿措施偏向于少数民族地区,这种补救仍是对这些地区的"顶层空间"的学生有利。迁徙限制和城乡分割的户籍制度及经济条件使得教育资源很难向东部地

① 祁占勇. 中国教师教育政策的价值取向分析. 当代教师教育, 2012, (2): 6-12.

② 吴遵民, 傅蕾. 我国 30 年教师教育政策价值取向的嬗变与反思. 杭州师范大学学报(社会科学版), 2011, 33(4): 93-100.

③ 朱艳霞. 价值视角下的高等师范免费教育政策. 山东省青年管理干部学院学报, 2009, (1): 89-92.

区和少数民族地区迁徙，使得一部分西部优秀的学生有不公平之感。这就要求国家必须选择一种综合性的方案，能够克服各种自然、人为因素，让东部优秀的学生，包括但不限于少数民族学生和贫困学生都有公平的机会进入"顶层空间"的大学殿堂。这种方案允许必要的个体差异，只有真正做到保护"底层空间"的学生，改良高校招生配额制度中明显不公正的地方，才能逐步缩小东西部高等教育整体水平的差距，达致真正的教育公平。①

法治社会呼唤高等教育民主化和机会均等化，因此需要创造符合我国国情的均等的高等教育机会，政府在发展高等教育时应做到七个方面：①采用行政干预方式，调节社会收入的再分配，实现教育资源的最优配置；②重新改革教育产业化的模式，教育是个特殊的行业，产业化与社会公益性要兼顾；③政府应关注真正需要帮助的弱势群体，减免贫困学生的学费；④政府应加大对教育的投入，将教育发展当成一个地区发展的重要指标进行考察；⑤采取高压手段惩治腐败，把没收贪官污吏财产的大部分财力投入到教育中；⑥改革高等学校机构，撤销高校的行政级别，分流大量非教研人员，减少不必要的行政开支；⑦政府要合理地引导受教育者，使他们个人的教育和社会需求相协调，尽量抑制高等教育的恶性膨胀，抑制人才高消费。②

在美国高等教育与法律的关系中，大学教育和学生的宪法权利保障是最基本的问题。随着美国社会的发展和进步，大学教师和学生宪法权利保障体系日益完善。特别是 20 世纪中期以后，联邦法院通过对一些涉及宪法问题的教育案件的审理，对全国高等教育政策产生了影响，维护了大学的学术自由和大学自治，促进了美国高等教育的发展和繁荣。因此，联邦宪法是适用于高等教育的最重要的法源，也是保护美国大学教师和学生权利的主要依据。涉及美国高等教育的宪法权利的范围实际上是很大的，但是从大学教师和学生的角度来看，主要有宗教信仰自由、言论和出版自由、平等保护权、正当的法律程序等四个方面。③在美国印第安人高等教育政策的发展历史中，联邦在各时期通过的立法无疑是其重要的影响因素。美国的相关立法贯穿了印第安人争取高等教育平等权利的斗争历史，使美国的印第安人高等教育发生了从哭泣之路上的强制同化政策到印第安人新政再

---

① 丁海笑. 中国高等教育入学权区域平等保护初探. 华中师范大学研究生学报，2010，(3)：12-15.

② 李孟森. 论经济发展不均衡和教育产业化对国民享有高等教育机会均等性的影响. 高教论坛，2006，(2)：128-132.

③ 马立武，孙丽. 美国大学教师和学生的宪法权利概述. 北京科技大学学报(社会科学版)，2007，22(1)：146-150.

到"自决之路"，到最后承认印第安人高等教育权利平等的巨大变化。其政策制定随着政治、经济、社会、文化的时空改变，有其自身的历史脉络，其政策制定的利益主体是交互影响的，政策在印第安传统文化问题上不停地反复，政策制定也并非直线前进，而是多头并进的。[1]

种类4为教育利益视角下教育政策文本分析，包括教育政策文本、教育利益、职业教育政策等关键词。教育政策是政府对公共教育利益的一种权威性分配，本质上是公共教育利益的分配。政府之所以出台教育政策，根本上是为了对不同机构或人群之间有关实施或接受教育所发生的利益关系进行协调和平衡。因此，利益冲突和协调是推动教育政策发生、发展的首要动因，利益属性是教育政策的核心本质。

文本是教育政策的载体和基本表现形式，因而教育政策文本体现为利益博弈的结果。教育政策文本分析兼具定性与定量研究方法的功能，强调文本与它所处的社会情景"对话"。它是理解教育政策的基本手段，也是促进我国教育政策研究发展的重要途径。[2]此时，教育利益视角下的教育政策文本研究就显得十分重要。在现象形态上，教育政策是教育领域政治措施组成的政策文本及其总和。在本体形态上，教育政策是关于教育利益的分配。在过程上，教育政策是一个动态连续的主动选择的过程。在特殊性质上，教育政策在活动过程和利益分配方面具有不同于一般公共政策的特殊性。[3]

以1987—2013年"教育部年度工作要点"为研究对象，通过文本分析的方法，根据该工作要点体现的价值类型和价值内容，将教育部行政活动分为以"政治价值比例波动性明显""管理价值比例遥遥领先""法律价值比例日益增大、日趋平稳"为特征的三个阶段，并总结出"管理价值是我国教育行政的主导价值，但政治和法律价值的地位日趋重要"等五个教育部行政活动的价值特征。在此基础上，结合相关历史背景，揭示出"教育部行政活动必须遵从执政党的意志""教育部行政活动不断体现弱势群体利益""教育部行政活动客观上维护了教育部的部门利益""教育部的行政改革进程较为缓慢"等教育部行政活动的基本逻辑。从理论上讲，教育对于打破社会阶级固化，促进社会阶层流动，实现社会的健康发展是有促进作用的。从"教育部年度工作要点"来看，教育部对教育公平越来越重视，

---

① 甘永涛，安萍. 从"幽灵之舞"到"自决之路"——美国印第安人高等教育政策的演进. 现代大学教育，2015，(5)：55-60.

② 陈学飞. 教育政策研究基础. 北京：人民教育出版社，2011：74.

③ 刘复兴. 教育政策的四重视角. 清华大学教育研究，2002，23(4)：13-19.

不仅可以通过教育政策，促进城乡教育资源均等化，还可以通过教育政策，促进区域教育资源均等化。

当然，部门利益若得不到有效遏制，教育行政成本将会提高，教育行政效率将会降低，可能会给教育腐败提供土壤和空间，还可能增强政治风险。因为教育涉及亿万百姓，教育行政机构的部门利益及其不良后果可能会产生更为严重的负面社会影响，从而损害党和政府的形象与合法性。[①]高等教育政策分析和研究正成为我国高等教育研究的新视点，对高等教育政策本质与功能的理解，决定了高等教育政策分析与研究的不同性质、模式和结果。高等教育政策本质，从其表面形态来看是高等教育政策的文本及其总和，从其实质内容来看是高等教育利益的分配与博弈，从其动态性质来看是高等教育政策制定、实施、评价的循环过程。其功能在于可以引导高等教育改革和发展的方向，促进高等教育内外关系的协调，体现高等教育管理的转型等。作为高等教育政策表面形态的政策文本，仅仅作为政府或国家对高等教育决策结果的文字表述，还远远不能揭示高等教育政策的本质，因此，需进一步挖掘文本中所隐含的实质内容。

高等教育政策的实质内容即高等教育利益的分配与博弈，是指各种各样的高等教育政策所指向的共同目的。不同的高等教育政策针对不同的高等教育领域，有着不同的目标，能解决不同的问题。高等教育利益及其利益关系是高等教育政策的基础和核心。国家或政府制定、实施高等教育政策的根本目的，是对不同主体的高等教育利益进行协调和分配。[②]高等教育政策作为公共政策也是国家公共权力运行的具体体现，在权力运行过程中，不同的主体由于利益不同，所表现在高等教育领域的要求也会不同，会形成不同层次的价值冲突：①公平与效益——国家主体面临的分配冲突；②学术自主与政治制约——研究者与决策者的价值冲突；③少数与多数——社会群体间的价值冲突；④移植与内生化——两种文化的冲突。但无论如何，以效益为导向的政策在全球化背景下可能会加剧对弱势群体的不公平。[③]政策文本研究以文本生产的作者、类型、生产过程及与其他政策文本的关联为研究重点，是教育政策研究的一个重要视角。

有学者以我国民办高校学历文凭考试试点政策为例，分析指出相关教育政策文本的生产表现出类型多元、作者之间利益不一致及权威层级模糊的状态，这种

---

① 叶杰，包国宪. 我国教育政策的管理、政治和法律价值——基于 1987—2013 年教育部"工作要点"的文本分析. 复旦教育论坛，2015，13（2）：60-67.

② 王向红. 高等教育研究的新视点：走向政策分析与研究. 现代大学教育，2006，（2）：22-26.

③ 温正胞. 价值冲突：当前高等教育政策领域不可回避的问题. 江苏高教，2004，（1）：19-21.

状态对预测政策文本的实践效果带来了困难,也增加了政策制定和执行的复杂性,同时也给人们带来了更多可争辩的问题及推动政策变迁的机会。这种政策现象彰显出中国教育政策所具有的多元价值和多目的的特征与意义。①

种类 5 为公平与效率视域下教育政策价值与价值取向及其影响因素研究,包括教育事业改革、教育管理、政策价值、制度变迁等关键词。公平与效率是人类社会发展进程中永恒的主题,是体现人类文明程度的标志之一。它们既是与政治和经济关系最为密切的一对范畴,也是衡量一个国家或社会文明发展水平的标准,追求公平与效率的统一是人类文明进步的目标所在。

教育公平和教育效率在教育政策研究和教育改革发展顶层设计中是具有统领意义的价值选择。尽管教育是一个庞大复杂的社会系统,但根据教育体系的层次可以分为两大类:基础教育和高等教育。就教育的本质而言,基础教育和高等教育都是培养人的社会活动。然而,基础教育和高等教育不同的基本属性赋予了它们不同的使命责任,其目的、任务、活动内容及其对象、规律的不同,决定了基础教育和高等教育的改革目的、内容应当有所不同,所以在教育政策研究和教育综合改革进行整体设计的核心价值选择上也应当有所区别。对基础教育的政策研究和改革设计必须以公平优先为价值统领,而高等教育则应该针对效率优先的核心价值进行综合改革的政策研究和顶层设计。②

在政治哲学里,公平常常被作为合法性论证的重要前提和决定性因素。教育公平是关涉教育政策合法性论证的价值前提,它决定了教育政策合法性的表现形式和主要内容,规范和引导着教育政策合法性的确立。同时,教育公平引导下的公民广泛参与是提升教育政策合法性的主要实践路径。③近年来,教育公平已成为我国社会的热点问题,尽管我国教育政策对于教育公平的价值追求已给予了一定程度的重视,但是我们还需要从教育政策过程的各个阶段重视教育公平的价值追求,加强教育政策制定的科学化和民主化,重视教育政策执行的信息反馈和信息追踪,构建教育政策评估的教育公平评价指标体系。④教育决策主体的复杂性和多元性,导致了教育决策价值标准的复杂性和多元性。在教育政策多元价值标准中,必然要有一个主导的、首要的价值标准,这个主导的、首要的价值标准就

① 林小英, 陈霜叶. 教育政策文本的类型及其生产——以民办高校学历文凭考试试点政策为例. 教育发展研究, 2008,(24):14-20.

② 眭依凡. 公平与效率:教育政策研究的价值统领. 中国高等教育, 2014,(18):11-15.

③ 王举. 教育公平:教育政策合法性的价值前提. 当代教育论坛, 2015,(1):58-61.

④ 李孔珍, 洪成文. 教育政策的重要价值追求——教育公平. 清华大学教育研究, 2006,(6):66-69.

是"公共利益"价值标准，也是"公平"价值标准。因此，只有坚持教育政策"公平"价值标准的首要性，才能平衡各种教育利益需求之间的矛盾和冲突，达到教育的公平。①价值是事物存在的内在尺度。作为一种价值性的实践，教育政策的制定和执行必须基于鲜明的价值取向，唯有如此，方能以正确的价值观念来规范教育实践，指引教育事业向着好的方向发展。

基于教育实践活动的性质和当前我国教育发展所存在的现实问题，新时期我国的教育政策应该确立"以人为本"、公共性和正义观念等价值取向。②当今世界经济全球化运动正深刻变革着我们周围的生活，全民教育、终身教育理念正在深入人心，也逐渐成为普通人和政府决策者共同追求和核心教育的价值理念。各国的教育改革政策在这一核心价值理念的影响下，日趋一致地增加教育投入、保障最广泛的教育权利、追求教育公平与教育品质的提升。③当我们将教育公平作为基础教育政策的重要价值追求时，基础教育政策的成效就要以教育公平的目标得以实现和实现的程度作为评估的重要标准，进而达成教育公平价值最终得以确立的目标。④教育公平问题源于教育政策，要解决教育公平问题，应从教育政策入手。教育政策主体的多元性，导致了教育决策价值标准的多元化，而多元化的教育决策价值标准客观地影响了教育政策的公平性。因此，要解决教育政策公平性问题，就应该将"公平"作为教育决策的首要价值标准，进而化解多重利益冲突，实现义务教育的公平。⑤

在城市化进程中，教育政策公平性的影响因素主要有：教育政策的精英化、城市化及效率优先的价值取向，教育政策的有限理性决策模式，教育政策活动中的利益相关者缺席，教育政策执行过程的偏差，城乡二元结构等。通过确立公平的教育政策价值取向，建立完善的利益相关者参与机制，加强政策执行的指导和评估机制等措施，可以提高教育政策的公平性。

种类 6 为教育政策价值维度及其民族教育政策价值研究，包括民族教育政策、民族教育、价值选择、有效性等关键词。教育政策价值标准是教育政策公平性的主要影响因素。教育政策价值标准具有多样性、层次性，"公平"是教育政策价值的标准之一，在制定教育政策时，对价值标准重要性所进行的确认、排序是影响教育政策公平性的实质，或者说对"公平"这一价值标准如何定位是影响教育政

---

① 朱永坤. 公平：义务教育政策制定的首要价值标准. 教育科学, 2010, (5)：38-42.

② 魏峰, 张乐天. 新时期我国教育政策的价值取向. 教育理论与实践, 2010, (5)：25-28.

③ 曲铁华, 樊涛. 新中国农村基础教育政策的变迁及影响因素探析. 东北师大学报, 2011, (1)：147-153.

④ 王利军. 基于公平视角的基础教育政策价值评估. 长春教育学院学报, 2015, (12)：55-56.

⑤ 朱永坤. 教育政策公平性的影响因素——兼论义务教育公平问题的成因及策略. 东北师大学报, 2009, (1)：124-130.

策公平性的实质。①

民族教育是指在多民族国家中，对人口居于少数民族地区实施的教育，旨在提升民族教育的质量。民族教育政策具有"民族性""发展性""文化性"等特点。民族教育政策的这种特征决定了民族教育政策的研究，应该从文化和政策相关利益群体的需求和实际出发，体现和尊重少数民族的教育特点，因而一定是"价值相关"，而不是"价值无涉"的。"价值相关"是民族教育政策研究的客观需要。民族教育政策的研究工作要从文化出发，从政策相关利益群体的需求和实际出发，是"价值相关"的，也是开展民族教育政策研究应该遵循的基本取向和立场。②我国民族教育事业取得的巨大成就离不开民族教育政策的支持和保障，其中正确的价值取向对制定民族教育政策具有十分重要的意义。

中华人民共和国成立以来，各个历史时期（除"文化大革命"时期外）制定、颁布的民族教育政策中蕴含的价值取向有四个方面：①坚持民族平等、优先发展；②重点扶持、尊重民族特点；③一切从实际出发；④教育与宗教分离。从总体来看，中国共产党在不同历史时期制定的民族教育政策具有内在的连续性和稳定性。随着社会的发展，在制定新的民族教育政策的过程中，应在坚持原有正确价值取向的基础上，不断融入新的价值取向，以更好地促进中国民族教育事业的进一步发展。③我国民族教育政策在整体上体现出推动民族教育科学发展、促进各民族团结进步的价值取向。具体而言，表现在以人为本、促进教育公平、优化教育的社会效益、维护民族团结等方面。以人为本，即在发展民族教育的过程中传承少数民族的语言文字和优秀文化；促进教育公平，即推动民族教育和谐发展；优化教育的社会效益，即推动民族教育可持续发展；维护民族团结，即增强中华民族的凝聚力。④

高等学校民族预科教育政策的价值选择主要表现为对教育不平等的矫正。有研究者从价值选择、合法性、有效性三个维度对预科教育政策作出价值分析，并结合实际指出，政策价值的有效性较差，主要体现在：预科教育的考核不力，无法从教育质量上矫正不平等；生源地控制不严，矫正了群体不平等却忽视了个体

---

① 朱永坤. 教育政策价值标准层次性对公平性的影响——兼论义务教育公平问题的成因及解决策略. 国家教育行政学院学报, 2008, (11): 44-49.

② 王平. 民族教育政策的文化性质——兼论民族教育政策研究的"价值相关性"问题. 当代教育与文化, 2013, (5): 50-54.

③ 毛雪梅, 白星瑞. 试析新中国民族教育政策的价值取向. 广西民族大学学报, 2008, (12): 156-157.

④ 尚紫薇. 推动民族教育科学发展　促进各民族团结进步——党的十六大以来我国民族教育政策的价值取向. 中国民族教育, 2012, (Z1): 7-11.

不平等；奖学金、助学贷款、助学金体系不完善，无法矫正经济资本不平衡带来的教育不平等等方面。我国要有效实现预科教育的政策价值，必须建立全国统一的预科考核和评估制度，严格控制生源地，完善奖学金、助学贷款、助学金体系。①

举办西藏班（校）这一特殊的民族教育政策，经历了 20 多年的实践检验，从教育政策价值分析的角度证明是合理的，具有可持续发展的生命力。首先，从现象形态上看，举办西藏班（校）是党和国家利用内地学校的办学条件和师资优势，帮助西藏培养一批拥护中国共产党、拥护社会主义，自觉维护祖国统一、民族团结，具有初步科学世界观、扎实的科学文化知识和一定劳动技能的建设骨干的一种价值选择。其次，从本体形态上看，在社会学和政治学理论中，合法性"是社会秩序和权威被自觉认可和服从的性质和状态"，而教育政策的合法性的本质是教育政策价值选择的合目的性，也就是价值选择符合人们的需要、价值理想和追求。最后，从政策过程的意义上看，有效性即合规律性，而教育政策有效性的本质是价值选择，即观念中的选择、实践中的选择和活动程序符合规律性。②世界多民族国家都普遍面临民族建构与国家建构的双重任务。有学者通过批判性地反思多元文化主义理论，指出多民族国家的民族教育政策必须在"多元"的民族建构与"一体"的国家建构双重价值之间保持必要的张力。同时，有学者以新疆双语教育政策作为我国民族地区双语教育政策的典型案例，分析其政策目标，指出我国民族地区双语教育政策，充分体现了"以人为本的多元化""以国家公共利益为重的一体化""以弱势补偿为先的公平正义"三个突出的价值取向。③

四、教育政策价值研究领域的未来展望

依据共词分析的理论和方法研究发现，教育政策价值研究热点主要集中在六个方面，这些研究既推动了教育政策价值研究的繁荣与发展，也对教育政策价值研究的完善提供了指导。但与此同时，通过对聚类分析图和多维尺度图的进一步分析，可以归纳出我国近 30 年教育政策价值研究存在着教育政策的程序价值研究

① 李娜. 高等学校民族预科教育政策的价值选择与实现——基于中央民族大学预科学院的实证研究. 高校教育管理，2011，(6)：32-37.
② 勾洪群. 内地西藏班（校）政策的价值分析. 教育与教学研究，2012，(7)：23-25.
③ 冯江英，石路. 我国民族地区双语教育政策的价值取向分析——基于多元文化主义的反思. 新疆社会科学（汉文版），2014，(6)：140-145.

有待深化、教育政策价值网络的构建亟待充实、有关国外教育政策价值取向的研究较少、教育政策价值的变迁及偏误研究还需加强等不断拓展等方面的问题。这就要求我国教育政策价值的未来研究，在继承已有研究的基础上，在这四个方面还需开拓进取，争取更大的突破，从而使教育政策价值的研究更加成熟、研究领域不断完善。

（一）教育政策的程序价值研究有待深化

程序价值原本是法学的概念，指的是程序在其运行过程中实现的价值，其基本内涵包括安定、人格尊严、自由、平等、效益与理性。它们体现在程序本身的设计之中，其价值由自身而得到证明。无论程序产生的结果本身是否具有正当性且为人们所接受，程序本身都可以因其体现或符合正当性而具有独立价值。程序正义本身体现程序价值，它是一种法律理念，即任何法律决定都必须经过正当的程序，而这种程序的正当性体现为特定的主体根据法律规定和法律授权所作出的与程序有关的行为。当今的政策价值研究涉及程序价值，但单纯强调程序正义，还不够完善。虽然程序正义是程序价值的核心，但教育政策的研究只谈及程序正义的重要，忽视了法源的"程序价值"，颇有以程序正义直接代替程序价值之嫌，不够科学严谨。

（二）教育政策价值网络的构建亟待充实

20 世纪 70 年代以后，政策网络的研究逐渐成为学界关注的焦点。作为一种全新的理论视角，政策网络试图摆脱传统政策分析中多元主义与统合主义分离的桎梏，搭建起政策分析的崭新理论平台。政策网络研究主要有政策分析与社会治理两条途径，后者由于回应了社会治道变革的要求而逐渐成为研究的主流。政策网络实质上反映了对社会治理全新模式的期待，是对社会资本积累和转化的思考和成熟、强大的公民社会的呼求。[①]然而教育政策价值网络的研究不够体系化，国内学者的研究集中于教育政策制定的首要价值标准即公平。改革开放以来，我国政策的价值取向、变化路径及特点，并未形成政策价值的系统网络，许多有关政策价值的研究着重于具体点的分析，相互之间较为分散，缺少宏观联系。未来的政策价值研究，不能只停留于点的阐述，要提醒研究者发散思维，开阔视野，既要仰望星空，又要脚踏实地，粗中有细，在宏观之中也要有具体的现实指导。

---

① 李灏. 论政策网络的价值维度. 内蒙古农业大学学报(社会科学版)，2009，11(5)：107-109.

（三）有关国外教育政策价值取向研究较少

国内有关教育政策的价值取向研究集中于我国改革开放以来的政策价值变迁，且着力于教师教育政策价值取向变迁的总结。我们需要放眼国外，多做一些发达国家政策价值取向的研究，这不仅是教育政策价值研究面向国际化的需要，也是充实政策价值理论的需要。国外的教育政策价值取向多元，不代表我们要犯意识形态领域错误，也不代表我们要全盘学习，脱离我国国情，丧失首要的价值标准。

（四）教育政策价值的变迁与偏误研究还需加强

教育政策价值的谈论集中于价值取向的变迁，很少涉及价值基础或是价值本身的变迁。时代呼唤我们要学会运用历史的思维，反思价值的变迁，吸取经验教训，反观现实存在的问题，进行矫正。这方面的研究较少，研究者不能只关注热点，哪里好作文章往哪里钻，要有学术研究的全局视野，多一些学术反思，牢记研究服务现实的思想，以史为鉴，做好学科基本理论的构建。

第四章
各级教育政策研究热点的共词可视化

教育事业的科学、有序、健康、高效发展，依赖于党和国家的教育政策。但教育作为培养人的社会活动，是一项非常复杂的系统。国家教育制度建立的首要任务是建构各级教育系统，使公民能够享受宪法所确定的受教育权。从纵向来看，各级教育政策主要涉及学前教育政策、义务教育政策、高中阶段教育政策及高等教育政策等。

第一节　学前教育政策研究热点的共词可视化

学前教育是指学龄前儿童所接受的教育，旨在促进儿童身心全面、和谐的发展，具有教育性、公益性、先导性和基础性等特性。学前教育阶段是一个国家教育事业的初始阶段。从十一届三中全会开始恢复和发展学前教育，如今学前教育已成为关乎民生的一个重要话题。然而，无论是恢复还是发展，都需要学前教育政策的指导和规范，来保障学前教育发展。改革开放以来，我国学前教育政策经历了恢复与重建阶段（1979—1988 年）、规范阶段（1989—1996 年）、社会化体制改革阶段（1997—2003 年）、全面深化阶段（2004 年至今）等四个阶段。我国学前教育政策的价值取向已经由注重效率、社会为本、升学预备教育逐步转向促进公平、以人为本、为幼儿终身发展奠基的方向发展，展现了从效率优先走向兼顾公平、从关注"社会价值"转向关注"人的价值"、从预备教育转向终身教育等的演变，这既是社会政治经济发展的历史必然，也是新时期学前教育事业发展的必由之路。

学前教育政策研究热点以中国知网作为来源数据库，采用标准检索，期刊的检索年限定位为 1985—2015 年，指定来源类别为"全部期刊"，并以"主题"为检索条件，设定"学前教育"并含"政策"为检索内容，共获得 767 篇相关文献。基于要求研究的有效性、准确性考虑，去除书评、期刊投稿须知、期刊介绍、简讯、数字、欧亚经济动态等与研究主题无关的文献，得到 705 篇有效的文献。同时还将有效文献中涉及的诸多关键词进行标准化处理。例如，将"幼教师资""师资队伍""专任教师""师资队伍素质""师资队伍素质建设""农村师资队伍素质建设"统归为"师资队伍"等，从而形成学前教育政策研究热点的资料来源。

一、学前教育政策高频关键词的词频统计与分析

通过对学前教育政策方面的文献关键词的统计，共得到 1632 个关键词，最终确定高频低频词阈值为 8，统一同义词后得到 53 个高频关键词，排序结果见表 4-1。

表 4-1　53 个学前教育政策高频关键词排序

序号	关键词	频次	序号	关键词	频次	序号	关键词	频次
1	学前教育	258	19	政府职责	18	37	幼儿园管理	12
2	幼儿教师	76	20	学前教育发展	18	38	残疾儿童	12
3	政策	73	21	师资队伍	17	39	启示	11
4	民办幼儿园	55	22	政策研究	17	40	幼儿园课程建设	11
5	政策过程	42	23	农村	16	41	在园幼儿	11
6	质量	40	24	早期教育	16	42	国民教育体系	11
7	学前教育公平	38	25	发展规划	16	43	政策扶持	11
8	普惠性	28	26	问题	16	44	现状	11
9	农村学前教育	25	27	农村幼儿园	16	45	幼儿教育	10
10	入园率	25	28	经费投入体制	15	46	政府财政投入政策	10
11	教育均衡发展	23	29	财政投入	15	47	价值取向	9
12	对策	23	30	幼儿园	15	48	发展	9
13	三年行动计划	22	31	资助制度	14	49	教育规划	9
14	教育改革	21	32	民族地区	14	50	学前教育机构	8
15	公办幼儿园	21	33	政府主导	14	51	学生资助政策	8
16	公共教育	20	34	儿童发展	13	52	学前教育育机构	8
17	学前教育专业	19	35	美国	12	53	教师专业发展	8
18	教育体制改革	18	36	免费教育	12	合计		1270

如表 4-1 所示，53 个高频关键词总呈现频次是 1270 次，占关键词总频次的 38.56%，基于对前 53 个关键词的排序，可以初步了解近 30 年我国学前教育政策研究领域的集中热点与趋势。其中前 10 位关键词频次均大于 20，依次为学前教育（258）、幼儿教师（76）、政策（73）、民办幼儿园（55）、政策过程（42）、质量（40）、学前教育公平（38）、普惠性（28）、农村学前教育（25）、入园率（25），其余 43 个关键词出现频次均大于或等于 8。这一结果初步说明，学前教育政策方面的研究多围绕学前教育政策、幼儿教师、学前教育政策过程、学前教育质量、学前教育公平等进行。

二、学前教育政策高频关键词的相异矩阵分析

利用 BICOMB 共词分析软件，将上述 53 个关键词进行共词分析并生成词篇矩阵，之后再将词篇矩阵导入 SPSS19.0 中，选取 Ochiai 系数并将其转化为一个 53×53 的共词相似矩阵，并且在进行多维尺度分析时将此相似矩阵（1-相似矩阵）转换为相异矩阵，结果见表 4-2。

表 4-2　高频关键词 Ochiai 系数相异矩阵（部分）

关键词	学前教育	政策	幼儿园教师	民办幼儿园教师	政策过程	学前教育公平	质量	普惠性	入园率	农村学前教育
学前教育	0.000	0.771	0.942	0.955	0.893	0.853	0.915	0.904	0.988	0.963
政策	0.771	0.000	0.879	0.950	0.875	0.942	0.862	0.934	0.931	0.931
幼儿园教师	0.942	0.879	0.000	0.679	0.945	0.980	0.839	0.932	0.696	0.977
民办幼儿园教师	0.955	0.950	0.679	0.000	0.910	0.976	0.950	0.861	0.625	1.000
政策过程	0.893	0.875	0.945	0.910	0.000	1.000	0.973	0.940	0.969	0.938
学前教育公平	0.853	0.942	0.980	0.976	1.000	0.000	0.942	0.967	1.000	0.932
质量	0.915	0.862	0.839	0.950	0.973	0.942	0.000	0.967	0.897	0.966
普惠性	0.904	0.934	0.932	0.861	0.940	0.967	0.967	0.000	0.846	1.000
入园率	0.988	0.931	0.696	0.625	0.969	1.000	0.897	0.846	0.000	1.000
农村学前教育	0.963	0.931	0.977	1.000	0.938	0.932	0.966	1.000	1.000	0.000

如表 4-2 所示，各关键词与学前教育的距离由远及近顺序依次为：入园率

（0.988）、农村学前教育（0.963）、民办幼儿园教师（0.955）、幼儿园教师（0.942）、质量（0.915）、普惠性（0.904）、政策过程（0.893）、学前教育公平（0.853）、政策（0.771）。这样的结果说明，在谈到学前教育时，将"政策""学前教育公平""政策过程""普惠性""质量"结合起来进行论述的较多。另外，对表中的系数大小进行进一步分析后发现，"政策"与"政策过程""质量"常一起呈现，"普惠性"与"民办幼儿园教师""入园率"常呈现在一起，"学前教育公平"与"学前教育"经常一起出现，"入园率"和"幼儿教师""民办幼儿园""质量""普惠性"时常一起提及。这样的结果初步说明，在已有的学前教育政策研究中，研究者更关心的是学前教育政策与学前教育公平、普惠性、质量，入园率与幼儿教师、民办幼儿园教师等问题。

三、学前教育政策高频关键词聚类及其分析

将表 4-3 中的高频关键词相异系数矩阵导入 SPSS19.0 进行聚类分析，得到的聚类结果见 4-3 所示。根据聚类分析结果显示的聚团连线距离远近，能够直观地看出学前教育政策研究的高频关键词可以分为 6 类，分别是普惠性价值取向背景下学前教育机构教师与经费政策研究（种类 1），政府主导视野下的学前教育公平与质量政策研究（种类 2），学前教育政策扶持研究（种类 3），残疾儿童学生资助政策研究（种类 4），学前教育专业课程建设研究（种类 5），农村学前教育发展现状、问题与对策研究（种类 6）。具体内容见表 4-3。

表 4-3　学前教育政策高频关键词聚类结果

种类	关键词
种类 1	教育改革、发展规划、早期教育、三年教育行动计划、教育规划、学前教育发展、学前教育机构、幼儿教师、国民教育体系、入园率、在园幼儿、民办幼儿园、公办幼儿园、幼儿园管理、农村幼儿园、民族地区、经费投入体制、师资队伍、政策研究、普惠性、公共教育、价值取向、政府财政投入政策、政府主导、免费教育
种类 2	财政投入、政策过程、教育体制改革、农村学前教育、学前教育公平、教育均衡发展、政府职责、美国、学前教育、政策、质量
种类 3	政策扶持、幼儿教育
种类 4	资助制度、学生资助政策、残疾儿童
种类 5	学前教育专业、幼儿园课程建设
种类 6	对策、问题、现状、农村、发展、启示、教师专业发展

种类 1 为普惠性价值取向背景下学前教育机构教师与经费政策研究，包括教育改革、发展规划、早期教育、三年教育行动计划、教育规划等关键词。普惠性是社会福利领域的专门用语，它代表着社会福利（包括教育）供给的一种原则和模式，普惠性不仅等同于公平和正义，还包括社会整体利益和公共资源使用的效益最大化。普惠性的政策意蕴是政府需要建立合法的基本制度保障，普惠性学前教育的建设应当是渐进式的、试误式的，普惠性并不是简单的国家供给，市场化因素不应退出。[①]普惠性政策是具有合法性的，具体表现为其符合教育的公平性与公益性，学前教育普惠政策是针对学前教育普惠政策的价值选择提出的。学前教育普惠性政策的价值选择主要包括：解决"入园难"的价值选择、普惠弱势群体的价值选择。[②]我国普惠性幼儿园的供给严重不足，普惠性幼儿园一般是各级政府部门、企事业单位和集体办园，但是数量有限。民办幼儿园是以盈利为主，不具备公益性与普惠性。[③]

影响学前教育公益性与普惠性的因素包括多个方面：①政府对于民办幼儿园的投入仅停留于政策法规方面，疏于对学前教育机构的机制约束，教师的地位与待遇标准也是在企业标准与事业标准之间，而且民办幼儿园的管理比较混乱；②"公弱民强"，公办幼儿园与民办幼儿园的数量比例失衡，公平竞争的环境遭到破坏，使得公益性与普惠性受到影响。[④]

在学前教育机构教师方面，虽然教师队伍的规模在不断壮大、教师队伍的学历层级也在提高、教师专业方面的培训也逐步得到重视，但教师队伍依然存在着很大的问题：教师总体人数紧缺、幼儿园教师地位和待遇低、教师职称评定的指标有限、教师队伍的学历总体不高、男女教师比例失衡、民办教师的数量不足等。基于此，要尽快落实学前教育教师的准入制度，提高教师的待遇和社会地位，完善法律政策以保障现有教师队伍的稳定性，制定学前教育教师队伍素质的提升策略，完善学前教育教师队伍优化路径，以保证学前教师队伍数量、质量等方面的稳定发展。[⑤⑥]

① 王东. 普惠性学前教育：内涵与政策意蕴. 教育科学，2014，30（2）：26-31.
② 王培峰. 我国学前教育的五大结构性矛盾及其政策应对——兼论残疾儿童等弱势群体学前教育安排的政策思路. 教育发展研究，2011，（6）：25-34.
③ 秦旭芳，王默. 学前教育普惠政策的价值分析. 教育研究，2011，（12）：28-31.
④ 侯石安，张紫君. 促进我国学前教育发展的财政政策选择. 财政研究，2012，（7）：66-68.
⑤ 叶浓，王莉芬. 学前教育教师队伍建设现状、问题与对策研究. 西部素质教育，2015，1（11）：7-8.
⑥ 苏守凤. 学前教育教师队伍建设问题与对策研究. 南昌教育学院学报，2013，（2）：114-115.

事实上，影响学前教育教师队伍专业发展的障碍是多方面的，既有内在因素，也有外在因素。社会公众对幼师职业的认同和期望低、幼儿园管理封闭、人文环境不协调等是外在因素，幼师观念与社会不同步、思维方式单一、认识更新慢等是内在因素。这就需要倡导教师要进行渗透性学习、建立教学研修网络、提升教师的教育实践智慧、开展教育科研，形成教育研究、反思的意识和能力，为教师建立相应的体制机制，从而保障教师的专业成长。①

同时，普惠性视角下政府对学前教育的经费投入也是该领域的重点研究内容。有研究者发现，第一期"学前教育三年行动计划"的实行，使得学前教育资源迅速扩大、学前教育的投入获得大幅增长、教师的数量有所增加、"入园难"的现状得到了一定缓解，但也存在着学前教育的资源总量不足、教师补充的渠道不畅、体制机制有待完善、投入与支出的结构需要调整、城市与农村的学前教育发展差距需要进行调节等问题。②学前教育经费分配上也要减少政策倾斜，增加经费使用率，促进学前教育发展，各地要通过多渠道来筹划非财政性学前教育经费。③之所以会出现地区间的差异，地区经济发展水平的差异是客观性原因，地方政府对学前教育经费投入的努力程度是造成差异的主观原因，学前教育财政投入体制的"财政不中立"是造成学前地区差异过大的体制原因。④

种类 2 为政府主导视野下的学前教育公平与质量政策研究，主要包括财政投入、政策过程、教育体制改革、农村学前教育、学前教育公平、教育均衡发展等关键词。所谓公平指的是公共教育经费在不同地区、不同收入的受教育者之间进行公平而又合理的分配，使得每个人都得到同样的教育机会与条件。但是目前随着农村留守儿童的增多，进城务工人员子女的增多，学前教育教育的公平问题就变得比较突出。⑤我国学前教育公平问题的日益凸显，使得对学前教育公平的探索就更有现实意义，学前教育公平的伦理学基础是人权公平并且要求兼顾所有人的权利，同时要向弱势群体倾斜，学前教育公平的法学基础即为形式公平和实质公平，学前教育公平的经济学基础可以分为起点公平即参与经济活动的权利和机会公平及结果公平即经济分配和收入公平。⑥

已有研究表明，农民工家庭儿童的入学准备情况与城市儿童相比，已经表现

---

① 彭兵. 幼儿教师专业成长的主要障碍及对策. 学前教育研究，2004，(11)：53-54.

② 应婉林. 我国学前教育经费投入研究. 教育财会研究，2014，(3)：24-27.

③ 郑名. "学前教育三年行动计划"成效分析与政策建议. 学前教育研究，2014，(8)：34-43.

④ 董艳艳. 近十年我国学前教育经费投入及其主要成效与困境. 当代教育科学，2015，(1)：34-38.

⑤ 秦旭芳，王默. 学前教育普惠政策的价值分析. 教育研究，2011，(12)：28-31.

⑥ 姚伟，邢春娥. 学前教育公平的理论基础. 学前教育研究，2008，(1)：15-19.

出了显著的差异。家庭在形成和传递代际的不平等过程中扮演着重要的角色，所以农民工家庭学前教育存在的问题应当引起社会与政府的关注，并需要采取相关的早期弥补措施。①关注低收入家庭儿童的受教育问题是实现教育公平的必要途径，同时也是促进社会公平的强有力的措施。所以国家应当承担起学前教育成本分担与补偿的主体责任。②有学者认为，2000—2007 年，对幼儿教育发展公平方面产生了很大的冲击，将幼儿园推向了市场幼儿园，从而失去了政府的保护。这样的冲击一直影响至今，目前中国幼儿园教育的发展现状依旧存在城市与农村差异大、高收费幼儿园层出不穷、幼儿园的师资队伍不稳定等问题。这些都表明：我国忽视了学前教育的公平及以社会力量办学为主体的既定政策尚未改变，普及指标就难以实现。③为了促进学前教育公平发展，加大投入、成本分担、强化学前教育财政投入政策的公平导向、支持欠发达地区民办学前教育的发展、逐步改善贫困幼儿家庭资助制度等都是最基本的政策导向。④

而在提升学前教育质量的政策方面，经济合作与发展组织提出了有效提升学前教育质量的五大国家政策杠杆，其是在经济合作与发展组织学前教育发展战略与学前教育质量评价观的基础上建立起来的。经济合作与发展组织学前教育质量政策杠杆的内容包括制定学前教育质量目标和相关法规，提升幼儿教师的质量、培训与工作的条件，加强家庭和社区的参与、设计和实施学前教育课程标准、促进学前教育数据采集、研究和监测。⑤学前教育质量评估是当前学前教育研究的一个重点问题，在构建学前教育质量评估框架时要特别注意，在构建质量评估框架的性质上，应寻求强框架与弱框架之间的平衡，在评估框架的建构方式上，应考虑更广泛相关利益者的价值诉求和实践智慧，在评估框架的价值取向上，需从"发展"的视点走向"发展"与"权利"并重的视点，在评估框架思维内容构成上，应当凸显过程评估的比重。⑥"质量话语"曾长期在学前教育质量评估中占据重要地位，对我国学前教育理论和实践有着很重要的影响，但近年来，人们逐渐认识到以技术理性为基础的质量评估存在着诸多问题，忽视差异、去背景、去情景的

① 苍翠. 当前农民工家庭学前教育存在的问题及其政策思考. 学前教育研究，2010，(1)：22-26.
② 宋占美，刘小林. 城市低收入家庭学前教育投资现状及其政策补偿建议. 学前教育研究，2013，(3)：39-43.
③ 韩清林. "普及与公平"是中国学前教育发展战略和基本政策的必然选择. 当代教育科学，2011，(3)：31-35.
④ 李祥云，徐晓. 学前教育经费投入水平的地区差异与成因——基于省级数据的实证分析. 财经理论与实践，2014，(6)：83-88.
⑤ 沙莉，霍力岩. OECD 学前教育质量政策杠杆：背景、特点、八国实践经验及启示. 现代教育管理，2014，(12)：112-117.
⑥ 李召存. 对学前教育质量评估框架建构的思考. 中国教育学刊，2015，(10)：17-21.

质量标准并不适合于文化多样发展的今天。因此，学前教育质量评估应当向人性化转变，即学前教育质量评估的标准应当融入社会背景，考虑不同的历史和文化背景下儿童的不同需要。①

种类 3 为学前教育政策扶持研究，包括政策扶持、幼儿教育等关键词。长期以来，我国学前教育政策是缺失的，国家对学前教育的财政投入并未单列；幼儿教师队伍的建设没有单独的编制，没有职称的评定，更没有国家对幼儿教师的培训计划与经费的保障；一系列学校建设工程并没有将幼儿园的建设考虑在内。②

与之形成鲜明对比的是，国外政府对于学前教育的扶持政策是将其做成项目，有着一定的体系，如美国的"提前开端"项目、英国的"确保开端"项目、印度的"儿童综合发展服务项目"。显然，各国政府都十分重视学前教育对个体与社会发展的价值，并且会投入一定的经费，确立一定的政策来确保其实施。③以美国为例，奥巴马政府基于学前教育高回报因素的考虑提出"早期学前教育挑战基金"，从而为早期学前教育体系提供相应的资助，该项目要求要为每个 3—4 岁的儿童提供优质的早期教育，并强调各地区继续利用基金来支持符合条件的（特别是经济不利的儿童）儿童。④

从制度层面来看，学前教育虽然是社会的公益性事业，集合了公共服务均等化的民生诉求与国家的政治意志，但因为缺少公共服务保障体系，没有与义务教育的保障相类似的保障体系，致使学前教育一直在公益性与市场化之间摇摆不定。⑤

然而，事实上，在政策扶持上也有成功案例，以宁夏回族自治区为例来看：①宁夏回族自治区政府通过利用相关法规来强化学前教育的重要地位，提出以农村为重点普及学前教育，并保证其质量；②高度重视并制定学前教育的发展规划，明确政府在学前教育发展规划中的职责；③明确以公办园为主，大力推动乡镇中心幼儿园建设的工程。⑥

---

① 蔡东霞. 公平与质量：对学前教育"质量话语"的反思. 教育发展研究，2009，(20)：11-14.

② 庞丽娟，洪秀敏，孙美红. 高位入手顶层设计我国学前教育政策. 教育研究，2012，(10)：104-107.

③ 秦旭芳，王默. 学前教育普惠政策的价值分析. 教育研究，2011，(12)：28-31.

④ 陈玥，薛娜娜. 美国奥巴马政府学前教育政策改革的特点及启示. 外国教育研究，2012，(3)：16-22.

⑤ 王培峰. 我国学前教育的五大结构性矛盾及其政策应对——兼论残疾儿童等弱势群体学前教育安排的政策思路. 教育发展研究，2011，(6)：25-34.

⑥ 熊灿灿，张芬. 明确思路，强化责任，努力实现学前教育跨越式发展——宁夏回族自治区政府促进学前教育事业发展的政策举措分析. 学前教育研究，2010，(8)：16-20，32.

从世界趋势看，政府应该是基础教育阶段教育投资的最大主体，但是现状却是政府在分担学前教育成本上存在空缺。政府对学前教育经费的投入不足，导致一些幼儿园不得不抬高自身的入园门槛，而且对弱势群体的优先扶持力度不够，补偿措施做得不到位。[①]从支持学前教育税收政策的角度来看，我国学前教育优惠扶持政策存在着教育机构和受教育者错位、民办学校税收优惠缺位、校办企业税收优惠越位、社会和个人教育捐赠税收优惠不到位等四个问题。[②]

要想改变这种状况，需要进一步加大教育税收优惠力度，鼓励民办教育的发展，结合个人所得税改革对私人教育支出进行扣除，促进教育产业的长足发展。[③]事实上，学前教育税收政策包括学前教育组织自身的税收政策，即流转税、所得税、其他税和事业捐赠的税收政策。从支持学前教育税收政策的角度来看，需要支持学前教育的流转税制设计、所得税的设计、其他税收政策的设计，鼓励向学前教育捐赠的税收政策[④]；制定清晰、系统的国家层面的学前教育税收优惠政策，指引并严格实施、完善学前教育机构捐赠的税收优惠政策；帮助符合条件的民办学前教育机构申请享受小微企业所得税优惠，明确学前教育机构在"营改增"后仍可享受曾经享有的营业税优惠政策，加大增值税的优惠力度；给予接送幼儿的校车以车辆购置税优惠政策。[⑤]目前，我国学前教育资助政策实施具有以政府资助为主、学校与社会参与为辅和以西部地区资助为主、东部地区和中部地区为辅的特点，这种资助政策也取得了一定的成效，即学前教育资助制度逐步建立，政府资助政策正在落实和实施，各级财政资金的使用逐渐管理规范，媒体所反映的问题可得到基本的解决。[⑥]

种类 4 为残疾儿童学生资助政策研究，包括资助制度、学生资助政策、残疾儿童等关键词。从国际视野和我国残疾儿童权益发展来看，相关政策都经过了很长的发展阶段。随着权利主体的扩大，残疾儿童权利体系基本形成，残疾儿童权利内容在儿童权利法律保护中得到发展，对残疾人权利的专项保护也日益全面。[⑦]让更多的残疾儿童能够接受教育是实现教育公平的必要前提，我国日渐完善的政

---

① 宋占美，刘小林. 城市低收入家庭学前教育投资现状及其政策补偿建议. 学前教育研究，2013，(3)：39-43，49.

② 成刚. 促进教育发展的税收优惠研究. 国家教育行政学院学报，2006，(8)：56-59.

③ 任强. 完善我国教育投入税收政策的建议. 税务研究，2010，(6)：60-63.

④ 黄洪. 支持学前教育的税收政策研究. 财经论丛，2011，(4)：41-47.

⑤ 王福兰. 支持学前教育发展的税收政策建议. 税务研究，2015，(6)：98-100.

⑥ 范晓婷，曲绍卫，纪效珲. 基于全国 36 个省级参评单位数据的学前教育资助政策绩效评估. 学前教育研究，2015，(7)：43-51.

⑦ 许巧仙，丁勇. 试论残疾儿童权利的形成与发展. 中国特殊教育，2014，(9)：14-19.

策与法律法规体系为更多的残疾儿童接受教育提供了保障；特殊教育经费的逐渐增加，为更多的残疾儿童接受教育提供了相应的经济基础；残疾儿童不断升高的入学率充分展现了残疾儿童的教育公平进程不断加快；特殊教育学校的教师学历层次不断提高，为残疾儿童提供了良好的教师资源。[①]

事实上，残疾儿童文化权利的实现是建设公共文化服务体系过程中追寻权利平等的难点问题，社区是公民文化权利实现的主要场域，基于 2013 年残疾人监测数据分析发现，我国 6—17 岁残疾儿童仅有 7.3%经常参与社区文化生活，34.6%很少参与，58.1%从不参与社区文化生活。为此，我们需要依靠医疗保险的特惠政策来提升康复的覆盖率和残疾儿童社区文化的参与度，鼓励高校学生通过志愿者的角色来进行社区文化传递、提升社区文化的吸引力、推动残疾人基本文化公共服务的标准化建设。[②]

《国务院关于当前发展学前教育的若干意见》中特别提到，"学前教育应优先保障弱势群体家庭适龄儿童入园"。我国《中华人民共和国残疾人教育条例》虽然规定残疾儿童的学前教育是通过残疾幼儿教育机构、福利机构、康复机构及普通幼儿教育机构和普通小学的学前班及特殊教育学校学前班进行承办，但是并没有具体的规定责任及制度，所以在现实中受到很大的阻碍。我国学前教育在残疾儿童等弱势群体的权益维护上存在缺失，弱势群体常处于政策边缘化的状态，加重了弱势群体的代际循环，致使残疾儿童出现"原子化"困局，受教育权利难以保障。[③]同时，认识上的偏差也不容忽视，政府热衷于重点学校的创建，而疏于关注特殊教育学校，使得学校建设存在问题，教师待遇不够优厚，难以吸引学生，虽然国家提高了普通中小学生均公用经费，但特殊教育生均公用经费并没有提升。[④]

总体来讲，我国残疾儿童学前教育发展存在对于残疾儿童教育缺乏认识、残疾儿童学前教育的办学规模有限，各类残疾儿童学前教育发展不均衡、公立机构资源稀缺，特殊教育学校的师资专业和培训都存在空缺、康复教育方法缺乏等问题。[⑤]针对这些问题的改善措施有：①完善学前特教管理体制；②解决对口安置的

---

① 孟万金，刘在花，刘玉娟. 让更多残疾儿童接受教育——三论残疾儿童教育公平. 中国特殊教育，2007，(1)：4-9.

② 侯晶晶. 我国残疾儿童文化权利的社区实现之现状与影响因素. 甘肃社会科学，2015，(1)：24-30.

③ 王培峰. 我国学前教育的五大结构性矛盾及其政策应对——兼论残疾儿童等弱势群体学前教育安排的政策思路. 教育发展研究，2011，(6)：25-34.

④ 郭岩. 弱势群体教育的政策保障. 辽宁教育研究，2008，(9)：8-11.

⑤ 张磊. 我国残疾儿童学前教育开展状况述评. 上海教育科研，2011，(10)：83-86.

问题，如何接纳残疾儿童，在普通教育的环境下如何给残疾儿童一个空间是需要思考的问题；③学前特教课程管理方面需要设置一体化的教育目标与内容；④加强师资队伍建设，重视家庭与学校的相互配合，残疾儿童的康复学习更多的需要在生活中进行，家长如何科学地进行辅助尤为重要。①

另外，残疾儿童融合教育的发展也应当被重视起来，融合教育的意义不仅在于将残疾儿童接纳到主流学校或主流社会中来，还要着眼于最大限度地扫清所有在儿童全面参与社会发展过程中的各种阻力，实现其全面发展，转变理念，为其营造融合教育发展的良好环境。②

我国台湾地区在扶助弱势儿童方面有一些值得借鉴的地方。台湾地区十分重视儿童教育权利的实现，经过长时间的实践与改革，其教育扶助政策体系形成了自身的特色：①建立以促进儿童全面发展为核心价值观的全纳学前教育体系；②建立以政府专项拨款和社会各界捐助为结构的幼教经费扶助机制；③形成弱势儿童和托幼一体化的保障体系。③

同样，美国政府对残疾儿童学前教育发展的支持力度也是非常大的，在政策层面颁布了残疾儿童"学前资金计划"，标志着美国残疾儿童学前教育先行发展政策的正式出台。美国以法律的形式要求各州为所有 3—5 岁残疾儿童提供公费教育。④

种类 5 为学前教育专业课程建设研究，包括学前教育专业、幼儿园课程建设等关键词。首先，课程管理需要政府的介入与幼儿园自身的高水平管理相结合。幼儿园课程管理应当做到，坚持依法办园，凝聚积极的课程愿景，坚持以儿童为本，建构适宜的课程体系，坚持多重发展，倡导有效的课程实践，坚持效益原则，进行科学的课程评价。⑤其次，课程取向是课程建设的重要方面。现象学理论要求幼儿园课程应当是：①生活意义的延伸，主要表现为幼儿教师与幼儿要通过课程建立良好的师幼关系，幼儿园课程与幼儿生活紧密结合，幼儿园课程要反映社会的复杂性；②幼儿园课程的主体应体现多元参与；③幼儿园课程

---

① 韩莹. 浅议学前特殊儿童一体化教育. 现代特殊教育，2012，(12)：22-23.
② 行红芳. 残疾儿童融合教育的实施困境与发展策略. 中州学刊，2015，(11)：87-90.
③ 李振玉，关永红，程绍仁. 台湾地区弱势儿童学前教育扶助政策及其启示. 教育发展研究，2012，(24)：78-82.
④ 余强. 美国残疾儿童学前教育先行发展政策述评. 中国特殊教育，2007，(11)：88-92.
⑤ 虞永平. 在课程管理实践中提升幼儿园课程建设的质量——厦门市思明区幼儿园课程建设的启示. 学前教育研究，2005，(10)：24-27.

设计中允许"诗性语言"的表达，即生活化的语言表达。[①]

当然，幼儿园课程建设的前提是了解幼儿课程的本质，其本质应当是幼儿的课程、幼儿的活动，是幼儿进行"问题—解决"的活动。"问题—解决"模式的活动是对幼儿的能力进行发展的一种模式，可以使得幼儿园课程具有挑战性，同时也体现了幼儿园课程的探究性。幼儿园课程决定了它对幼儿行为而言的亲历性、行动性、即时性、整体性、真实性、探索性，对于教师的行为而言的发展性和支持性。[②]课程创生也是课程建设的必要环节，先进的课程理念必然要有先进的课程管理机制作为保障。幼儿园自身的管理制度也会对课程创生起到制约和激励的作用，幼儿园管理者的支持是课程创生的推动力量，课程创生激励制度的建立是幼儿园课程创生的"刚性指标"。[③]

事实上，上述所有目标的实现，需要加大高校学前教育专业课程建设。当前我国高校学前教育专业师资结构不合理，存在着缺乏实践指导能力、教学理念落后、高层次人才相对匮乏等严重问题。[④]这就要求在课程建设过程中要做到：①课程目标定位——应对市场需求，重在学生职业能力培养，主要表现在幼儿教师职业能力再认识和职业能力培养作为课程目标的必要性；②课程建构——以职业能力为本位，在改革的基础上构建课程新体系，主要表现在课程改革与构建应以解决学前教育人才培养的矛盾和问题为突破口，在构建新型课程体系的可行性方向上进行探索。[⑤]

除此之外，高等师范学校在学前教育专业课程设置上存在大量的课程累加、课程内容零散、课程的吸收率不高等问题，这就要求在专业课程改革上要注意以下几个方面：学前教育课程设置应提倡专业性与社会性的整合，不可避免的专业课程中的内容重复应体现能力方面的螺旋上升，加强和细化实践课程，提高学生的实践意识和能力，合理开设边缘学科。[⑥]当然，高等师范学校在专业课程设置上之所以会存在这些问题，是由于高等师范院校自身培养目标定位尚不准确及课程内容设计缺乏科学论证。[⑦]

---

① 姜勇. 现象学视野中的幼儿园课程. 学前教育研究，2009，(4)：19-22.

② 郑三元. 论幼儿园课程的本质. 学前教育研究，2005，(3)：5-8.

③ 向海英. 课程制度管理：学前课程创生之机制保障. 学前教育研究，2010，(5)：20-23.

④ 王小鹤. 全程实践理念下高校学前教育专业师资队伍面临的困境与应对. 教育与职业，2015，(2)：90-91.

⑤ 霍巧莲. 基于职业能力培养的高校学前教育专业课程构建思考. 教育与职业，2013，(18)：103-105.

⑥ 宋静，刘迎接. 高师学前教育专业课程建设探析. 教育与职业，2011，(14)：127-129.

⑦ 高闰青. 高师院校学前教育专业课程设置改革研究——基于《幼儿园教师专业标准》. 课程·教材·教法，2013，(7)：122-127.

种类6为农村学前教育发展现状、问题与对策研究，包括对策、问题、现状、农村、发展、启示、教师专业发展等关键词。我国目前第一轮学前教育三年行动计划（2011—2013年）已经圆满完成，但是发展农村学前教育仍然迫在眉睫。近年来，我国乡镇幼儿园的数量不断增加，农村地区的幼儿园数量却在大幅减少。将学前教育发展辐射到农村地区存在三个难点：公办幼儿园难以成为农村学校的主体；农村民办幼儿园难以突破低收费、低质量的恶性循环；家长对幼儿园的教育功能难以理解。

事实上，近年来农村幼儿园数量虽有所上升，但是覆盖面不大，农村幼儿园多以民办和学校办为主，政府办园的比例不足；乡镇中心幼儿园办园的条件有所改善但多数没有达到标准；农村学前教育的经费严重匮乏，大多数幼儿园艰难运转；幼儿教师没有编制、师资队伍不稳定，多数教师学历不高、没有取得教师资格证；教师虽然敬业，但是专业素质和能力欠缺，幼儿园的条件难以满足家长的需求。①学前教育三年行动计划的实行，使得农村学前教育迎来了快速发展。为了提高教育质量和解决乡村幼儿园长期存在的"散、小、弱"等问题，一些地区开始进行集团化发展和管理模式，但是尚未达到预期效果。②在应试教育的影响下，学前班"小学化""成人化"的倾向严重，幼教行政网络在政府机构精简中受到冲击，在园幼儿安全隐患普遍存在，农村幼儿教师身份不明、来源困难、师资队伍老化等多种问题仍然严重。③

对于我国农村学前教育的发展，政府应当将学前教育的投入重点从幼儿园基础设施建设转向教育资源供给，通过宣传来优化农村家长对学前教育的认识，并对家庭困难的施行一定的教育资助制度④，探索建立"省级统筹、以县为主、县乡共管"的农村学前教育管理体制，建立农村多样化的学前教育机构，建立一支以公办教师为主的农村幼儿师资队伍⑤，建立并完善农村学前教育质量标准，探索建立"问责型"质量监管评估机制。幼儿园的发展布局要因地制宜，课程要立足本土并且超越本土⑥，保障乡镇中心幼儿园独立后正常运转和持续发展，通过"定向培养""委托培养""农村特岗教师"等方式加大农村幼教师资的供给量，实行城

---

① 罗英智，李卓. 当前农村学前教育发展问题及其应对策略. 学前教育研究，2010，(10)：9-12.
② 罗英智，雷宁. 农村学前教育集团化发展和管理模式探析——以辽宁省三个县为例. 现代教育管理，2014，(11)：77-81.
③ 李红婷. 农村学前教育政策审视：期待更多关注. 中国教育学刊，2009，(5)：16-18，34.
④ 盖笑松，焦小燕. 当前村屯学前教育发展的难点与对策. 学前教育研究，2015，(5)：3-9.
⑤ 罗英智，李卓. 当前农村学前教育发展问题及其应对策略. 学前教育研究，2010，(10)：9-12.
⑥ 何锋. 农村学前教育教育补偿路径优化：基于供需适配性理论的思考. 现代教育管理，2015，(9)：29-34.

乡教师的轮岗制度，推进农村学前教师的培训，政府应当加大经费的投入，从而提高教师的待遇①。

事实上，在农村学前教育的发展过程中，政府既是经费投入的责任主体，主要是资金投入和师资力量投入，也是管理和监督方面的责任主体，主要是政府要分片给幼儿园建立档案，并且定期进行走访调查，对于不达标的园所进行相关处罚。当前，我国农村学前教育政策展现出新的发展趋势：①政策内容范围不断地拓宽完善，涵盖了领导与发展方针、管理体制、师资队伍培养等方面的规定；②发展规划的政策不断增多，规划目标不断明确、科学；③政策的制定具有一定的敏感性和针对性，与农村的发展实际相结合。②在此基础上，应强化政府责任，注重府际协同，创新供给模式，健全供给体制，注重效率和质量，加强队伍建设，注重内生力培育。③

当然，农村学前教育的成本分担机制也是农村学前教育发展中非常重要的方面。当前，农村学前教育成本增加较快、学前教育总成本相对较小，生均学前教育成本较低、学前教育财政经费占总教育财政经费比例偏低，学前教育财政资源分配不均、投入结构失衡，因此，应当加强优质幼儿园建设，扩大优质学前教育供给，明确政府责任、完善领导机制，提高学前教育财政分担比例，完善财政投入机制，发挥公共财政的引导作用。④

四、学前教育政策研究领域的未来展望

依据共词分析的理论和方法研究发现，学前教育政策研究热点主要集中在六个方面。但是，通过对聚类分析图和多维尺度图的进一步归纳分析发现，我国近 30 年的学前教育政策研究在域外学前教育政策研究、学前教育政策文本分析、学前教育政策评估分析、学前教育体制政策研究及高校学前教育专业教师的素质研究等方面还处于滞后状态。这就需要在未来的学前教育政策研究领域中不断拓展对这些方面的研究，从而完善学前教育政策研究的体系，扩大学前教育研究的范围。

---

① 徐群. 师资配置：当前农村学前教育发展的要务. 学前教育研究，2015，（6）：22-25.
② 夏婧. 我国农村学前教育政策：特点、矛盾与新趋势. 现代教育管理，2014，（7）：60-64.
③ 张更立，阮成武. 县域农村学前教育供给：现实困境与改进策略. 教育发展研究，2015，（24）：53-57.
④ 徐伟萍，黄冲. 农村学前教育成本分担机制的研究与探索——以宁波市江北区甬江街道为例. 上海教育科研，2015，（6）：77-79.

（一）加强域外学前教育政策研究

纵观近 30 年学前教育政策研究，其主要着眼点在国内政策施行的现状、问题分析，以及针对现状与问题提供建议，很少看到有研究将视野放到国外学前教育政策的施行上。例如，针对学前教育普惠性的问题，大多数研究都是在探讨国内相关政策法规条例是如何要求的，并没有提及国外学前教育是如何进行普及的、如何列为公共教育的。在探讨学前教育公平与质量、学前教育的经费投入、农村学前教育的发展方面等，同样缺少对国外相应做法的研究。

（二）增强学前教育政策的文本分析

所谓学前教育政策的文本分析是指对政府提出的学前教育相关政策的文案进行分析，提取文案中的含义。政策文本分析是有效实施政策的前提，同时对不同时期政府出台的学前教育政策文本进行剖析，有利于更加直观地认识我国学前教育事业的发展进步，分析不利因素有哪些，政策是否在不断走向民主化、科学化。虽然近 30 年的文献中有提及政策文本的，但也仅是出于引用需要，一笔带过；也有描述中华人民共和国成立以来我国学前教育政策发展阶段的，具体地列出了文献的名称、出台时间及意义，以时间发展为顺序，体现出了我国学前教育政策的进步和发展，但是，整体上仍属对各种政策的梳理和堆砌，并没有深入到政策文本中。

（三）强化学前教育政策评估分析

学前教育政策评估是对学前教育政策制定、实施状况等的一种评价活动。国家提出的学前教育政策是否真正落实，落实的效果如何等一系列问题，都需要进行充分而有效的研究，从而促使学前教育政策的进一步完善，使其更加符合国情民意。当前，多数研究着眼于政府和社会组织提出了什么样的学前教育政策，这些政策在哪些方面还存在着不足。虽然在学前教育质量研究领域中，有文献提及学前教育质量评估体系，探讨了质量评估体系的作用，根据质量评估体系对某地或某个国家进行学前教育质量评估，但缺少对学前教育政策评估体系的研究。因此，在学前教育政策研究领域，必须加大学前教育政策评估方面的研究，这样不仅有利于促使学前教育政策体系更加完善，而且有助于推进学前教育政策更加科学化、民主化、制度化。

（四）丰富学前教育体制政策研究

所谓学前教育体制政策研究就是学前教育内部的组织结构、组织制度的相关政策研究。学前教育体制涵盖的范围比较广，涉及学前教育管理体制、学前教育办学体制、学前教育体制模式、学前教育体制走向、学前教育体制创新等问题。虽然以往的研究也有针对以上某个方面进行研究的，但是多数都把这些问题笼统的归类为学前教育政策研究或是学前教育发展的相关研究。这种笼统的归类无益于对学前教育体制政策的具体内容进行深入研究，对其中存在的问题也无法更加直观地呈现。因此，应当将学前教育体制政策进行详细的分类，针对每一个体制政策进行详细的研究。

（五）加大对高校学前教育专业教师素质政策研究

高校学前教育专业教师的素质是学前教育事业蓬勃发展的关键因素之一。近30 年来关于师资队伍的研究中，多数是将注意力集中在一线幼儿园教师学历、教学水平等方面，或者是职前学前教育教师专业培训与发展方面，鲜少关注高校学前教育专业教师的素质问题。学前教育师资队伍建设应当包括高校学前教育专业的教师群体，因为这部分群体对于职前学前教育教师而言作用重大。这部分群体研究的缺失，不仅使学前教育师资队伍领域研究存在重大缺陷，无法第一时间掌握我国当前高校学前教育专业发展中到底存在哪些问题及什么因素导致了这些问题，而且不利于知晓学前教育专业学生与一线教师之间存在的差距。因此，未来关于学前教育教师队伍的研究，应当更加注重高校学前教育专业教师素质方面的探索。

第二节　义务教育政策研究热点的共词可视化

义务教育是指儿童和青少年必须接受的，国家、社会、家庭必须予以保证的国民教育，具有强制性、基础性、免费性、统一性等特点。就义务教育而言，虽然在中华人民共和国成立后的很长一段时间内并未提出普及义务教育的概念，但是在教育方针和教育目标上却始终贯穿着"为人民服务""面向工农""科学的、民主的和大众的"的宗旨，这在一定程度上也包含发展义务教育的成分，同时也蕴含着促进教育公平的理念和理想。改革开放以来，我国义务教育事业发展迎来了明媚的春天，其政策发展经历了基本普及阶段（1980—2000 年）、义务教育的均衡发展阶段（2001—2015 年）。义务教育均衡发展是义务教育追求的现实目标和永恒理想，是当前我国义务教育的基本价值取向，是实现"社会主义首要价值目标——正义"的重大选择。因为"教育是实现人类平等的伟大工具，它的作用比任何其他人类发明都要大得多"。要实现义务教育的均衡发展，应当树立教育公平与效率和谐统一的义务教育均衡发展观。改革开放以来，我国义务教育政策价值取向正在发生着从义务本位向权利本位、从强制性走向免费性与强制性并重、从普及走向普及与提高并重、从人民办走向政府办、从非均衡走向区域均衡发展等方面的深入转变。

　　义务教育政策研究热点的研究资料来源于"中国学术期刊网络出版总库"，采用标准检索，将期刊年限设定为 1985—2015 年，指定期刊类别为"全部期刊"，以"篇名"为检索条件，设定"义务教育"为检索内容，共获得相关文献 453 篇（检索时间为 2016 年 11 月 1 日）。为了确保研究的可靠性与有效性，采取去除书评、期刊介绍、会议通知、丛书介绍、年会综述、会议纪要、刊物征稿要求等非研究型文献的方法，得到 451 篇有效文章。除此之外，将有效文献中的关键词进行标准化处理，如将"受教育权利""受教育机会"统一规范为"受教育权"等，从而形成研究的资料来源。

一、义务教育政策高频关键词词频统计与分析

　　通过对我国义务教育政策研究文献关键词的统计，共得到 1015 个关键词，最终确定高频低频词阈值为 5，统一同义词后，得到 55 个高频关键词，其排序结果见表 4-4。

　　如表 4-4 所示，55 个高频关键词总呈现频次为 1020 次，占关键词出现总频次的 50.25%，通过前 55 位的关键词排序，初步了解到近 30 年来我国义务教育政策研究领域的集中热点和趋势。其中，前 10 位关键词频次均大于 20，依次为义务教育（207）、教育均衡发展（57）、政策（48）、农村义务教育（38）、教育政策（35）、政策执行（31）、流动儿童（31）、政策分析（30）、公平（28）、免费义务教育（27），其余 45 个关键词出现频次均大于或等于 5。这一结果初步说明，义务教育政策研究多围绕农村义务教育与免费义务教育、教育政策与政策执行、教育均衡发展与教育公平及流动儿童等方面进行。

表4-4 55个义务教育政策高频关键词排序

序号	关键词	频次	序号	关键词	频次	序号	关键词	频次
1	义务教育	207	20	农民工子女	17	39	区域内义务教育	8
2	教育均衡发展	57	21	城乡统筹	17	40	教育经费保障	8
3	政策	48	22	学校布局调整	11	41	影响因素	7
4	农村义务教育	38	23	政策制定	11	42	农村教育	7
5	教育政策	35	24	两免一补	11	43	教育体制机制	7
6	政策执行	31	25	新机制	11	44	政策选择	7
7	流动儿童	31	26	受教育权	11	45	生均公用经费	6
8	政策分析	30	27	政策评估	10	46	教师流动	6
9	公平	28	28	义务教育均衡发展	10	47	城乡义务教育	6
10	免费义务教育	27	29	农村	10	48	教育行政	6
11	绩效工资	24	30	政策困境	10	49	生活费补助	6
12	政策建议	24	31	政策变迁	10	50	义务教育学校	6
13	教育公平	21	32	进城务工人员随迁子女	9	51	西部地区	6
14	价值取向	19	33	县域内义务教育	9	52	财政转移支付	6
15	择校	19	34	公用经费	9	53	子女义务教育	6
16	财政政策	19	35	就近入学政策	9	54	"两为主"政策	5
17	经费保障	18	36	教育经费	9	55	流入地	5
18	义务教育政策	18	37	均衡配置	8			
19	教育均衡	18	38	教育资源配置	8	合计		1020

二、义务教育政策高频关键词的相异矩阵及分析

利用 BICOMB 共词分析软件，将上述 55 个高频关键词汇进行共词分析，生成词篇矩阵后，再将矩阵导入 SPSS19.0，选取 Ochiai 系数并将其转化为一个 55×55 的共词相似矩阵。同时，在进行多维尺度分析时，将此相似矩阵采用（1–相似矩阵）转化为相异矩阵，结果见表4-5。

表 4-5 义务教育政策高频关键词 Ochiai 系数相异矩阵（部分）

关键词	义务教育	教育均衡发展	政策	农村义务教育	教育政策	政策执行	流动儿童	政策分析	公平	免费义务教育
义务教育	0.000	0.703	0.749	0.989	0.765	0.838	0.803	0.858	0.809	0.906
教育均衡发展	0.703	0.000	0.884	0.935	0.977	0.952	1.000	0.950	0.921	0.923
政策	0.749	0.884	0.000	0.836	0.976	1.000	0.918	0.946	0.943	0.917
农村义务教育	0.989	0.935	0.836	0.000	0.973	0.942	1.000	0.940	0.936	1.000
教育政策	0.765	0.977	0.976	0.973	0.000	1.000	0.840	0.969	0.834	0.935
政策执行	0.838	0.952	1.000	0.942	1.000	0.000	0.830	0.933	1.000	0.931
流动儿童	0.803	1.000	0.918	1.000	0.840	0.830	0.000	0.860	1.000	1.000
政策分析	0.858	0.950	0.946	0.940	0.969	0.933	0.860	0.000	1.000	0.964
公平	0.809	0.921	0.943	0.936	0.834	1.000	1.000	1.000	0.000	0.962
免费义务教育	0.906	0.923	0.917	1.000	0.935	0.931	1.000	0.964	0.962	0.000

如表 4-5 所示，各关键词与义务教育距离由远及近的顺序依次为：农村义务教育（0.989）、免费义务教育（0.906）、政策分析（0.858）、政策执行（0.838）、公平（0.809）、流动儿童（0.803）、教育政策（0.765）、政策（0.749）、教育均衡发展（0.703）。此结果说明，人们谈论义务教育政策时，将"义务教育"与"公平""流动儿童"结合起来论述的成果较多。同时，通过对表中的系数大小进一步研究亦可发现，"教育政策"与"公平"结合在一起；"流动儿童"与"政策执行""政策分析"较多地呈现在一起。这也初步说明，在已有的关于义务教育政策的研究成果中，研究者会经常关注到教育均衡发展、教育公平、流动儿童、教育政策等问题。

三、义务教育政策高频关键词聚类及其分析

将表 4-5 的高频关键词相异系数矩阵导入 SPSS19.0 进行聚类分析，得到的聚类结果见 4-6。根据聚类分析结果显示的聚团连线距离远近，能直观地看出义务教育政策研究高频关键词可以分为 6 类，分别为基于教育公平的义务教育均衡发展政策的价值取向及影响因素与有效执行研究（种类 1）、城乡统筹视野下区域内义务教育经费均衡配置政策研究（种类 2）、义务教育学校绩效工资政策研究（种类 3）、西部地区农村义务教育政策困境与政策建议研究（种类 4）、进城务工人员随

迁子女免费义务教育"两为主"政策变迁研究（种类 5）、县域内义务教育均衡发展的政策选择研究（种类 6）。

表 4-6　义务教育政策高频关键词聚类结果

种类	关键词
种类 1	子女义务教育、流入地、教育经费、义务教育政策、流动儿童、政策分析、教育体制机制、教育政策、影响因素、公平、价值取向、受教育权、就近入学政策、择校、政策制定、财政政策、财政转移支付、政策执行、农村、义务教育、教育均衡发展、政策、教育公平、学校布局调整
种类 2	城乡统筹、均衡配置、新机制、区域内义务教育、教育经费保障、城乡义务教育、教育均衡、教育行政、政策评估、公用经费、生活费补助、经费保障、教育资源配置、生均公用经费
种类 3	绩效工资、义务教育学校
种类 4	政策建议、政策困境、农村义务教育、西部地区、两免一补、农村教育、教师流动
种类 5	政策变迁、进城务工人员随迁子女、免费义务教育、"两为主"政策
种类 6	县域内义务教育、政策选择、义务教育均衡发展

种类 1 为基于教育公平的义务教育均衡发展政策的价值取向及影响因素与有效执行研究，包括教育经费、义务教育政策、政策分析、教育体制机制、教育政策等关键词。义务教育是国民教育序列的基础。随着我国社会的发展和进步，义务教育公平逐渐成为社会关注的重要话题，也成为学术研究的热点。

《国家中长期教育改革和发展规划纲要（2010—2020 年）》把促进"教育公平"作为工作方针，促进公平成为了国家的基本教育政策。[①]改革开放以来，我国义务教育经历了非均衡发展、非均衡向均衡发展过渡和均衡发展三个政策阶段。在这一进程中，义务教育均衡发展政策的动力机制、价值取向、过程保障和文化规则有其自身的演进逻辑。这一政策的未来将以新型非均衡发展为动力机制，以"发展平衡"促进"机会均等"为价值取向，以每个适龄儿童少年均等享有良好教育为过程保障，以尊重和引导教育民意为文化规则，从而将形成均衡发展义务教育的新的政策框架。[②]

义务教育最显著的特征为普及性、免费性和强制性，只有树立公平正义的教育发展观，才能持续推进义务教育从不均衡向均衡迈进、从低级均衡向高级均衡提升。义务教育均衡发展应从公平、效率、质量三个维度齐推并进才能奏效。只有把公平、效率、质量有机结合起来，并以均衡教育为导向，义务教育才能从局部均衡走向全局均衡，从低水平均衡提升到高水平均衡，真正满足社会大众对于

---

① 王少峰. 义务教育公平研究文献综述. 经济社会体制比较，2014，（5）：213-218.
② 阮成武. 我国义务教育均衡发展政策的演进逻辑与未来走向. 教育研究，2013，（7）：37-45.

义务教育的需求，真正在人力资源强国建设中发挥基础性作用。[①]现阶段开展国家义务教育质量监测应以"有质量的公平"作为其基本价值追求。随着我国实现义务教育"面"的普及，义务教育"质"的不公平成为当前教育发展中的突出矛盾。

为提高教育质量，促进义务教育均衡发展，世界发达国家都将教育公平作为基本价值追求，高度重视并实施国家义务教育质量监测。[②]开展国家义务教育质量监测，必然是以公平为基本价值追求，并以促进有质量的教育公平为根本目的。判断义务教育均衡发展状况及其程度，需要一把科学合理、易于测量的"尺子"。[③]通过开展国家义务教育质量监测，可以实现对义务教育的宏观管理，转变教育管理方式，强化督导评估，对我国义务教育质量在地区、城乡、校际的差异，进行全面把握和及时监控，对未来变化趋势作出预测，引导和推动科学决策更好地发挥监督和监管的作用。[④]同时，通过发布质量监测结果，可以督促政府、引导社会树立正确的教育质量观念。[⑤]

要切实实现义务教育均衡发展，难点在"软"资源的公平配置，而教师队伍则是这种资源的"重中之重"。和谐社会要求教育均衡发展，让每个国民都能够享受到公平的教育机会和权利。在这种价值取向下，教师资源如何做到均衡配置，无疑成为义务教育阶段教师队伍建设中值得研究的问题。[⑥]

农村义务教育面临的首要难点问题是农村中小学教师队伍的建设问题。义务教育均衡发展的最基本要求是在教育机构和教育群体之间，公平地配置教育资源，达到教育供给和教育需求的相对均衡，而在教育资源中师资又是最重要的资源。[⑦]有研究者认为，义务教育发展失衡的直接原因是教育资源配置不均，根源在于教育管理体制的二元分割与条块分割。[⑧]基础教育资源在配置过程中存在显性资源配置的"城市优先"和隐性资源配置的"城市取向"的不公平现象[⑨]，这种"'城市

---

① 黄家骅. 义务教育均衡发展的公平、效率和质量——兼析择校行为的引导与规范. 教育发展研究, 2010, (18)：70-75.

② 檀慧玲, 刘艳. 国家义务教育质量监测基本价值取向研究. 河北师范大学学报, 2015, (6)：17-22.

③ 朱家存, 阮成武, 刘宝根. 区域义务教育均衡发展监测指标体系研究——基于安徽省义务教育政策实践. 教育研究, 2010, (11)：12-17.

④ 柴龙. 国家义务教育质量监测制度建立. http://old.moe.gov.cn//publicfiles/business/htmlfiles/moe/s8678/201504/185966.html[2017-03-20].

⑤ 何秀超. 教育部：今年起启动全国义务教育质量监测工作. 平安校园, 2015, (4)：200.

⑥ 陈峰. 均衡发展取向下的义务教育教师资源配置问题. 教育导刊, 2007, (2)：6.

⑦ 范先佐. 义务教育均衡发展与农村教育难点问题的破解. 华中师范大学学报(人文社会科学版), 2013, (3)：148-157.

⑧ 张放平. 区域内义务教育均衡发展的制度瓶颈及其破解. 中国教育学刊, 2011, (6)：1-4.

⑨ 张家军, 靳玉乐. 基础教育资源配置的伦理思考. 中国教育学刊, 2010, (10)：24-27.

中心'的价值取向，是导致教育不公的制度性原因"[1]，制约着城乡教育的均衡发展。也有研究者认为，教师资源城乡分布不均衡是制约我国基础教育均衡发展的瓶颈[2]，区域内教育均衡发展的关键因素是师资素质和教师资源的不均衡[3]，影响区域学校教育趋于均衡发展的基本要素是校舍建设、教育经费投入、生源质量、学校位置、办学方向。[4]

近年来，随着我国教育事业的发展，义务教育均衡发展取得了阶段性成果，但仍然存在一些困难和问题：①受经济社会发展或自然条件的制约，义务教育均衡发展的保障水平仍然偏低，缩小区域之间、城乡之间、学校之间和群体之间发展差距的任务还十分艰巨；②一些地方义务教育初中段的普及还不稳固，质量有待提高，推进义务教育均衡发展工作的措施有待落实，力度有待加大；③重硬件轻软件、重建设轻管理、重外延轻内涵的现象还比较普遍，还不能满足人民群众"上好学"的迫切需求。

要促进义务教育均衡发展，就要科学地制定办学标准，努力办好每所学校；逐步实现教师交流，普惠广大儿童少年；重视教育内涵发展，不断提高教育质量；继续完善中考招生制度，淡化过早考试竞争；依法保障财政投入，确保经费稳定来源；继续加强学校管理，切实规范办学行为；科学预测人口流动，关心优待弱势群体；推进体制机制创新，激励教育持续发展。[5]义务教育普及之后，各级政府采取有效措施，有力地促进了我国区域间、城乡间义务教育的均衡发展。但在义务教育权利、教育机会、教育资源分配等方面还存在一些不公平现象，制约着义务教育的均衡发展。为了促进义务教育的均衡发展，政府可采取如下对策：树立教育公平的价值取向，确保教育资源的配置；强化教育职能，规范办学行为；转变人才观，促进多元化、多目标的素质教育全方位开展。[6]

种类 2 为城乡统筹视野下区域内义务教育经费均衡配置政策研究，包括城乡统筹、均衡配置、新机制、区域内义务教育、教育经费保障等关键词。近年来，农村公共事业的发展引起了各界的广泛关注。农村教育，特别是农村义务教育作为农村公共事业中的一项内容，对于农业产业发展、农民增收和农村社会进步都有着极其重要的意义。在党和政府的高度关注下，我国农村义务教育的发展取得

---

[1] 杨东平. 对我国教育公平问题的认识和思考. 教育发展研究, 2000, (9)：14-17.

[2] 蔡明兰, 高政. 基础教育阶段城乡教师资源差距之审视. 中国教育学刊, 2010, (7)：5-8.

[3] 蒋作斌. 论省域教育协调发展. 教育研究, 2006, (10)：49-54.

[4] 栗洪武. 影响区域学校教育均衡发展的基本要素及其相关性. 教育研究, 2011, (4)：41-44.

[5] 王定华. 关于我国义务教育均衡发展之审视. 中国教育学刊, 2010, (4)：11-14.

[6] 李华. 制约义务教育均衡发展的瓶颈及对策分析. 教育理论与实践, 2010, (9)：23-24.

了很大的成就。①

2003 年 10 月，中国共产党十六届三中全会明确提出"统筹城乡"的要求，以解决城乡二元经济形态下的城乡发展差距问题，而在城乡发展差距中，城乡教育差距成为当前社会各界无法回避的问题。随着全民教育政策的深化，义务教育普及已在 21 世纪初得以圆满实现，教育公平的价值诉求由受教育机会和权利平等转向教育资源和教育质量的平等。2005 年教育部出台《教育部关于进一步推进义务教育均衡发展的若干意见》，将该概念的意涵转向均衡发展；2010 年中共中央、国务院颁布的《国家中长期教育改革和发展规划纲要（2010—2020 年）》提出"建立城乡一体化义务教育发展机制，在财政拨款、学校建设、教师配置等方面向农村倾斜"的要求，率先在县（区）域内实现城乡均衡发展。此时，城乡教育一体化的概念被定义。②

毋庸置疑，义务教育要实现均衡发展的关键在于有效解决城乡义务教育差距问题。2007 年 6 月，国务院率先批准重庆市和成都市设立全国统筹城乡综合配套改革试验区，将"统筹城乡教育"作为试验区建设的一项重要内容；2009 年，教育部又分别与成都市、重庆市共建统筹城乡教育综合改革试验区，将构建城乡一体的现代教育体系、基本实现城乡教育服务均等化作为试验区的目标和任务。2010 年 7 月，中共中央、国务院印发的《国家中长期教育改革和发展规划纲要（2010—2020 年）》指出，均衡发展是义务教育的战略性任务，要加快缩小城乡差距，建立城乡一体化的义务教育发展机制。③

上述政策的颁布和实施都表明近年来国家对城乡之间义务教育差距的关注及推进城乡义务教育平等发展的决心。就城乡统筹视野下区域内义务教育的均衡发展，张玉林考察了分级办学制度下的城乡教育资源分配及城乡教育差距问题。他指出"分级办学"将本应主要由国家负担的义务教育经费投入的责任转给了农村和农民，其结果加重了农村和农民的负担，而且造成了农村教育的滞后和城乡教育差距的延续与扩大。④袁振国认为，缩小教育差距的关键在于缩小教育的城乡差距，教育城乡差距表现在经费、师资、设备、校舍等多方面。⑤武向荣指出，义务

---

① 熊承良. 促进城乡义务教育均衡发展. 世纪行, 2008, (2): 25.
② 陈巧云, 蒋平, 张乐天. 城乡统筹背景下义务教育均衡发展研究热点述评. 理论经纬, 2014, (5): 26-30.
③ 李玲, 宋乃庆, 龚春燕. 城乡教育一体化: 理论、指标与测算. 教育研究, 2012, (2): 41-48.
④ 张玉林. 分级办学制度下的教育资源分配与城乡教育差距——关于教育机会均等问题的政治经济学探讨. 中国农村观察, 2003, (1): 10-22.
⑤ 袁振国. 缩小教育差距促进教育和谐发展. 教育研究, 2005, (7): 3-11.

教育经费差距是义务教育均衡发展过程中需要解决的关键问题。①世界银行在《21世纪中国教育战略目标》中指出，"中国大部分差距是由于教育财政体系的不平等造成的。"②实现财政投入均衡是缩小教育经费差距的关键，必须建立专项投入预算作为保障；建立省、市级政府教育经费统筹机制，缩小区域内经费差距；建立国家及省、市义务教育经费监测与评价体系，动态监测经费均衡水平；设立专项投入预算，保障区域内义务教育经费均衡发展。

种类 3 为义务教育学校绩效工资政策研究，包括绩效工资、义务教育学校等关键词。义务教育是我国国民教育序列的基础，是面向全体国民、保障国民基本素质的国家最大公益事业与首要基本公共服务，因此，必然成为当前我国政府基本公共服务体系建设的核心与重点。

义务教育教师绩效工资政策是我国自 2009 年 1 月起实施的一项新的教师收入分配改革政策，是贯彻落实《中华人民共和国义务教育法》，深化事业单位收入分配制度改革，依法保障和改善教师特别是中西部农村教师待遇的重要举措。切实提高教师的地位与待遇，有效推行教师绩效工资改革，是当前我国公共服务型政府发展义务教育公共服务义不容辞的职责。③义务教育学校实施教师绩效工资政策，对于依法保障和改善义务教育学校教师工资待遇，吸引和鼓励各类优秀人才长期从教、终身从教，促进教育发展，具有十分重要的意义。义务教育学校教师绩效工资政策的价值内涵是坚持以人为本，德育为先，遵循均衡发展的基本理念，追求公平与效率的有机统一。④

但由于义务教育是一项不以盈利为目的的公益事业，新政策的实行在一定程度上也会产生影响校园和谐、滋长学校不良风气的弊端。为保证绩效工资真正做到公平、公正，分配合理、定位准确，在实施过程中必须处理好绩效工资部分与职称工资部分、义务教育阶段教师工资定位与非义务教育阶段教师工资定位、基础性绩效工资与奖励性绩效工资等方面的关系。⑤

近年来，教师工资结构逐步趋于合理规范，但各地仍有差距；绩效工资向不完全小学、教学点等义务教育学校倾斜，向农村学校和县镇学校倾斜，县域内教师工资水平逐步平衡；在学校内部，不同岗位之间教师绩效工资存在差异性，绩

① 武向荣. 义务教育经费均衡现状调查与对策分析. 教育研究，2013，(7)：46-53，97.
② 国家教育发展研究中心. 2000 年中国教育绿皮书. 北京：教育科学出版社，2000：24.
③ 庞丽娟，韩小雨，谢云丽，等. 完善机制 落实义务教育教师绩效工资政策. 教育研究，2010，(4)：40-44.
④ 付卫东，崔民初. 义务教育学校教师绩效工资政策分析. 现代教育管理，2011，(2)：66-70.
⑤ 吴青云，马佳宏. 义务教育阶段教师绩效工资问题探讨. 教育学术月刊，2010，(7)：50-52.

效工资越来越体现教师教学业绩；绩效工资对改善教师教育教学行为有一定的导向和激励作用，且呈现出分选效应的特点。[1]因此，对不同类型学校绩效工资政策执行的调查结果应该分别处理；教职工对绩效工资的政策提出意见和建议时，应对不同利益相关者进行具体分析。是否拉大教师绩效工资差距并不重要，政策执行只是手段，其应服务于学校发展和学生发展的目标。教师应更好地认识到个人绩效的高低对实现整个组织目标的影响，从而将个人的发展与组织的发展紧密结合起来，最终达到共赢的目的。[2]

中小学校的领导，尤其是对绩效工资制度实施产生重要影响的决策者，应认真倾听与了解来自一线中小学教师的声音，及时采取相应的措施消除与解决他们在绩效工资政策实施中所产生的困惑与疑虑，这样才有利于降低风险，提高效率，保证改革取得预期的成效。[3]要有效破解义务教育学校教师绩效工资执行难题，必须积极优化义务教育学校教师绩效工资的政策顶层设计，规范利益相关者行为，调整各行动主体的利益，为义务教育教师绩效工资政策执行扫清制度性障碍。[4]

种类 4 为西部地区农村义务教育政策困境与政策建议研究，包括政策建议、政策困境、农村义务教育、西部地区、两免一补、农村教育、教师流动等关键词。我国义务教育发展的重点在农村，农村义务教育发展必须同新农村建设的整体规划相适应，与农村经济发展多样化的要求相融合，而难点在西部贫困地区。[5]

近年来，随着国家的重视和支持，西部地区农村义务教育虽然有了较大发展，但从总体来看，其基本形势仍然严峻。从纵向看，西部地区农村义务教育已获得了长足的发展，这种发展对西部地区而言具有里程碑式的历史意义。但从横向看，西部地区农村义务教育的现状是办学条件差，师资队伍水平低，结构性缺编严重，农民教育需求多元化，"择校"问题严重，留守儿童和流动儿童受教育问题日益突出，教育教学质量提升速度缓慢，与东部发达地区及西部地区大中城市比仍存在较大的落差。因此，促进义务教育均衡发展、实现教育公平的任务依然十分艰巨。[6]

同时，在西部农村义务教育的发展过程中，入学率较低，辍学现象严重；教

---

① 安雪慧. 义务教育学校教师绩效工资政策效果分析. 中国教育学刊, 2015, (11): 53-60.

② 郭栋. 义务教育绩效工资制度的改革探究. 教学与管理, 2013, (30): 3-5.

③ 苏君阳. 义务教育学校实施绩效工资面临的问题. 中国教育学刊, 2010, (2): 6-9.

④ 李根, 葛新斌. 义务教育教师绩效工资政策执行困境及其突破. 教育发展研究, 2014, (4): 41-46.

⑤ 王爱玲, 梁红梅. 新形势下西部农村义务教育发展的现实困境与破解思路. 教育理论与实践, 2008, (28): 33-36.

⑥ 司晓宏, 杨令平. 当前我国西部地区农村义务教育形势分析. 教育研究, 2010, (8): 13-19.

学水平不高，教学方法不当；教育经费短缺，办学条件差等问题逐渐暴露出来。[①]在知识经济时代，人力资源只有通过开发转化为人力资本，才能真正成为推动西部农村摆脱贫困、获得发展的主要资源和根本动力。实施中国西部农村"教育反贫困"战略的途径，应是适应发展需要的宽口径的多种教育模式的共同革新和调整。因此，必须建立"阻止贫困生因贫辍学"的财政转移支付制度，明确和强化各级政府普及九年制义务教育的责任和压力，健全有关监督保障机制。[②]

教育经费短缺是制约贫困地区农村义务教育健康发展的关键问题，对此，完善公共服务型政府职能，建立城乡统筹的义务教育管理体制，改变农村义务教育供给模式，加大向贫困地区、弱势群体教育投入是解决贫困地区农村义务教育发展瓶颈的必由之路。为了加大对农村义务教育的投入力度，国家自 2005 年起实施了国家贫困地区义务教育工程、农村中小学危房改造工程、国家西部地区"两基"攻坚计划、农村中小学现代远程教育工程、农村贫困家庭中小学生"两免一补"政策等，并且建立起新的农村义务教育经费保障机制，极大地缓解了农村地区义务教育经费不足的问题。[③]为了缓解西部地区农村义务教育发展的困境，司晓宏指出：在财力资源配置上，应认真落实"新机制"，确保西部农村义务教育发展的基础性供给；在人力资源配置上，应完善制度设计，促进和保障优秀教师到西部从教；在信息资源配置上，应建立公共教育服务平台，促进西部农村中小学共享优质教育资源；在资源配置理念上，应坚持公平与效率并重，提高现有资源的使用效率。[④]

种类 5 为进城务工人员随迁子女免费义务教育"两为主"政策变迁研究，包括政策变迁、进城务工人员随迁子女、免费义务教育、"两为主"政策等关键词。进城务工人员随迁子女接受义务教育的问题已成为各地政府不得不面对的一个难题。进城务工人员随迁在过去大多是让子女随自己流动而到大中城市读书，现在不少人则是为了子女能到大中城市读书而流动，这无疑对社会结构的稳定和大中城市的义务教育产生了巨大的冲击。为应对进城务工人员随迁子女接受义务教育，人们将国家的政策概括为"两为主"。[⑤]"两为主"政策，即进城务工子女接受教育的责任主体要以流入地政府管理为主，以流入地全日制公办中小学接收为主，以保障流动人口子女接受义务教育的权利。[⑥]该原则始于 20 世纪 90 年代后期，是

---

① 张勇. 西部农村义务教育的困境与对策. 教育探索，2008，(8)：81-82.
② 王文礼. 论西部贫困地区农村义务教育存在的问题及其解决途径. 宁夏社会科学，2005，(5)：155-159.
③ 曾新. 贫困地区农村义务教育发展的现实困境与出路. 中州学刊，2009，(9)：131-134.
④ 司晓宏. 优化教育资源配置，促进西部农村义务教育优质发展. 教育研究，2009，(6)：17-21.
⑤ 李伟成. 对进城务工人员随迁子女义务教育"两个为主"政策的反思. 教育导刊，2011，(11)：18-20.
⑥ 国家教育委员会，公安部. 关于印发流动儿童少年就学暂行办法的通知. 人民教育，1998，(5)：8.

在当时国家教育委员会提出的"流动人口子女在流入地有偿借读"政策基础上形成的。

多年来,"两为主"政策逐步得到社会各界的广泛认同,是一项有利于推动城镇化进程的教育政策。1992年邓小平"南方谈话"之后,为了继续贯彻改革开放以来国家实施的经济特区建设方针,提高经济实力,增加农民收入,国家开始放宽农民进城务工的条件,对农民工的管理政策也由"控制盲目流动"调整为"鼓励、引导和实行宏观调控下的有序流动"。此后,大量农民开始到城市工作、生活和定居,流动人口中的儿童数量急剧增加,这些儿童或者在家乡出生被父母带到城市,或者在城市出生而留在城市。流动人口子女在城市接受义务教育的事实被认定,其性质、价值和对应思路开始引起讨论。1995年,国家教育委员会将研究解决流动人口子女教育问题列入当年的议事日程,基础教育司义务教育处与北京市教育科学研究所也开始调查、研究流动人口子女入学问题。同年,国家教育委员会在北京市丰台区等全国6个区进行了试点,在此基础上于1996年4月印发了《城镇流动人口中适龄儿童、少年就学办法(试行)》,这就初步形成了"两为主"政策的轮廓。1998年3月,国家教育委员会和公安部联合正式颁布了《流动儿童少年就学暂行办法》,对解决流动儿童就学问题进行较为详细的规定,初步确立了"以流入地区政府管理为主,以流入地全日制公办中小学为主"("两为主")的解决思路。①

直到2001年,《国务院关于基础教育改革与发展的决定》第十二条规定:"要重视解决流动人口子女接受义务教育问题,以流入地区政府管理为主,以全日制公办中小学为主,采取多种形式,依法保障流动人口子女接受义务教育的权利。"正式明确地提出了"两为主"政策。2003年,《国务院办公厅关于做好农民进城务工就业管理和服务工作的通知》除了继续强调"两为主"以外,还明确表示"流入地政府应采取多种形式,接收农民工子女在当地的全日制公办中小学入学,在入学条件等方面与当地学生一视同仁"。②2006年《中华人民共和国义务教育法(修订案)》中也明确规定:"父母或者其他法定监护人在非户籍所在地工作或者居住的适龄儿童、少年,在其父母或者其他法定监护人工作或者居住地接受义务教育的,当地人民政府应当为其提供平等接受义务教育的条件。"2010年,《国家中长期教育改革和发展规划纲要(2010—2020年)》中规定:"坚持以输入地政府管理

---

① 袁桂林. "两为主"政策原则分析. 中国农业大学学报(社会科学版),2015,(2):51-54.
② 黄育文,姜鹏. "两为主"政策执行:困境与超越. 现代教育科学,2010,(8):25-26.

为主、以全日制公办中小学为主，确保进城务工人员随迁子女平等接受义务教育，研究制定进城务工人员随迁子女接受义务教育后在当地参加升学考试的办法。"①"两为主"政策在解决农民工子女接受义务教育，树立"无歧视观念"、保障流动儿童的受教育权利方面发挥了积极作用。

但随着进城务工人员子女持续不断地涌入，流入地政府及其公立学校都承受着巨大的压力，如果仅仅强调加大"两为主"政策的执行力度，只能使解决进城务工人员子女的受教育问题陷入僵局。因此，"两为主"政策必须作出相应的调整。②要真正实现"两为主"政策目标，需要健全"两为主"政策的配套执行机制和合理的操作方案，完善"两为主"政策执行的监督、责任追究制度，营造对进城务工人员及其子女尊重和认同的氛围，从而使进城务工人员子女受教育问题得到妥善解决。③

种类 6 为县域内义务教育均衡发展的政策选择研究，包括县域内义务教育、政策选择、义务教育均衡发展等关键词。当前备受关注的县域义务教育均衡发展，是指在一县域内，根据当地经济社会发展的实际情况，因地制宜、实事求是地调整义务教育发展思路，实现义务教育城乡之间、学校之间在办学条件、师资力量和教学质量上的相对均衡，促进区域内义务教育均衡、协调、优质发展，确保各受教育群体在受教育权利、条件及成功机会等方面达到相对平等。具体地讲，是指城乡中小学校在办学条件、经费投入、校舍建设及师资队伍等方面实现教育资源供给与需求的均衡，在县域内实现学校建设的标准化、师资配备的均衡化及教育质量的优质化。④

然而，在我国当下经济、社会发展不平衡的大背景下，对于县域义务教育均衡发展的内涵应从初步均衡和基本均衡两个层面来理解。从范围上来看，初步均衡就是在全国部分具备一定条件的县域内和有些地市区域内率先实现阶段性的均衡发展目标；基本均衡是在全国大部分县域内和一部分地市区域内实现阶段性的均衡发展目标，东中西部义务教育发展差距也要相应缩小。从程度上来看，初步均衡就是在教育投入、教育设施、教师资源等基本办学条件方面首先实现

① 张艳，王雪，刘彦伯，等. 教育公平视角下农民工随迁子女义务教育问题解析. 湖北农业科学，2012，(4)：10-13.

② 李芳. 对"两为主"政策实施情况的调研与反思. 教育发展研究，2010，(3)：48-53.

③ 岳伟，于利晶. "两为主"政策执行失真的原因及对策研究. 教育理论与实践，2013，(17)：9-12.

④ 孙玉丽，张幸华. 县域义务教育均衡发展：政策与条件——以浙江省慈溪市为个案. 教育科学，2008，(1)：11-16.

均衡；基本均衡就是义务教育发展水平和教育质量实现一定程度的均衡。[①]在我国目前的教育现实中，县域推进义务教育均衡发展应当成为我国的政策选择。在推进义务教育均衡发展的过程中，县域应当注重缩小差距和特色发展的发展取向。

从总的情况来看，我国不同县域义务教育均衡发展主要有起点均衡、过程均衡和结果均衡三种范式，不同的义务教育均衡发展范式表现出不同的特征，其所关注的核心和实施的重点也有差异。探寻保障条件均衡、实施项目推进、促进内涵发展和进行动态监测等促进义务教育均衡发展的有效策略，可以为我国县域推进义务教育均衡发展提供可选择的路径。[②]教育均衡发展是社会现实的客观要求，是基本教育政策价值取向发生变化的必然结果，是我国国家综合实力提升后的现实回应，也是国民基本权利保障水平提高后的理性需要。各级政府、教育职能部门及学校应当转变思想，采取统筹兼顾、完善投入保障机制、推进布局结构调整、加强师资队伍建设、注重对留守儿童的人文关怀与教育等措施，来推进县域义务教育均衡发展。[③]我国要推进县域义务教育均衡发展，促进城乡教育资源配置的公平，就必须从解决农村教育的"短板"，即从教育资源配置最差的农村学校入手。各级政府必须通过对农村义务教育资源配置的普查，逐一寻找那些在资源配置方面与国家办学标准存在差距的学校，锁定这些非达标学校，采取"增量补短板"战略，从最薄弱的农村学校改造开始，限期完成农村中小学标准化建设任务。这应该成为推进县域义务教育均衡发展的首要战略选择。[④]

四、义务教育政策研究领域的未来展望

依据共词分析的理论和方法研究发现，义务教育政策研究热点主要集中在六个方面，这些研究既推动了义务教育政策研究的繁荣与发展，为促进义务教育政策建设提供了智力支撑，也为义务教育政策体系的完善提供了指导。但与此同时，义务教育政策研究还需要在政策评估、质量政策、文本分析、域外经验等方面不断拓展，以便义务教育政策研究领域更加完善。

① 褚宏启，高莉. 义务教育均衡发展评估指标与标准的制订. 教育发展研究，2010，(6)：25-29.
② 刘光余. 论我国县域义务教育均衡发展的取向、范式与路径. 教育理论与实践，2011，(9)：26-29.
③ 唐彪. 县域义务教育均衡发展的策略思考. 高等农业教育. 2014，(2)：114-116.
④ 张末. 县域义务教育均衡发展政策指向及战略选择. 教育政策研究，2013，(11)：26-29.

（一）重视义务教育政策评估研究

义务教育政策是国家为保障义务教育的顺利实施而制定的一系列有关政策，是国家基础教育政策的核心，也是国家保证全体公民实现教育利益公平分配的主要政策。它的有效实施对提高全民素质、促进社会和谐发展具有重大意义。近年来，随着义务教育政策的实施，我国的义务教育取得显著成效。但是随之而来的各种问题也使义务教育政策的实施陷入困境，因此，对义务教育政策的评估显得尤为重要。义务教育政策评估是一个非常复杂的问题，它作为教育政策评估的一个重要组成部分，是按照一定的标准和程序，对义务教育政策问题的确认、政策制定、执行、评估与变更的过程和效果及其影响因素进行的事实判断和价值判断，是一个贯穿教育政策周期的动态发展的活动过程。从总体上来看，义务教育政策评估在我国，无论是理论研究，还是实践操作，都还处在初级阶段。我国的教育政策评估起步晚、起点不高，虽然取得了明显的进步，但是无论在评估机构、评估人员、评估方法，还是在评估标准、评估保障、评估研究等方面，都还存在着较为严峻的问题，急需进一步改进。

（二）关注义务教育质量政策研究

随着"普及九年义务教育"任务的完成，我国教育发展的主要矛盾由数量普及走向质量提升，提高义务教育质量从一个一般话题变成一个教育发展主题。《国家中长期教育改革和发展规划纲要（2010—2020 年）》提出"把促进公平作为国家基本教育政策"的同时，把"提高质量作为教育改革发展的核心任务"。[①]2015年政府工作报告将"促进教育公平发展和质量提升"作为教育发展的主要任务和方向，并赋予教育公平新的内涵，即有质量的教育公平。由这些政策足以看出国家对教育质量提升的关注，以及义务教育质量对我国义务教育发展的重要性。在此之前，我国大力倡导发展义务教育，在实现全面普及和免费教育之后，义务教育机会公平问题基本得到解决，教育公平的内涵和外延又有了极大的扩展，新的教育诉求开始出现：社会发展对全体公民提出接受更高质量教育的需求；越来越多的家长和学生个体提出教育过程和结果公平的需求。因此，追求"有质量的教育公平"成为义务教育发展现阶段的新诉求。对于义务教育教育质量的关注，我国起步较晚，是在发展义务教育的过程中显现出来的。"质"的不公平成为现阶段我国义务教育发展中的突出问题，主要体现在教育起点、教育过程和教育结果三

---

①谈松华，王建. 追求有质量的教育公平. 人民教育，2011，（18）：2-6.

个阶段，集中表现在城乡差异、区域差异和校际差异等方面。尽管国家出台了相应的政策来促进和监督义务教育质量的提升，但从现阶段来看收效甚微。在义务教育的实施中，更多的是对义务教育政策的研究，对于义务教育质量的研究和关注偏少。要真正实现义务教育"质"的公平，就要透过对义务教育质量政策的研究，提出切实的建议，提供强有力的政策支撑。

（三）深化义务教育政策文本分析

政策文本分析方法可分为三大类：①政策文本定量分析；②对政策文本中语言的定性分析；③综合分析。自我国实施义务教育政策以来，国家就高度重视义务教育的发展，颁布大量的政策推进义务教育，同时也涌现出大量的关于义务教育政策文本分析的研究。纵观各种文本分析，大多数都集中于对政策进行定性分析，多以某个角度对政策文本进行阐述、解释，而对文本进行定量分析和综合分析方面的研究则少之又少。对义务教育政策文本进行分析，有助于促进我国义务教育政策决策的科学化和民主化进程，有助于分析与思考在实践中如何更有效地实施义务教育政策。义务教育政策的本质性价值选择是依法保障每一位适龄儿童享有平等接受义务教育的权利，并促进义务教育均衡发展；义务教育政策体现出教育优先发展、教育平等和义务教育公益性的政策价值理念；能否处理好阶段性推进与全面推进的关系、强势与弱势之间的关系、普及数量与提高质量之间的关系，将直接影响义务教育政策实施的成效。义务教育政策并不能完全彻底地解决我国义务教育发展，特别是农村义务教育和流动儿童义务教育中的所有矛盾和问题，因此，需要我们对文本进行详细的分析，使之更加完善，以便更好地实施。

（四）注重义务教育政策的域外经验及其启示研究

自 1986 年颁布《中华人民共和国义务教育法》以来，我国义务教育的发展取得了令人瞩目的成就，但随着当今中国社会、经济的快速发展，义务教育发展过程中存在的基本矛盾还没有完全解决，新的问题又不断涌现出来。当前我国义务教育处于非均衡发展状态，不同区域之间、城乡之间、群体之间仍旧存在义务教育的失衡，甚至同一地区的校际也存在比较突出的差异。农村教师发展、城乡教师待遇、教育经费保障等问题也日益突出。要真正解决这些问题，我们不光要总结本国发展的经验教训，更需要把其他国家在普及义务教育过程中采取的措施，看作一个实验场，认真分析和总结其成功的经验，寻求一些带有共性的、规律性的东西为我所用，以期对我国的义务教育工作提供借鉴，不断创新我国义务教育发展的思路。

第三节　高中阶段教育政策研究热点的共词可视化

高中阶段教育是承前启后的教育，是国民教育体系的重要阶段和组成部分，既是为高等教育奠基的教育，又是面向就业的教育，是为各行各业培养初级人才的教育。在普及九年制义务教育和高等教育大众化的新背景下，高中阶段教育如何发展的问题既关系国家整体教育的发展，更关涉国家繁荣强盛、国民受教育程度和国民整体素质普遍、持续提升及提高大众创业、就业能力和惠及民生之大计。高中阶段教育政策是由党和政府等政策主体制定的，在一定时期内为解决教育发展问题、分配和协调利益关系、实现发展目标、满足人们高中阶段教育需求，而采取的规范和引导相关机构及个人行为的准则和行动指南。改革开放以来，党和国家高度重视高中阶段教育的发展，并根据国家政治、经济等发展的新形势、新要求，对高中阶段教育的发展提出过"调整中等教育结构""扩大高中阶段教育""加快普及高中阶段教育"等政策。在此基础上，以高中阶段教育为基本研究对象的高中阶段教育政策在高中阶段教育发展过程中受到重视，高中阶段教育政策在教育中的地位日益突出。

高中阶段教育政策研究热点的研究资料来源于"中国学术期刊网络出版总库"，采用标准检索，将期刊年限设定为 1985—2015 年，指定期刊类别为"全部期刊"，以"主题"为检索条件，设定"高中阶段"并含"政策"为检索内容，共获得相关文献 215 篇（检索时间为 2016 年 11 月 1 日）。为了确保研究的可靠性与有效性，采取去除书评、期刊介绍、会议通知、丛书介绍、年会综述、会议纪要、刊物征稿要求等非研究型文献的方法，得到 215 篇有效文章。除此之外，将有效文献中的关键词进行标准化处理，如将"专科院校""技工学校"统一规范为"职业技术学校"等，从而形成研究的资料来源。

一、高中阶段教育政策高频关键词的词频统计与分析

通过对我国高中阶段教育政策研究文献关键词的统计，共得到 765 个关键词，

最终确定高频低频词阈值为 5，统一同义词后，得到 37 个高频关键词，其排序结果见表 4-7。

表 4-7 37 个高中阶段教育政策高频关键词排序

序号	关键词	频次	序号	关键词	频次	序号	关键词	频次
1	高中教育	28	14	流动人口子女	9	27	农村教育	6
2	中等职业教育	25	15	免费教育	9	28	影响因素	6
3	招生政策	16	16	民族教育	9	29	价值取向	6
4	职业技术教育	16	17	农村	8	30	职业技术培训	6
5	中等职业学校	15	18	体制机制	8	31	人力资本	6
6	教育改革与发展	15	19	职业技术学校	8	32	职教中心	5
7	高中学生	14	20	教育质量	8	33	政策研究与解读	5
8	高中	14	21	民办教育	7	34	队伍建设	5
9	教育公平	12	22	高考政策	7	35	教育均衡	5
10	普职融通	10	23	政策	7	36	现状	5
11	学生资助政策	10	24	国家助学金	7	37	教育事业	5
12	资源配置	10	25	对策	7			
13	普通高中	9	26	教育政策	6	合计		354

如表 4-7 所示，37 个高频关键词总呈现频次为 354 次，占关键词出现总频次的 28.92%，通过前 37 位的关键词排序，初步可以了解到近 30 年来我国教育政策学研究领域的集中热点和趋势。其中，前 12 位关键词频次均大于等于 10，依次为高中教育（28）、中等职业教育（25）、招生政策（16）、职业技术教育（16）、中等职业学校（15）、教育改革与发展（15）、高中学生（14）、高中（14）、教育公平（12）、普职融通（10）、学生资助政策（10）、资源配置（10），其余 25 个关键词出现频次均大于或等于 5。这一结果初步说明，高中阶段教育政策研究多围绕高中教育状况及高中学生教育、职业学校及职业教育发展、招生政策文本分析、普职融通和资源配置、教育公平视野下具体高中阶段教育政策研究等方面进行。

二、高中阶段教育政策高频关键词的相异矩阵及分析

利用 BICOMB 共词分析软件，将上述 37 个高频关键词汇进行共词分析，生成词篇矩阵后，再将矩阵导入 SPSS19.0，选取 Ochiai 系数并将其转化为一个 37

×37 的共词相似矩阵，结果见 4-8。同时，在进行多维尺度分析时，将此相似矩阵采用（1-相似矩阵）转化为相异矩阵。

表 4-8　高中阶段教育政策高频关键词 Ochiai 系数相异矩阵（部分）

关键词	高中教育	中等职业教育	招生政策	职业技术教育	中等职业学校	教育改革与发展	高中学生	高中	教育公平	普职融通	学生资助政策	资源配置
高中教育	0.000	0.924	0.899	0.953	1.000	0.951	0.895	1.000	0.945	0.761	0.933	1.000
中等职业教育	0.924	0.000	0.840	0.950	0.793	0.897	0.889	1.000	1.000	0.937	1.000	1.000
招生政策	0.899	0.840	0.000	0.933	0.931	1.000	1.000	1.000	0.846	1.000	1.000	1.000
职业技术教育	0.953	0.950	0.933	0.000	0.806	0.806	0.653	0.933	1.000	0.921	0.912	1.000
中等职业学校	1.000	0.793	0.931	0.806	0.000	0.933	0.857	1.000	1.000	1.000	1.000	0.918
教育改革与发展	0.951	0.897	1.000	0.806	0.933	0.000	0.857	1.000	1.000	1.000	1.000	0.837
高中学生	0.895	0.889	1.000	0.653	0.857	0.857	0.000	1.000	1.000	1.000	1.000	1.000
高中	1.000	1.000	1.000	0.933	1.000	1.000	1.000	0.000	0.846	0.577	0.811	0.915
教育公平	0.945	1.000	0.846	1.000	1.000	1.000	1.000	0.846	0.000	1.000	0.898	0.817
普职融通	0.761	0.937	1.000	0.921	1.000	1.000	1.000	0.577	1.000	0.000	1.000	1.000
学生资助政策	0.933	1.000	1.000	0.912	1.000	1.000	1.000	0.811	0.898	1.000	0.000	1.000
资源配置	1.000	1.000	1.000	1.000	0.918	0.837	1.000	0.811	0.898	1.000	1.000	0.000

如表 4-8 所示，各关键词与高中教育距离由远及近的顺序依次为：中等职业学校（1.000）、高中（1.000）、资源配置（1.000）、职业技术教育（0.953）、教育改革与发展（0.951）、教育公平（0.945）、学生资助政策（0.933）、中等职业教育（0.924）、招生政策（0.899）、高中学生（0.895）、普职融通（0.761）。此结果说明，人们谈论高中阶段教育政策时，将"高中教育"与"招生政策""高中学生""普职融通"结合起来论述的成果较多。同时，通过对表中的系数大小进一步研究亦可发现，"高中学生"与"职业技术教育""中等职业教育""教育改革与发展"较多结合在一起；"招生政策"与"中等职业教育""教育公平"较多地呈现在一起。这也初步说明，在已有的关于高中阶段教育政策的研究成果中，研究者会经常关注高中阶段教育政策制定与教育公平、普职融通及职业技术教育、招生政策等问题。

三、高中阶段教育政策高频关键词聚类及其分析

将表 4-8 中的高频关键词相异系数矩阵导入 SPSS19.0 进行聚类分析，得到的

聚类结果见表 4-9。根据聚类分析结果显示的聚团连线距离远近，能直观地看出高中阶段教育政策研究高频关键词可以分为 6 类，分别为人力资本视域下职业技术教育队伍建设与学生资助政策研究（种类 1）、基于教育公平与教育均衡的高中阶段教育资源配置及其教育质量研究（种类 2）、高中阶段教育的价值取向与体制机制及其流动人口子女的招生政策研究（种类 3）、农村地区高考政策的影响因素及其对策研究（种类 4）、高中阶段的民族教育政策研究（种类 5）、基于普职融通的高中教育政策研究与解读（种类 6）。

表 4-9　高中阶段教育政策高频关键词聚类结果

种类	关键词
种类 1	农村教育、队伍建设、职业技术教育、职业技术学校、高中学生、职业技术培训、人力资本、学生资助政策
种类 2	民办教育、教育事业、教育改革与发展、资源配置、普通高中、教育公平、中等职业学校、职教中心、国家助学金、中等职业教育、教育质量、教育均衡
种类 3	体制机制、价值取向、流动人口子女、政策、招生政策
种类 4	农村、对策、高考政策、影响因素
种类 5	民族教育、现状、教育政策
种类 6	高中教育、政策研究与解读、高中、普职融通、免费教育

种类 1 为人力资本视域下职业技术教育队伍建设与学生资助政策研究，包括职业技术教育、职业技术学校、队伍建设、高中学生、职业技术培训、学生资助政策、人力资本等关键词。长期以来，我国存在着重普通教育投资、轻职业教育投资的现象[1]，导致技能型人才资源缺乏，难以适应经济增长和产业调整的需要。事实上，无论是发达国家还是发展中国家，职业教育人力资本的投资量和回报率对职业教育发展和影响都是巨大的。[2]职业技术教育主要承担着各行各业培养和输送人才的重要任务，职业教育的开展具有补充普通教育功能的重大价值。[3]

曾任中华职业教育社理事长的成思危形象地说："国民教育系统可以比喻成一只大鸟，义务教育、基础教育是它的躯干，公办教育和民办教育是由它的两条腿，而普通教育和职业教育则是其两只翅膀，只有两翼都很强健，这只大鸟才能腾飞。"

---

① 刘万霞. 人力资本投资结构与地区经济增长——对职业教育发展的启示. 中国人口·资源与环境, 2014, (3)：235-238.

② 王金明, 刘晓明. 浅论人力资本因素对职业教育发展的影响. 职教论坛, 2010, (6)：11-15.

③ 赵聪, 耿冰冰. 浅议论我国职业教育的定位与发展. 辽宁行政学院学报, 2013, (5)：123-124.

在职业教育政策当中，教师政策是职业教育发展的首要政策，"建设一支理论扎实、又有较强技术应用能力的'双师型'教师队伍"是国家对职业教育发展的基本政策要求。"双师型"教师队伍建设不仅是我国职业教育发展的需要，更是培养高技能型人才的必要条件。当然，职业教育良性运行与发展离不开学生资助政策，学生资助是"政府为保障'弱势群体'的基本教育权利而设计的制度，以及由政府、非政府组织与个人采取的各种学生资助行为的总称"。①我国学生资助政策主要以农村职业教育发展为重点，充分发挥资助政策对弱势群体的扶助作用，特别是中等职业学校学生资助政策体系的建构必须围绕职业教育现代化体系建设的新要求，要在解决问题、完善过程、体系建设和创新发展中实现学生资助的最大价值，与此同时，要批判性地借鉴国外发达国家的成功经验。②

种类 2 为基于教育公平与教育均衡的高中阶段教育资源配置及其教育质量研究，包括民办教育、教育事业、教育改革与发展、资源配置、普通高中、教育公平、中等职业学校、职教中心、国家助学金、中等职业教育、教育质量、教育均衡等关键词。高中阶段教育改革与发展常常涉及教育公平问题，高中阶段教育公平主要包括资源配置和教育均衡，尤以普通高中和中等职业学校的教育公平问题为主。通常来讲，教育公平包括起点公平、过程公平和结果公平三个层面，当前我国高中阶段教育公平的重心和重点在于过程公平阶段和结果公平阶段，特别是在资源配置直接决定教育结果的情况下。教育资源配置是指能够直接影响学生发展的因素，包括物资设备、教育经费、教师队伍、学生来源及教育权利和入学机会等③，这些因素可以促进高中阶段教育全面普及和均衡发展。教育均衡发展从宏观层面分析是教育供给与需求的均衡，从中观层面分析是教育资源配置的均衡，从微观层面分析是学校教育过程包括内部课程教学资源配置的均衡、教育结果的均衡及教育评价的均衡。④

要实现高中阶段教育的公平，可以从实现底线均衡、强化省级政府在高中教育投入中的责任、平等配置公共教育资源、建立高中教育基准、实行区域内教师和课程资源共享、提倡高中特色化发展和学生个性化"择校"、建立以才能为核心的公平竞争机制、建立普通高中收费与贫困生资助相结合的制度等方面着手。⑤当

---

① 刘幼昕. 学生资助制度的责任伦理研究. 西南大学硕士学位论文，2008：24.

② 农汉康，孙杰远. 中等职业教育学生资助：本质、意义、问题与展望. 广西师范大学学报（哲学社会科学版），2013，(6)：166-174.

③ 冯建军. 普通高中教育资源公平配置问题与对策研究——以江苏省为例. 教育发展研究，2010，(12)：1-7.

④ 翟博. 教育均衡发展：理论、指标及测算方法. 教育研究，2006，(3)：16-28.

⑤ 冯建军. 推进普通高中教育公平的政策建议. 人民教育，2010，(9)：2-5.

然，高中阶段教育公平离不开职业教育的公平，职业教育与普通教育应具有同等的发展机会，获得同等的待遇和社会认可，并作为教育公平的重要组成部分，凸显普遍性与正义性的公平内涵。从职业教育的价值和功能来看，职业教育不仅是实现教育公平的手段，也是教育公平的重要组成部分。[①]目前，我国职业教育公平亟待解决经费配置不公、标准单一等政策性问题，这就需要政府从加大对职业教育投入、改变轻视技能教育等方面入手来推动职业教育公平。[②]

种类 3 为高中阶段教育政策的价值取向与体制机制及其流动人口子女的招生政策研究，包括体制机制、价值取向、流动人口子女、政策、招生政策等关键词。价值取向是价值哲学的重要范畴，是一定主体基于自己的价值观在面对或处理各种矛盾、冲突、关系时所持的基本价值立场、价值态度及所表现出来的基本价值取向。改革开放以来，我国高中阶段教育的价值取向经历了从相对单一、固定向多样化的转变。特别是要实现《国家中长期教育改革和发展规划纲要（2010—2020年）》第三条规定"到 2020 年，普及高中阶段教育，毛入学率达到 90%"的既定目标，其价值取向必将发生重大转型：①合理配置教育资源，不断缩小差距，走公平基础上的效率化发展道路；②坚持教育质量为本，实现跨越发展，走内涵基础上的跨越式发展道路；③推进规范管理力度，寻求体制创新，走制度基础上的创新型发展道路；④审思普通高中性质，满足多重需要，走养成基础上的选拔化发展道路。[③]

当前，我国高中阶段教育正面临着由数量扩张型到内涵发展型的转变过程。促进高中教育多样化发展，是满足人民群众教育需求的重要方面，这就需要做到：从体制机制改革入手，从根本上改变以单一升学考试教育为特征的高中教育办学模式，进一步明晰政府作为普通高中教育办学的主体地位；提高高中教育办学效能，鼓励和支持社会力量参与高中教育办学；探索不同类型、不同特色的新型高中的办学模式；促进普通高中与高等学校合作，相互建立有效的沟通协调机制、联合育人机制；促进普通高中教育与职业教育融合，深化综合高中改革；进一步深化高等院校招生考试改革，建立适应人才多样化发展的评价机制。[④]

然而，在新型城镇化背景下，进城务工人员随迁子女高考升学问题成为高中阶段教育的热点问题。进城务工人员随迁子女高考升学问题的产生根源与我国的

① 李延平. 论职业教育公平. 教育研究, 2009, (11): 16-19.
② 杨金土. 教育公平与职业教育. 职业与教育, 2004, (7): 4-7.
③ 祁占勇. 我国普通高中教育政策转型的当代境遇与价值取向. 基础教育, 2014, (2): 38-46.
④ 范国睿. 促进高中教育多样化发展. 教育发展研究, 2010, (24): 5.

户籍制度、分省高考招生政策、政府资源配置不平衡等密切相关。这就需要从解除教育与户籍挂钩、改革分省高考制度、建立科学有效的改革机制等方面着手解决。①当然，也有学者认为，改善进城务工人员随迁子女在流入地参加高考的思路，可以从明确政策指向、开放中小学城市户籍、探索和完善在流入地借考、明确允许在流入地参加中考、探索职业教育改革、以省为主制定进城务工人员随迁子女在流入地参加升学考试政策、实行多元化的高考升学制度等方面，彻底解决进城务工人员随迁子女在流入地参加高考问题。②

种类 4 为农村地区高考政策的影响因素及其对策研究，包括农村、对策、高考政策、影响因素等关键词。农村教育一直是教育领域的薄弱环节，当前，农村地区的高考考生数量减少及高校里来自农村地区的生源下降成为一个沉重的话题，这不仅受农村地区传统观念与经济的制约，也受高考政策本身的影响。

改革开放以来，我国高考政策体现了坚持对弱势群体的照顾原则，从权力集中走向权力分散，标准上的从宽到严与从严到宽的基本特征。③尽管如此，有统计表明，我国在 2000—2005 年高等学校录取的新生中，农村生源所占的比例已由原来的 30% 左右下降到近年来的 15% 左右，清华大学、北京大学、北京师范大学等国家重点大学，自 20 世纪 90 年代以来招收的新生中，农村学生的比例也呈下降趋势：清华大学 2000 年农村学生的比例为 17.6%，比 1990 年减少 4.1 个百分点；北京大学 1999 年农村学生比例为 16.3%，比 1991 年减少 2.5 个百分点；北京师范大学 2002 年的农村学生的比例为 22.3%，比 1990 年减少了 5.7 个百分点。④

重点高校农村生源比例降低是农村家庭与考生的主观动机受挫且上大学成本过大而预期收益过低、社会阶层固化使读书不再成为上行的有效通道，以及上大学机会成本过高、教育不公平性加剧且存在高考的制度性倾斜、城镇化进程加剧与户口迁移现象等多重因素叠加的结果。要改善上述情况，需要我们从实施农村学生家庭补助措施、提升农村中小学教育质量、完善高考制度、宣传户籍制度常识等方面着手。⑤

也有学者认为农村子弟高等教育入学机会不均等的原因有：农村家庭背景对高等教育入学机会的影响及农村家庭教育资源的限制，农村学校教育对高等教育

---

① 葛新赋，尹姣容. 农民工随迁子女异地高考困局的成因与对策. 华南师范大学学报(社会科学版)，2014，(2)：48-52.

② 吴霓. 进城务工人员随迁子女在流入地参加中高考的问题. 求是，2012，(4)：55-57.

③ 覃红霞. 高考政策 30 年. 东南学术，2007，(4)：16-20.

④ 杨克瑞. 高考招生不应牺牲农村地区. 当代教育科学，2005，(24)：53-54.

⑤ 黄梅芳. 重点高校农村生源比例降低成因与解决对策. 中国青年研究，2014，(12)：93-96.

入学机会的影响，农村学校的师资力量相对较弱，高考录取政策的影响等。解决这些问题的根本措施在于改进农村教育财政制度，即从加大中央财政对农村教育的投资力度、确立农村教育费用的分担比例、加强师资建设、规划高校区域设置且适当调整高考制度、筹建乡镇图书馆并完善农村文化设施等方面着手。[①]

种类 5 为高中阶段的民族教育政策研究，包括民族教育、现状、教育政策等关键词。民族教育政策体系是国家改革与发展民族教育所需要的最基本、最关键的教育政策范围与结构，它包括民族教育质量政策、民族教育管理体制政策、民族教育课程政策、民族教育经费政策、民族教育教师政策和民族教育学生政策六个方面。[②]

改革开放以来，无论是高中阶段教育招生、设立民族高中还是大学招生中的民族考生优惠政策都体现出国家对民族教育的极端重视，尤其是贫困地区及边疆地区的民族教育。从第一次全国民族教育会议到第五次全国民族教育会议，再到《国家中长期教育改革和发展规划纲要（2010—2020 年）》，我国民族教育政策经历了一个又一个特殊阶段的演变。但本质上，一方面坚持马克思主义的民族观、宗教观，把贯彻执行党和国家的教育方针同贯彻执行党和国家的民族政策有机地结合起来，制定一系列重视和支持民族教育事业的政策；另一方面从少数民族和民族地区的实际出发，充分考虑其特点来制定相应的政策，使民族教育从数量发展模式阶段迈入质量发展模式阶段。[③]

当前，我国民族贫困地区高中教育发展缓慢，存在高中阶段入学率较低、辍学率较高、办学规模偏小、生源质量较差、考取大中专学校数量少等问题，这些问题主要是经济落后状况和传统观念制约、新的"读书无用论"和办学条件差等多种因素造成的。因此，要发展民族地区高中教育，必须加快民族地区经济发展，加强宣传与政策引导，设立救助基金，提高民族高中办学水平，增强办学吸引力[④]；加强民族地区高中建设，进一步加大投入，扩大民族地区高中规模，实行少数民族学生高中教育免费政策，设立少数民族女生奖励基金，对少数民族高中女生给予奖励或免除其学杂费、住宿费。[⑤]唯有如此，才能如期实现"到2020 年，民族地区高中阶段教育全面普及，普职比大体相当，中职免费教育基

① 许二梅. 新世纪初农村子弟高等教育入学机会的探讨. 广东农业科学, 2013, (13)：233-236.
② 王鉴. 我国民族教育政策体系探讨. 民族研究, 2003, (6)：33-41.
③ 王鉴. 论我国民族教育的特殊性及其政策支持. 学术探索, 2010, (5)：126-131.
④ 祁永贵. 民族贫困地区高中教育现状分析及对策. 青海民族研究, 2004, (1)：107-110.
⑤ 许洁英. 加快少数民族教育发展，切实促进教育公平. 西北师大学报(社会科学版), 2009, (1)：75-78.

本实现"的发展目标。

种类 6 为基于普职融通的高中教育政策研究与解读，包括高中教育、政策研究与解读、高中、普职融通、免费教育等关键词。打破普职壁垒、实现普职融通是经济发展、产业结构调整及高中教育重心逐渐下移的产物，普职融通既是世界各国高中教育改革的普遍诉求，高中教育逐渐普及后的必然走向，也是克服我国当前普职分离带来系列问题的必然选择，是贯彻落实我国相关教育政策的当然之举。①

通常来讲，普职融通具有三方面的内涵：①在横向上，普职融通要求将分离的普通教育机构与职业教育机构进行有机整合，即横向融通；②在纵向上，普职融通要求建立各级各类教育之间的有机联系，即纵向融通；③在深度上，普职融通不仅涉及办学机构之间的整合与沟通，还要求课程与办学目标相衔接。②

高中作为上承高等教育，下连义务教育的关键阶段，必须重新思考和审视自身的培养目标与功能定位并作出新的制度安排。当前，普通高中教育不能只面向升学，也要为学生成为一个现代公民奠定基础，还要考虑未升学的学生就业的需要，适当渗透职业教育的内容；鼓励学校办出特色，而不是在同质化学校中区分重点和普通；引导学生及其家长从在同类学校中追逐升学率高的"重点学校"转变为"分类择校"，寻找适合自己兴趣、抱负和发展水平的学校。③

目前，我国高中教育的普职融通改革举步维艰，主要是由普职不等值且社会对职业教育认可度低、高考相关改革滞后，而且尚未建立相配套的考核评价制度、普职壁垒森严且缺乏区域性的统筹与协调，政策停留于缺乏具体的实施建议和强有力的推进策略等因素造成的。④因此，应理性审思高中阶段普职融通的内在动力、融通基础、载体形态、具体策略及影响因素，构建纵向衔接、横向沟通的高中阶段教育，为学生发展提供多次选择机会，从而建立满足个人多样化学习和发展需要的"立交桥"。⑤

---

① 刘丽群，彭李. 普职融通：我国高中阶段教育改革与发展的整体趋向. 湖南师范大学教育科学学报，2013，(5)：64-68.

② 许译心，沈亚强. 现代职业教育体系下普职融通的困境与破解. 教育与职业，2015，(10)：9-13.

③ 冯建军. 高中教育公平的哲学研究. 教育科学研究，2011，(2)：5-10.

④ 刘丽群，刘家伟. 我国高中阶段教育普职融通困难的原因分析. 湖南师范大学教育科学学报，2015，(2)：75-79.

⑤ 黄晓玲. 新时期我国高中阶段普职融通的理性审思——兼论高中教育综合化发展趋势. 河北师范大学学报（教育科学版），2016，(1)：57-61.

四、高中阶段教育政策研究领域的未来展望

依据共词分析的理论和方法研究发现，高中阶段教育政策研究热点主要集中在六个方面，这些研究推动了高中阶段教育政策研究的繁荣与发展，并为高中阶段教育改革提供了智力支撑，为高中阶段教育发展指明了方向，为高中阶段教育政策的完善提供了指导，为促进具有中国特色社会主义高中阶段教育提供了理论基础。但与此同时，通过对聚类分析图和多维尺度图的进一步归纳分析，可以归纳出我国近30年高中阶段教育政策研究还存在着较大空间需要不断开拓，从而使高中阶段教育政策研究渐趋完善。

（一）加强高中阶段教育政策过程的研究

教育政策是包括制定、执行与评估在内的多个环节构成的政策圆圈。我国高中阶段教育政策研究应该更加致力于政策过程研究，既要关注高中阶段教育政策制定问题，为高中阶段教育决策的科学化、民主化提供理论依据；也要重视高中阶段教育政策执行研究，为高中阶段教育政策有效执行、实现政策目标提供可靠路径；更要重视高中阶段教育政策评估研究，为高中阶段教育政策的周期与终结及后续政策形成提供科学评判。

（二）重视国外高中阶段教育政策研究

我国作为后发现代性国家，借鉴国外发达国家比较成熟的经验教训，不仅有利于我国教育改革少走弯路，而且有利于实现我国教育的快速发展。因此高中阶段教育政策研究要重视对国外高中阶段教育的研究。比如，当下我国高中阶段教育改革中流动人口子女异地高考问题和普职融通的两个热点，其出现的环境与19世纪的英国工业革命具有一定的相似之处，这就需要我们强化对英国的"工厂法"及其在此期间颁布的教育政策进行深入研究。而对于高中阶段教育的招生政策、农村教育、民办教育、普通高中教育与职业技术教育的未来发展等的研究也可以不断借鉴西方经验。

（三）增强高中阶段教育经费政策研究

教育经费政策研究，包括教育经费来源、教育经费分配结构、教育经费支出等各个方面。教育经费筹措渠道既要关注政府拨款，也要考虑个人的成本分担与社会、企业的捐赠、投资，从而形成多元的经费投资渠道。在经费支配上，要考

虑教育经费投入的比例，特别要关注职业教育与普通教育的投入比例、农村教育与城镇教育的投入比例、教育经费投入比例与国民生产总值的联系等。同时，教育经费的支出不仅跟政策的制定有关系，而且跟地域、文化、经费支出者紧密联系，尤其是我国作为多地域、多民族、多文化的国家，探索出切实可靠的高中阶段教育经费改革体制或路径更是难能可贵。

（四）关注高中阶段教育政策的微观研究

高中阶段教育政策研究不仅要关注理论层面的、宏大叙事方面的研究，还要关注实践层面的、微观方面的研究，使理论与实践、宏观与微观相结合。高中阶段教育政策的微观研究涉及区域政策、校际政策及课程政策的某一部分、方面或环节，对这些部分、方面或环节的研究，有利于使得高中阶段教育政策更加具有透彻性。当前，我国高中阶段教育政策研究的分化程度较低，基本上停留在高中阶段教育政策的一般理论、宏观分析和方法（总论）的研究上，大部分分支研究并未分化、成型。因此，高中阶段教育政策研究领域拓展的关键在于微观研究方面的深入与升华，进而形成一套完整的具有中国特色社会主义的高中阶段教育政策体系。

（五）注重高中毕业生的升学与就业的去向政策研究

高中毕业生去向政策研究，不仅有利于高中阶段教育体制机制的建立和完善，而且有利于高中阶段相关政策的提出与执行。无论是个人发展还是国家、社会发展，都非常有必要对高中毕业生去向进行研究，以期探索出其现象背后的深层原因，并建立相应的解决措施和对策。就现实的观察与经验来看，大多数中等职业技术学校的学生在毕业后选择就业，只有很少一部分选择升学。普通高中毕业生大多选择通过参加国内高考而升学，少数选择出国深造。但事实上，接受普通高中教育的学生选择放弃高考的人数在逐年递增，其中一部分选择就业，另一部分选择国外升学。普通高中毕业生无论是选择升学还是选择放弃高考，高中阶段教育政策的制定都应该充分考虑这些现象背后的深层原因，并通过政策的实施来形成多样化的高中阶段教育发展态势。

（六）增强高中阶段教育政策的实证研究

实证研究是指研究者亲自收集观察资料，为提出理论假设或检验理论假设而展开的研究，其主要处理的是"事实"，解答的是"是什么"实然层面上的问题，具有鲜明的直接经验特征。我国高中阶段教育政策研究还是以文献、思辨和规范研究为主，倾向于对教育政策文本的研究与解读，缺乏实证研究与分析，缺乏对复杂、真实现象背后教育政策的深入剖析及以此为基础的理论分析。因此，高中阶段教育政策研究需要平衡实证研究和规范研究，加强实证研究，以避免研究脱离现实的教育轨迹，造成理论与实践相脱离并使教育改革陷入困境。

第四节　高等教育政策研究热点的共词可视化

高等教育是在完成中等教育的基础上进行的专业教育，是培养高级专门人才的教育活动。高等教育政策是国家为实现一定历史时期高等教育的发展目标和任务，依据党和国家一定历史时期的基本任务、基本方针而制定的关于高等教育的行动准则，高等教育政策在高等教育发展中发挥着重要的导向和调控作用。改革开放以来，我国的高等教育政策大致经历了恢复发展（1977—1997 年）与繁荣发展（1998—2015 年）两个阶段。我国高等教育政策 30 余年来的历史演变体现了从人治走向法治、从效率优先到兼顾公平、从强调秩序到保障自由、从实质正义到兼顾程序正义等的价值取向。

高等教育政策研究热点的研究资料来源于"中国学术期刊网络出版总库"，采用标准检索，将期刊年限设定为 1985—2015 年，指定期刊类别为所有期刊，以"篇名"为检索条件，设定"高等教育"并含"政策"为检索内容，共获得相关文献 1061 篇，为了确保研究的可靠性与有效性，采取去除书评、期刊介绍、会议通知、丛书介绍、年会综述、会议纪要、刊物征稿要求等非研究型文献的方法，得到 1038 篇有效文章。除此之外，将有效文献中的关键词进行标准化处理，如将"教育政策制定""教育政策制订"统一规范为"教育政策制定"等，从而形成研究的资料来源。

一、高等教育政策高频关键词词频统计与分析

通过对我国高等教育政策研究文献关键词的统计，共得到 2312 个关键词，最终确定高频低频词阈值为 10，统一同义词后，得到 46 个高频关键词，其排序结果见表 4-10。

表4-10 46个高等教育政策高频关键词排序

序号	关键词	频次	序号	关键词	频次	序号	关键词	频次
1	高等教育	354	17	国际比较	18	33	民办高校	11
2	政策	131	18	成人高等教育	18	34	政策研究	11
3	高等教育政策	104	19	政策法规	18	35	全球化	11
4	民办高等教育	102	20	大众化	18	36	英国高等教育	11
5	教育政策	51	21	高等教育改革	17	37	价值取向	11
6	美国	44	22	高等教育国际化	17	38	政策变迁	11
7	教育公平	30	23	优惠政策	16	39	高等教育公平	11
8	财政政策	25	24	国际化	15	40	招生政策	11
9	日本	22	25	高等教育大众化	15	41	财政拨款	11
10	高校扩招政策	22	26	政策建议	14	42	学费政策	11
11	政策分析	21	27	教育质量	14	43	改革	10
12	远程高等教育	21	28	成本分担	14	44	问题	10
13	公平	21	29	学费标准	14	45	收费政策	10
14	入学机会	21	30	少数民族	13	46	成本补偿	10
15	启示	20	31	政策文本分析	12			
16	英国	19	32	教育国际化	12	合计		1403

如表4-10所示，46个高频关键词总呈现频次为1403次，占关键词出现总频次的28.95%，通过前46位的关键词排序，可初步地了解到我国高等教育政策研究领域的集中热点。其中，前7位关键词频次均大于30，依次为高等教育（354）、政策（131）、高等教育政策（104）、民办高等教育（102）、教育政策（51）、美国（44）、教育公平（30），其余39个关键词出现频次均大于或等于10。这一结果直观地表明，高等教育政策研究多围绕高等教育、政策、民办高等教育、教育政策、教育公平等方面进行。

二、高等教育政策高频关键词的相异矩阵及分析

利用BICOMB共词分析软件，将上述46个高频关键词进行共词分析，生成词篇矩阵后，再将词篇矩阵导入SPSS19.0，选取Ochiai系数并将其转化为一个46×46的共词相似矩阵，在进行多维尺度分析时，将此相似矩阵采用（1-相似矩

阵）转化为相异矩阵，结果见表 4-11。

表 4-11　高等教育政策高频关键词 Ochiai 系数相异矩阵（部分）

关键词	高等教育	政策	高等教育政策	民办高等教育	教育政策	美国	教育公平	财政政策	日本	高校扩招政策
高等教育	0.000	0.712	0.990	0.995	0.836	0.832	0.854	0.883	0.898	0.977
政策	0.712	0.000	1.000	0.798	1.000	0.921	0.968	1.000	0.981	1.000
高等教育政策	0.990	1.000	0.000	0.980	1.000	0.956	0.982	1.000	0.958	0.895
民办高等教育	0.995	0.798	0.980	0.000	0.803	0.939	0.963	0.879	0.871	1.000
教育政策	0.836	1.000	1.000	0.803	0.000	0.937	0.974	1.000	0.910	1.000
美国	0.832	0.921	0.956	0.939	0.937	0.000	0.945	1.000	0.904	1.000
教育公平	0.854	0.968	0.982	0.963	0.974	0.945	0.000	0.963	1.000	1.000
财政政策	0.883	1.000	1.000	0.879	1.000	1.000	0.963	0.000	1.000	1.000
日本	0.898	0.981	0.958	0.871	0.910	0.904	1.000	1.000	0.000	1.000
高校扩招政策	0.977	1.000	0.895	1.000	1.000	1.000	1.000	1.000	1.000	0.000

如表 4-11 所示，各关键词与高等教育政策距离由远及近的顺序依次为：政策（1.000）、教育政策（1.000）、财政政策（1.000）、高等教育（0.990）、教育公平（0.982）、民办高等教育（0.980）、日本（0.958）、美国（0.956）、高校扩招政策（0.895）。这个结果说明，人们谈论高等教育政策时，将"高等教育政策"与"高校扩招政策"结合起来论述的成果较多。同时，通过对表中的系数大小进一步分析发现，"政策"与"高等教育""民办高等教育"经常呈现在一起；"高等教育"与"美国""教育政策""教育公平""财政政策"较多地呈现在一起。这表明，关于高等教育政策的研究成果中，学术界会经常研究"高等教育公平""民办高等教育"等问题。

三、高等教育政策高频关键词聚类及其分析

将表 4-11 中的高频关键词相异系数矩阵导入 SPSS19.0 进行聚类分析，得到的聚类结果见 4-12。根据聚类分析结果显示的聚团连线距离远近，可以直观地看出高等教育政策研究的高频关键词可分为 8 类，分别为远程高等教育政策研究（种类 1）、全球化与大众化背景下高等教育公平政策与国际化政策分析及其启示研究（种类 2）、基于扩招的高等教育质量政策研究（种类 3）、民办高校的财政政策及

其国际比较研究（种类 4）、高等教育政策文本分析研究（种类 5）、教育公平视域下的少数民族高等教育优惠政策研究（种类 6）、高校招生政策的价值取向及其问题研究（种类 7）、高等教育大众化的政策变迁与政策建议研究（种类 8）。

表 4-12　高等教育政策高频关键词聚类结果

种类	关键词
种类 1	远程高等教育、政策法规
种类 2	启示、改革、收费政策、高等教育国际化、全球化、政策分析、大众化、高等教育公平、民办高等教育、教育政策、日本、高等教育、政策、国际化、美国、英国
种类 3	高校扩招政策、教育质量、高等教育政策、教育国际化、英国高等教育
种类 4	学费标准、成本分担、学费政策、国际比较、民办高校、财政拨款、公平、成本补偿、财政政策、入学机会
种类 5	高等教育改革、政策研究、政策文本分析
种类 6	优惠政策、少数民族、教育公平
种类 7	成人高等教育、招生政策、价值取向、问题
种类 8	政策建议、政策变迁、高等教育大众化

种类 1 为远程高等教育政策研究，包括远程高等教育、政策法规等关键词。现代远程高等教育政策发展变化分为三个阶段，第一阶段（1998 年—2002 年 8 月）为"鼓励试点并授予试点高校相当完整的办学自主权"；第二阶段（2002 年 9 月—2004 年 1 月）为"现代远程高等教育的性质定位为成人继续教育，强调规范管理，要求减少、停止招收普通全日制学生"；第三阶段（2004 年 2 月—2015 年 1 月）为"进一步规范试点高校的办学行为，加强并确立了政府在现代远程高等教育办学过程中的计划管理权限,公共课统考合格成为毕业证书电子注册的前提条件"。

从上述三个阶段我们可以看出，我国现代远程高等教育政策的发展变化主要集中在现代远程高等教育性质定位的变化和现代远程高等教育管理体制的变化等两个方面。从长远来看，发展现代远程教育是以构建学习化社会、实现高等教育大众化为目标的，所以伴随着我国教育法制、法规的逐步健全，市场调节力度的加大，以及社会监督机制、高校自我约束机制的健全，鼓励各高校大力开展现代远程教育工作，促进高校更好地实现服务社会的功能，是教育部现代远程高等教育政策发展的必然趋势。[①]

---

① 亓俊国. 我国现代远程高等教育政策发展变化初探. 中国电化教育，2005，(12)：39-42.

　　总体来看，中国远程高等教育政策内容体现了"弱势补偿"价值取向，彰显出一种强烈的教育平等的政策导向。当然，远程教育是一项具有创新性质、政策性强、涉及面广、发展潜力巨大的事业。无论是管理者还是实践者都需要一个系统的、相对稳定的一致性与操作性强的政策体系来全面指导和规范远程教育组织者的行为，适时建立一个远程教育的政策体系。远程教育应形成一个金字塔形的政策体系：其底层为相关国家的法律，主要包括《中华人民共和国宪法》《中华人民共和国教育法》《中华人民共和国高等教育法》，所依据的相关理论主要包括教育管理理论及远程教育宏观管理理论，所借鉴的科学方法主要包括梯级管理、质量认证、准入与退出机制、输入输出方法、信息公开法与直接反馈法等。底层是制定管理文件的基础，中层为各类可操作性文件形成的"管理文件族"，是远程教育管理政策的核心部分，顶层为"远程教育管理办法"，是实施远程教育的纲领性文件，主要为远程教育实施的指导原则，并将各类操作性文件系统有机地整合。"远程教育管理办法"成熟后可成为日后制定"远程教育法"的重要参考。[①]

　　远程高等教育政策法规是否科学和合理及其表现形式的层次高低，对远程高等教育的持续健康快速发展将起到决定性作用。因此，有必要健全和完善远程高等教育政策法规体系。但我国远程高等教育立法的滞后，以及有关行政法规文件中对远程高等教育体制、机制和设置方面内容的不明确、不配套和不完善，即定位不明确，给远程高等教育的法治和管理带来了困难。我国台湾地区远程高等教育政策法规总体特点体现为建立分级制、成立咨询委员会、确立认证制度、适时修订、适当放权、定期评估等六个方面。虽然海峡两岸的远程高等教育，由于条件不同，很难直接比较。但是，我们可以通过研究，从中获得启发。比如，对远程教育质量的监督、对开展远程高等教育的院校及远程教育课程等的认证，可以借鉴台湾地区的做法，利用现代教育技术，在大陆设立远程高等教育专网，用于远程教育的交流与质量评估及认证等。[②]

　　美国远程高等教育政策法规体系具有以下特点：美国通过"联邦引导，级联互动"的方式来制定远程教育政策法规；美国国家层级制定的远程高等教育政策法规比较直截了当，除标准外，多以"指导原则""指导方针""建议"的形式出现；在法律的保障下，远程教育的质量保障问题往往最后还是要落实到行业的自律上。[③]这将促使我们寻求市场与政府调控的协调平衡、注重第三方教育质量评估

---

① 刘义光. 我国远程高等教育政策体系框架初探. 中国远程教育, 2004, (1)：40-44.

② 唐燕儿. 台湾地区远程高等教育政策法规探析. 中国电化教育, 2010, (9)：43-46, 51.

③ 唐燕儿. 美国远程高等教育政策法规体系探索. 比较教育研究, 2005, (4)：31-34, 39.

的设想、强化资源的整合。①

种类 2 为全球化与大众化背景下高等教育公平政策与国际化政策分析及其启示研究，包括启示、改革、收费政策、高等教育国际化、全球化、政策分析、大众化、高等教育公平等关键词。高等教育对人的前途、命运影响重大，高等教育政策要作出符合伦理的现实选择，就必须以公平为基本价值取向。由于存在观念上的障碍，我国高等教育政策没有把公平放到应有位置，而这种状况现在仍未完全扭转。要确立高等教育政策公平取向，应该坚持以能力为依据的入学机会平等和接受同等质量教育的过程平等；注重以质量为核心的效率；鼓励高等教育多样化；对弱势群体实施补偿性倾斜政策。②

公平问题在我国高等教育发展中非常突出，它是社会公平在教育领域的延伸和体现。有学者从高考招生录取制度、高校收费政策、高等教育资源的分配政策及教育政策的性别歧视等教育政策的角度，分析导致高等教育不公的政策性原因，进而提出高等教育公平政策体系的构建建议。比如，有研究者认为，高等教育不公平的政策性原因包括现行的高考招生录取制度的存在是造成高等教育机会不公平的主要因素，高校收费政策减少了贫困学生群体接受优质高等教育的机会，高等教育资源不合理的分配导致教育过程的不公平、教育政策的性别歧视，进而影响女性接受高等教育的起点、过程和结果公平。要构建高等教育公平政策体系，需要做到：①改革高考招生录取制度；②完善奖学金、助学金、助学贷款等贫困大学生资助体系；③促进资源配置的合理化；④进一步完善并实施保证女性接受高等教育的法律法规；⑤构建高等教育质量保障体系；⑥规范成本分担方案。③

澳大利亚制定了较为完善的政策框架，为高等教育公平战略的实施提供了保障。其政策框架最大的特点是以六个"公平群体"为核心，为这六个群体提供更多接受高等教育的机会，并提高其受教育质量。该政策框架包含战略目标、政府与大学责任、政府战略与大学规划、绩效指标、经费分配等内容。为了确保政策能够有效实施，澳大利亚政府设立了原住民支持项目、高等教育公平支持项目、高等教育残疾人支持项目及高等教育参与和合作项目，以推动高等教育公平进程。澳大利亚之所以提出"公平群体"，是因为这些群体的学生不仅入学率较低，而且在学习结果方面低于全国平均水平。这六个"公平群体"是"贫困群体""女

---

① 熊敏. 中美远程高等教育政策异同的比较分析. 科教文汇, 2007, (4)：8.

② 秦苏滨. 我国高等教育政策的公平价值取向探讨. 湖南社会科学, 2010, (6)：191-194.

③ 张宏玉. 我国高等教育公平政策体系的构建. 继续教育研究, 2009, (12)：81-83.

性群体""原住民群体""无英语语言背景群体""残疾人群体""农村和偏远地区群体"。①

高等教育国际化的政策、理论与实践离不开国家教育政策的宏观指导。通过考察改革开放以来我国四次全国教育工作会议前后颁布的五部教育政策文本，可以看出国家教育政策文本中我国高等教育国际化的嬗变呈现出四个特征：①政策制定具有明显的时代性；②政策话语更加注重宏观统筹与微观运作相结合的表述逻辑；③政策执行从政府主导走向强调高校主体地位；④政策态度更加积极、开放与包容。②通过分析我国39所原"985工程"大学的使命陈述、章程和"十二五"规划文本，研究其国际化理念与实践，发现我国原"985工程"大学国际化发展目标定位比较清晰，推进国际化的形式比较多样，但由于国际化发展比较强调具体的、操作化的实践指标，因此对国际化内涵的理解和意义阐述略显不足。③

高等教育国际化已成为当代高等教育发展的一种必然趋势。为了迎接全球化的挑战和适应一体化的要求，自20世纪90年代起，欧洲联盟加强了在高等教育领域的合作，高等教育逐渐成为一体化进程中的共同政策区域，建设一个开放的欧洲高等教育区成为欧洲各国高等教育努力的目标。欧洲联盟高等教育国际化的政策对推进我国高等教育国际化具有重要的启示意义：①更新教育理念，运用高等教育国际化战略，谋求更大的教育资源和市场空间；②制定符合高等教育国际化要求的培养目标，构建国际化的教学体系，加强师资队伍建设；③积极开展高校的国际合作与交流，大力发展留学生教育；④建立与国际接轨的质量认证制度，完善高等教育质量保证体系，稳步实现高等教育国际化。④

如何促进高等教育国际化是当前我国高等教育面临的一个重要课题。借鉴高等教育国际化程度较高的国家的发展经验，有助于加快我国高等教育国际化的进程。总体来讲，在高等教育国际化进程中，发达国家的共同做法是：高度重视高等教育国际化；制定有关法律、政策指导高等教育国际化；大力发展留学生教育；加强对外合作与交流；重视高等教育国际化的欧洲维度。

当然，在高等教育国际化进程中，经济合作与发展组织扮演着重要的角色，它更多关注跨境高等教育，并认为境外消费（留学生教育）是最具产业化性质的

① 黄艳霞. 澳大利亚高等教育公平政策框架简述. 国家教育行政学院学报，2010，(7)：91-95.
② 周菲. 我国高等教育国际化政策的嬗变及特征——基于国家教育政策文本的分析. 黑龙江高教研究，2014，(4)：19-22.
③ 陆根书，康卉. 我国"985工程"大学高等教育国际化政策分析. 高等工程教育研究，2015，(1)：25-31.
④ 曾志东，施式亮. 欧盟政策对我国高等教育国际化的启示. 求索，2008，(6)：164-165，176.

教育形式，在国际服务贸易中占据举足轻重的地位。基于多种形式的跨境高等教育具有教育政策工具的作用，具体表现为实现跨国流动的奖学金、留学生学费、高等教育入学机会、海外推介、鼓励学术合作和参与地区性国际学术项目，赋予公立大学一定的自主权、质量保证和国外文凭认证等，为跨境高等教育提供机会的同时也带来了收益，就现阶段而言，跨境高等教育呈现出互相理解型政策导向、技术移民型政策导向、创收型政策导向、能力建设型政策导向等四种主要的政策导向。跨境教育的发展和多样化给政策和高等教育机构带来了很多问题，经济合作与发展组织政策制定者面临着诸如质量和认证、入学机会和公平、财政和成本、利用跨境教育的能力建设与政策的一致性等政策方面的挑战。①

种类 3 为基于扩招的高等教育质量政策研究，包括高校扩招政策、教育质量、高等教育政策、教育国际化、英国高等教育等关键词。高等教育质量是高等教育发展的生命线，我国高校扩招对教育质量的影响体现在教育目标、办学条件、教育制度、教学过程等方面。因为高等教育质量是全面的、完整的系统，需要从多个维度来度量，至少应包括教育目标、教育过程、教育制度、教育设施、教育产品的质量。其中最重要的是教育产品的质量，前面四个方面的质量都应服务于这个终极质量。只有高等教育的要素、过程、结果全面优化，才能实现高等教育质量的全面提高。

在高校扩招的形势下，要保证高等教育质量，高校必须深化改革，锐意进取：①各类学校必须认识到大众化教育的培养目标是多样化、多类型、多层次的，转变单一的、精英取向的、僵化的教育目标观；②改善办学条件的基础和关键还是保证教育经费投入，应坚持以政府投入为主，其他教育投入为辅，并在办学模式上，鼓励社会力量参与办学，确保社会力量办学的合法地位；③在师资队伍建设方面，改善激励措施；④调整中央和地方政府对高校管理的权限，面向当地社会需求办学，增强高校适应人才市场变化的能力；⑤在教育管理机制上，加快高校后勤社会化的步伐，减轻高校运转负荷；⑥加强高校教学质量评价，提高教学奖励在教师奖励上所占的份额，激励教师创新教学内容与方式。②

高校扩招推动了我国高等教育的迅猛发展，同时也给高等教育的质量带来了巨大的冲击。高校扩招给教学质量带来的影响包括：生源质量下滑；师资数量不足，教师学历结构偏低；学科专业结构失调；教学基础设施不能满足教学需要；

---

① 尹玉玲. OECD 视野下的高等教育国际化政策分析——基于跨境高等教育的视角. 中国高教研究，2011，(11)：29-32.

② 杨明，陈文干. 高校扩招对高等教育质量的影响. 高等工程教育研究，2002，(3)：49-51.

传统人才培养模式滞后。确保高等教育人才培养质量的策略包括：树立多元、多层次的教育质量观；加大教育投入；加大师资队伍建设力度；完善教学质量管理体系。①

当然，探讨"高等教育质量"这一概念的内涵，不必求取定解。从目标论视角看，"高等教育质量"由个体目标、家庭目标、社会目标、课程目标、办学主体目标、国家目标之间的相互关系所决定。从风险理论的角度看，"高等教育"内含的六种期望目标与实际状况相比，如果自我不满足的情形严重，或者相互之间形成龃龉，就会有出现教育质量问题并导致社会损失发生的可能性，从而出现高等教育质量风险。扩招与高等教育质量风险之间具有不必然的相关性，即一方面高等教育风险的存在与扩招是可以无关的，另一方面扩招也给高等教育质量风险增添了新的变数。②

当前，我们应该坚持以联系的、全面的、发展的观点来进行客观、辩证的分析。从联系的观点看，没有证据显示扩招使我国高等教育的质量出现了全面的、大范围的滑坡；从全面的观点看，我们在看到部分学校培养质量下降的同时，又要看到我国的总体国民素质上升了，还要看到扩招也有促进教学质量提高的一面；从发展的观点看，伴随着扩招的进程，需要有适应大众化高等教育的新的质量观。任何情况下，保证和提高教育质量都是教育的核心目标之一。对于扩招与高等教育质量之间的辩证关系，不能简单化，不能囿于狭隘的视角，应该从支撑我国 21 世纪长期战略发展的高度来认识扩招的重大意义，将其作为一项影响深远的战略性举措。扩招政策是应该得到肯定、支持并继续坚持的。③

无论从静态的现实状况还是就动态的发展进程来看，数量和质量都是衡量、把握高等教育发展的两个基本指标。在数量增长与质量提高的两难关系中，质量在高等教育的发展中始终应处于核心地位。高等教育的质量是一种"适宜质量"，即高等教育应具有适合国家、社会和受教育者实际需要的质量，它所提供的服务要得到社会认同，要满足个人职业生活与娱乐休闲等需要。在一定的历史条件下，高等教育的发展存在一个合理的限度，其数量增长必须保持在适度的范围内，其质量的提高必须在不突破度的条件下逐渐进行。当数量的增长不能支持质量的持续提高时，要么是从外部扩充保证质量的条件，要么是限制数量的快速增长，使

---

① 唐鑫鑫. 扩招后高等教育质量状况分析及对策研究. 湖北广播电视大学学报，2008，(1)：34-35.
② 徐莺. 目标论视角下的我国高等教育质量风险——兼论我国高等教育质量风险与扩招之间的关系. 现代教育管理，2009，(5)：1-4.
③ 周骏宇，张明. 扩招与高等教育质量：一种辨证思考. 广东外语外贸大学学报，2009，(5)：97-99，112.

高等教育能够实现可持续发展。我们不能草率地认为扩招与质量问题存在着必然的联系，因为一方面质量问题是长期困扰高等教育的一大难题，另一方面扩招又是我国在当前历史条件下必然的教育发展举措，但如果各高校缺乏扩招的心理与实际准备，那么扩招无疑会加剧原本存在的质量问题。①

从教育政策分析的角度来看，我国现行高等教育质量政策具有目标导向与精英决策、重点发展与效率优先、增加投入与重在建设、项目为主与分期实施等特点。针对当前高等教育系统发生的深刻变革，我国高等教育质量政策需要进行适当调整。我国高等教育质量政策调整的走向包括四个方面：①过程走向，要目标和问题并重，更加注重问题的区别；②政策价值走向，要效率与公平并重，更加注重公平的价值；③政策内容走向，要建设与保障并重，更加注重保障的要求；④政策制度走向，要项目与制度并重，更加注重制度的创新。②对于我国中长期高等教育质量来讲，要重点处理好三个方面的问题：①明确高等教育改革发展的主要任务；②树立多样化的高等教育质量观；③建立以高校自主建构为基础的质量保障与评价体系。③以提高政策有效性为使命的英美高等教育质量保障政策，在实践上采取了权威性与专业化有机融合、参与主体多元化、内外质量保障机制协调互动、质量文化同步建设及质量评估与激励密切关联等策略。借鉴国际经验，我国要提高高等教育质量政策的有效性，应采取以下措施：加强立法，提高高等教育质量政策的权威性；加强质量文化建设，实现高校内外部质量保障机制的良性互动；扩大参与渠道，确保高等教育质量管理与监督相关参与主体的多元化等措施。④

种类 4 为民办高校的财政政策及其国际比较研究，包括国际比较、民办高校、财政拨款、公平、成本补偿、财政政策、入学机会等关键词。民办高校是我国高等教育事业中的重要组成部分，它满足了受教育者接受教育的需求并缓解了我国教育资金投入不足的问题。但是由于不少人对民办高等教育服务性质的认识存在偏差，民办教育的发展面临着众多的问题，如经费的来源比较单一、政策缺失、相关制度不健全等。⑤

当前我国民办高等教育的发展，将从注重规模扩张的外延式发展模式向注重

① 时伟. 数量与质量关系辩证法——扩招后高等教育质量问题探析. 中国高教研究，2001，(11)：71-72.

② 卢晓中，刘志文. 我国高等教育质量政策的特点及走向. 教育发展研究，2008，(13)：46-50.

③ 王海涛. 关于我国中长期高等教育质量政策的思考. 黑龙江高教研究，2010，(1)：13-14.

④ 龙春阳. 英美提高高等教育质量政策有效性的经验与启示——基于对高等教育质量保障政策的考察. 教育探索，2015，(9)：143-146.

⑤ 周喻深. 扶持民办高等教育发展的财政政策研究. 现代经济信息，2013，(17)：432.

质量内涵提升的内涵式发展模式转型，高水平民办大学建设将是今后中长期发展中的一个重要战略内容。政府公共财政政策必须适应这一战略转向，实现制度性突破，逐步向民办高校开展财政资助，形成多种形式的资助格局，服务于国家的高水平民办大学建设战略。①国家财政资助民办高校发展，最终打破公办高校的垄断地位，形成公办与民办高校公平竞争、共同发展的格局，是全球化时代提高我国高等教育水平、增强竞争力的根本出路。就民办高校的管理政策而言，需要对民办高校分类管理，建立民办高校办学水平认证制度，调整部分民办高校招生录取批次。就民办高校的资助政策而言，应设立对民办高校学生的专项资助，加大对民办高校的财政资助，建立对民办高校教师的资助体系。②

改革开放以来，我国民办高等教育政府财政资助的比例一直较低，由于缺少政府的财政资助，民办高校办学经费只能依赖学费和杂费，90%以上的民办高校的办学经费90%以上都要依靠学杂费收入，办学经费捉襟见肘。政府财政资助的缺失导致民办高等教育公益性受损，甚至出现民办高校倒闭现象。政府应该根据民办高等教育的外部性，制定民办高等教育可持续发展财政政策，促进民办高等教育可持续发展。③民办高等教育为政府分担了教育经费，积累了公共教育资源，受益的是整个社会和民族。但民办高校大多经费不足、师资力量不强、教学设施不足，公共财政扶持民办高等教育是深化教育体制改革的要求。

公共财政扶持作为一种政策，具有引导体制机制变革的作用，在导向分类管理的同时，要避免造成对营利性民办学校的新歧视。财政扶持在"还原"民办教育公平的同时，应向农村生源适当倾斜。财政扶持投向民办高校的职业教育和特色办学是发挥其体制机制优势的优化选择，资金效用和教育价值更大。④民办高等教育是公益性事业，公共财政应该在民办高校教育成本结构中承担补偿责任。民办高校教育总体收益中，个人收益增加的部分含有公共收益，这些增加的公共收益部分应由政府的公共财政进行成本补偿。

根据民办高等教育投资的一般规律，民办高校教育成本财政分担中存在财政政策本身的公平性、公立高校与民办高校之间的公平性、民办高校之间的公平性问题。⑤从民办高校的公共性来看，民办高校理应得到公共财政支持；从经费短缺

① 周朝成. 高水平民办大学建设与政府公共财政政策选择. 浙江树人大学学报（人文社会科学版），2011，(5)：11-16.

② 毕振力. 教育公平视角下政府对民办高校的管理与资助政策研究. 教育与职业，2013，(11)：15-17.

③ 邱小健. 民办高等教育可持续发展财政政策思考. 中国高教研究，2010，(7)：68-71.

④ 巩丽霞. 地方公共财政扶持民办高等教育政策的优化选择. 高教发展与评估，2012，(6)：10-16，97.

⑤ 黄彬. 民办高校教育成本财政分担的经济分析. 高教探索，2012，(5)：54-56，62.

的现状来看，民办高校亟须得到公共财政支持。目前，针对民办高校相应的政策法规已经成熟，应通过生均财政拨款、教育专项资金、教育券等形式尽快落实对民办高校的财政扶持。①民办高等教育的公益属性及公共财政的公共性、公平性和公益性的运行规则，决定了民办高校学生应该同等地享有公共财政资助的资格。

目前，对民办高校学生的资助形式主要包括生均补助、奖学金、助学金和助学贷款，且三种资助形式整体发展态势良好。但在实施过程中，资助政策遵循公共财政的运行规则略显不足，今后尚需不断完善、优化，并探索新的学生资助形式，以使民办高校学生真正成为受益主体。②政府资助民办高等教育，必须对使用财政资金的民办高校进行绩效评价。目前，对民办高校的绩效评价仍浮于表面，未能深入其本质。财政资金具有公共的属性，"公共"则是要为社会服务，社会服务能力理应成为对民办高校绩效评价的重要考量指标，要衡量民办高校在接受财政资助后，为社会做了什么、做的效果如何等，与之相对应，政府还需要出台能够引导民办高校提高社会服务能力的政策。③

事实上，日本政府主要通过大力发展私立高等教育来实现高等教育大众化、普及化和民主化的目标，其对私立高校的财政资助主要有政府补助金、低息贷款、税收优惠政策及对学生的资助等途径。④美国健全的私立高等教育立法、相对完善的政府资助体系、鼓励捐赠的税收优惠政策和民办高校规范的内部管理体制是保证其筹资多元化及高效化的制度因素。鉴于此，中国政府应主动承担起对民办高校的财政和管理的责任，民办高校也应不断提高质量，以增强筹资能力。⑤

印度私立高等教育财政政策的改革特征如下：改革措施聚焦于加大财政资助力度、完善资金监管体系、优化筹资渠道及发展公私合作关系；改革内容贯彻着新公共管理思想与平等主义思想；改革成效包含私立高校数量及入学率的增长，私立高校融资渠道的优化。我国应当进一步调整民办高校分类管理政策、经费保障制度，规范政府在民办高校经费筹措中的职能定位，注重财政政策对民办高校教育质量的杠杆作用。⑥

---

① 夏季亭，周绣阳. 公共财政扶持高水平民办大学创建的实证研究. 中国成人教育，2014，(5)：41-44.

② 黄洪兰. 民办高校学生资助政策研究——基于公共财政运行规则的视角. 教育发展研究，2012，(11)：29-33.

③ 朱玉广. 民办高校财政支出绩效评价研究. 河北广播电视大学学报，2015，(5)：60-63.

④ 王冬华，何彬生. 日本政府对私立高校的财政资助及其启示. 辽宁教育研究，2008，(6)：95-99.

⑤ 华灵燕. 中美民办(私立)高校筹资比较研究. 外国教育研究，2008，(11)：38-42.

⑥ 胡茂波，朱梦玫. 印度私立高等教育财政政策的改革及借鉴——基于印度"十二五"规划的审视. 清华大学教育研究，2015，(7)：36-42.

种类 5 为高等教育政策文本分析研究，包括高等教育改革、政策研究、政策文本分析等关键词。鉴于高等教育政策在高等教育发展中发挥着重要的导向和调控作用，高等教育政策研究、政策分析已经成为高等教育学者和政府决策者共同关心的领域。有学者对改革开放以来 17 个高等教育管理改革政策文本进行了梳理与分析。研究发现，高等教育管理改革在理论和实践上都不能简单模仿和沿袭经济体制的改革，而必须在"适应"的同时考虑高等教育活动本身的规律和特点；政策的价值追求由强调带有强制性的统一向多元的、灵活的统一转化；由体制改革转向支持性改革和建设性、发展性改革，创造条件使高等学校进一步完善自我约束机制成为政策制定的重点；高等教育中介机构的专业职能、市场对教育资源配置的基础性作用受到更大的重视；"决策文化"与"学术文化"在保持合理张力的基础上更加紧密地结合，决策与研究之间的对话和联系更加频繁和深入。[①]

价值问题是公共政策研究的基本问题，有学者通过对 1979—1998 年 533 项高等教育政策文本价值的经验分析，将高等教育政策的价值划分为实体价值（包括经济价值、权力价值、知识价值、技术价值、福利价值）和符号价值（包括专有称谓、名誉、意识形态、规划目标）两大类，其中，经济价值与知识价值的矛盾是高等教育政策的基本价值矛盾。在很大程度上，符号价值不仅决定了实体价值在政策中实现的范围和程度，同时也影响了实体价值的配置和话语表述方式。政策文本中被言说的显性价值由未被言说的隐性价值所决定。"市场的强迫"和国家政治系统中的核心权威是隐性价值的主要来源。[②]

高等教育质量政策是高等教育政策的重要组成部分，也是教育政策的有机构成，它是国家和政府对高等教育质量的认识及规定。对改革开放以来不同阶段高等教育质量政策静态文本的分析，旨在透过其表象形态分析其内在的实质形态，溯及政策背后真正的利益动因。[③]完善高等学校治理结构，建立现代大学制度，是高等教育现代化的逻辑走向。伴随相关政策的波动，我国高校办学自主权经历了"收权—放权—收权"的起伏转换，每个节点都以富有标志性的政策文本为依据。"管"与"放"的政策背后是政府与高校相关利益者权力不断博弈的过程，因此，政府一度面临"放"与"收"的两难困境。此进程中的多重博弈与困境需要政策的进一步调适。

---

① 廖湘阳. 改革开放以来我国高等教育管理改革政策文本分析. 现代教育科学，2002，（3）：44-46.

② 涂端午. 高等教育政策的价值结构——基于政策文本的实证分析. 清华大学教育研究，2010，（5）：6-13.

③ 魏军. 我国高等教育质量政策变迁的文本分析——基于改革开放以来的回顾与反思. 教育学术月刊，2010，（9）：45-47，99.

结合治理理论框架下政府与高校关系的政策文本分析，有学者理出从管理走向治理的政策选择：①厘清政府的权力边界，既不"越位"亦不"缺位"；②完善政策决策，形成平等合作的话语体系；③建立健全地方政策法律法规，切实落实高校办学自主权；④发展第三方社会组织，形成多边治理的格局。①

20世纪90年代以来，高等教育规模发展政策一直是我国高等教育政策的一个重要组成部分。有学者从规模发展目标、发展方式及宏观规模管理等方面对这一时期我国高等教育规模发展政策进行文本分析，并结合这一时期高等教育规模发展政策实施的效果，分别从政策主体、政策客体和决策过程三方面，提出了我国高等教育发展政策创新的路径选择：①改变计划经济体制下形成的单向度的中央政府选择模式，实现政策活动主体的多元化；②实现政策重点从规模扩张到质量提高、结构调整和体系的变化转换，规模扩张方式从以内涵式扩张为主向以外延式扩张为主转换；③经验决策的主观随意性及直接管理的弊端要求进一步提高政策的科学化程度。②

种类6为教育公平视域下的少数民族高等教育优惠政策研究，包括优惠政策、少数民族、教育公平等关键词。我国高等教育在招生录取过程中对少数民族实行一定的优惠照顾，这既是一个教育政策，又是一个民族政策。这些政策的制定实施，在很大程度上保证了少数民族的教育权利平等，同时也取得了良好的社会效果。但是，在实施这一优惠政策的过程中，又面临着一些新的问题。为了进一步落实少数民族的教育权利平等，真正实现教育公平，这项政策仍然要继续发挥效用，且需要不断加以完善。③

高校招生民族优惠政策是基于少数民族教育的历史和现实条件而提出的，它不仅不违背教育的公平公正，更是对教育公平的一种推崇。我国高等教育少数民族招生优惠政策在培养少数民族高层次人才、促进民族地区经济发展、推动社会进步、维护国家稳定等方面发挥了巨大的积极作用。然而，随着经济发展和社会环境的不断变化，现行政策在一些地方出现了宣传不到位、执行把关不严、实际效果与政策目标偏移等问题。有学者的研究进一步指出，一方面，国家对少数民族学生入学的优惠力度不断加大，同时也存在着优惠政策的覆盖面不均衡的问

① 刘晖，汤建静. 管理走向治理的政策博弈——以广东高等教育政策文本为中心. 教育学术月刊，2015，(2)：51-55，61.

② 彭红玉，张应强. 20世纪90年代以来我国高等教育规模发展的政策文本与实施效果分析. 清华大学教育研究，2007，(6)：32-39.

③ 谢菲. 论我国高等教育中的少数民族入学优惠政策. 经营管理者，2010，(11)：266-267.

题；另一方面，存在着少数民族大学生对优惠政策的不熟知及参与度低的现象。作为世界上重要的多族群国家，中美两国在高等教育领域都推行基于族群的倾向性政策。①

为了增加少数族裔学生的数量，构建多样化的学生群体，美国大学在政府的倡导下开始推行优惠政策。部分大学以种族倾向的录取标准给少数族裔学生获取大学录取机会提供了特别优待，此种优待被最高法院判决违反宪法平等保护条款，予以禁止。此后，各大学先后尝试了种族作为附加因素的录取标准及种族中立的录取标准，但公众对于这两种录取标准褒贬不一。种族因素在美国大学录取标准中的演进，一方面推动了大学录取标准向稳定、多元、公平的方向发展，以保障大学录取名额的合理分配；另一方面，又促使大学不断反思、调整其录取标准，以平衡不同群体的利益，达到公共善的大学使命。②

中国高等教育招生民族优惠政策和印度高等教育招生预留政策，体现了两国政府在追求高等教育民族公平方面所作出的积极努力。中国高等教育招生民族优惠政策面临的核心问题是促进经济社会和教育发展的"地区平衡"，而印度高等教育招生预留政策面临的核心问题则是处理好不同利益集团之间的"政治平衡"。③

种类7为高校招生政策的价值取向及其问题研究，包括招生政策、价值取向、问题等关键词。高等教育承载着培养高水平、创新型人才的历史使命，而高校招生政策在其中扮演了桥梁的角色。价值取向是高校招生政策制定的决定性因素。从公共政策属性、招生政策价值取向、不同时期价值取向等多个角度分析发现，公平与效率是高校招生政策最重要的价值选择向度，国家利益至上与个体发展优先，并从国情和实际出发，需要综合考虑各个阶层利益诉求的价值取向。④

我国高校招生改革的价值取向长期未得到准确定位，影响了素质教育的全面推进。目前我国的招生改革政策以科学发展观为指导，在目标价值取向上坚持"以人为本"，在社会价值取向上坚持公平公正，在技术价值取向上坚持科学选才，重构高校招生改革的价值取向，促进人的全面发展，推动高校招生改革和教育事业

① 张学强，彭慧丽. 肯定性行动与少数民族优惠政策：中美高等教育领域基于族群的倾向性政策比较. 西北师大学报，2008，(5)：89-94.
② 刘晓玲，陈欣. 美国高等教育少数族裔优惠政策中的大学录取标准述评. 外国教育研究，2014，(12)：42-55.
③ 张学强，许可峰. "优惠政策"与"预留政策"——民族公平视域下的中、印高等教育招生政策比较. 比较教育研究，2010，(2)：49-53，58.
④ 权良媛. 我国高校招生政策价值取向探析. 南通职业大学学报，2013，(4)：49-53.

的健康发展。^①我国的高校招生政策有必要在公共利益最大化的基础上进行改革，并应遵循教育公平原则，兼顾发展规模与培养质量原则与国家发展战略相协调原则，进一步推动我国教育事业的发展，不断增强提升我国综合国力的核心竞争力。^②

高校招生政策的公平是高等教育和谐发展的重要基础。目前，不均衡的招生配额制度、特殊政策、部分院校招生趋向于本地化、新建本科院校报到率不足等导致高等教育的公平性缺失。要改革招生制度，推动高等教育公平，就必须要在改革招生计划分配制度、增加考试的次数、恢复高考志愿的严肃性等方面多加努力。^③在构建社会主义和谐社会的背景下，高校招生更需要坚持以公平价值为导向，需要在完善各校招生计划的分配方案、规范梳理加分政策、提升高考命题科学化水平等方面加大管理力度，将高校招生政策向着更加公平、公正的方向全面推进，进一步推动教育的公平和社会的和谐。^④教育公平问题归根结底是权利、机会等资源的分配和再分配问题，其中分配标准是关键。不同的分配标准，决定了不同人群的现实处境。回顾中华人民共和国成立以来的高校招生政策，我国高等教育入学机会的分配标准经历了由中华人民共和国成立初期的学术和政治的双重标准，到教育"革命"时期政治标准被突出强调，"文化大革命"后学术标准被重新确立，进而到当前经济实力成为影响机会分配的重要因素的变革历程。^⑤

高校招生制度是由其构成要素既作为价值主体存在又作为价值客体存在所构成的价值系统，这个系统中存在着价值冲突、价值异化及价值单极化的可能。以举办高等学校公平分享高校招生录取价值作为逻辑起点，可以建立基于价值共生的高校招生制度，从而为高校招生确立大学的高校招生标准、政府的高校招生标准、公民的高校招生标准及考生的高校招生标准等四类招生标准，为考生自主选择高校录取标准提供充足的空间，这有利于促进公民、大学、考生及政府之间良性互动，可以有效防范价值冲突、价值异化及价值单极化的发生，解决现行高考制度面临的诸多困难和问题。^⑥事实上，美国高校招生时，侧重学生的高中成绩、社会实践活动中的表现，以及学术能力测试（SAT）或美国高等学校

---

① 吴成国. 高校招生改革价值取向的反思与重构. 教育与职业, 2007, (11)：50-51.

② 权良媛, 黄涛珍. 扩招背景下高校招生政策社会效应及改革建议. 江苏高教, 2013, (2)：99-100.

③ 王有青. 从招生政策的公平性谈新建本科院校的和谐发展. 滁州学院学报, 2008, (2)：85-86.

④ 张晨. 和谐社会视域下高校招生公平问题思考. 辽宁经济管理干部学报, 2012, (6)：49, 67.

⑤ 杜瑞军. 从高等教育入学机会的分配标准透视教育公平问题——对新中国 50 年普通高校招生政策的历史回顾. 高等教育研究, 2007, (4)：29-35.

⑥ 张远增. 建立基于价值共生的高校招生制度. 考试研究, 2014, (4)：3-12.

测试（ACT）的成绩等多方面因素，其考试形式灵活，为学生提供了多种机会和选择。中国的高考制度改革，既要学习世界发达国家的先进经验，同时也要结合中国的国情。[①]

种类 8 为高等教育大众化的政策变迁与政策建议研究，包括政策建议、政策变迁、高等教育大众化等关键词。高等教育大众化进程包括量的增长与质的变化，两者呈非均衡性；高等教育大众化的前提是办学模式的多样化，其核心则是教育质量的多样化；高等教育大众化促使高等教育融入终生教育体系。关于高等教育大众化的政策方面，应注意解决好规模速度、资金投入、资源的开发与合理配置、毕业生就业等问题。[②]高等教育大众化是高等教育发展的必然趋势，但不宜过快发展高等教育。因为高等教育大众化的实现是以扎实的初等、中等教育为基础的，是与经济发展水平相适应的。如果高等教育发展大大超过经济发展的需求和接纳程度，会带来严重的负面影响。

从日本高等教育的发展和高等教育政策的调控过程我们可以得知，国家可以通过高等教育政策来调控高等教育的发展速度，以使我国的高等教育大众化进程稳步推进，保障质量与公平，维护社会稳定。[③]自 1999 年确定实施高等教育大众化的政策目标以来，我国高等学校招生规模和在校生规模连续几年保持上升趋势，高等教育系统的数量、质量和资源状况发生了很大的变化，高等教育面临投入不足、发展模式单一和质量下降的困境。我国高等教育大众化应建构分层次、分类型的多样化高等教育体系；关注高等教育质量，建立健全质量保障体系；大众教育与精英教育并举。[④]

中国高等教育大众化的进程，是在政府的计划、调控、管理之下进行的，因而关于中国高等教育大众化的政策性研究就显得特别重要。中国的高等教育大众化出现了一些特殊的矛盾和问题，如过于注重数量、发展速度过快、发展途径单一、内涵式发展道路使质量难以保证等。中国高等教育大众化政策的发展趋向如下：①在高等教育大众化过程中，要有一个长期的稳定过程；②推进大众化进程，高等教育必须有一个分层次、分类型的多样化格局；③推进大众化进程，要坚持以就业为导向；④推进大众化进程，必须关注高等教育质量。[⑤]扩招是启动高等教

---

① 赵正国，马为民. 美国高校招生政策对我国高考制度改革的启示. 辽宁师范大学学报，2008，(4)：74-77.

② 潘懋元. 中国高等教育大众化的理论与政策. 高等教育研究，2001，(6)：1-5.

③ 陈武元. 从高等教育政策的视角看日本高等教育大众化. 外国教育研究，1999，(1)：13-18.

④ 陶学文. 我国高等教育大众化政策实施十年之回顾与反思. 湖南师范大学教育科学学报，2011，(2)：77-80.

⑤ 杨黎明. 中国高等教育大众化政策的影响及发展趋势. 高等工程教育研究，2008，(5)：82-85.

育大众化的重要政策，它并不是一种单一的数量化的概念，而是一种内涵十分丰富的概念。实现高等教育大众化的政策决定本身是改革开放的重要成果，同时也是国家教育事业持续改革开放从而谋求新的发展的重要标志。

我国在实施扩招政策的过程中，依然面临着许多具体的政策问题。从实践来看，扩招中有待深入研究的政策问题，突出地表现在关于扩招的速率与扩招方式和关于扩招的科类与层级分布等两个方面。基于此，我们需要先对大众化过程中一些关涉政策的若干问题进行反思，如增强政策观念并重视政策研究；继续深化对高等教育大众化的政策目标研究；加强对院校政策的研究等。[1]有学者对国内 1999—2006 年高等教育大众化中的六大热点问题的相关文献进行了分析，重点梳理了大众化理论与政策研究领域的主要观点：国内学者认为大众化阶段理论是一种研究高等教育内部活动的预警理论，中国的大众化发展属于后发外生型、混合扩张式外延发展型。应对中国高教大众化问题，学者们提出了多元化可持续发展、构建高等教育战略预警系统等策略。这些成果一方面说明了我国高等教育大众化研究所取得的进展，另一方面反映出我国复杂多样的高等教育大众化现实为建构本土化的高等教育大众化理论提供了丰富的素材，但还亟须对研究的理念、方法和应用对策等进行深入的挖掘、提炼和进一步的革新。[2]

我国高等教育发展除受制于经济发展的影响外，其滞后还源于传统的体制性弊端。要想尽快进入高等教育大众化发展阶段，必须扫除其体制性障碍。因此，应根据现有状况把高等教育大众化政策分为近期政策和中长期政策。其中最主要的是适应社会主义市场经济特征，加大高等教育体制改革力度，重视教育的生产力属性和产业属性，并按经济资源特性区分高等教育资源，按照不同资源给予不同拨款方式，以实现高等教育资源的最佳配置。[3]

四、高等教育政策研究领域的未来展望

依据共词分析的理论和方法研究发现，高中阶段教育政策研究热点主要集中在八个方面。但与此同时，通过对聚类分析图和多维尺度图的进一步归纳分析，可以透视出我国高等教育政策研究还需要在体制政策、教师政策、经费政策等方

① 张乐天. 我国高等教育大众化过程中的政策问题研究. 南京师大学报, 2002, (4): 81-86.
② 杨兰芳, 陈万明. 我国高等教育大众化的理论与政策研究综述(1999—2006). 辽宁教育研究, 2007, (8): 24-27.
③ 龚晓菊. 高等教育大众化的体制性障碍与政策选择. 武汉大学学报, 2002, (3): 378-382.

面不断拓展，争取更大的突破，从而使高等教育政策更加成熟、领域不断完善，逐步形成相对独立的话语体系。

（一）强化高等教育体制政策研究

一个国家的高等教育体制主要涉及的是有关各级各类高等学校之间、各级各类高等教育管理之间的关系问题。高等教育体制政策就是以协调这些关系为出发点和最终归宿。从更深层次上分析，高等教育体制政策所规定的实际上是有关高等教育中各种主体之间的关系。在形形色色的关系当中，无论是从纵向还是从横向上看，高等教育主体之间主要存在着两种关系状态：一种是"工作关系"，即工作职责权限划分的关系状态；另一种是"资源关系"，即各种资源（经费、知识、空间）分配利用的关系状态。高等教育体制直接决定和影响着高等教育事业的科学发展，因此，应不断提高对高等教育体制政策研究的深度、广度。

（二）丰富高等教育教师政策研究

高等教育教师政策，主要是指在高等教育领域有关教师方面的政策规定，它是政党、政府等有关部门为实现高等教育工作目标和任务，协调高等教育人员与社会其他人员之间的关系所规定的行为准则。从政策作用的对象来说，它包括在高等教育领域从事教育教学的教师、科研人员、管理人员及教辅人员等；从内容来说，它包括对高校教师教育方面的政策、教师管理方面的政策、教师培训方面的政策、教师进出方面的政策及教师待遇方面的政策。

（三）增强高等教育经费政策研究

高等教育经费政策是政党或政府等用以规范、引导有关高等教育财政行为的准则或指南，是一种约束和引导高等教育财政投资、拨款及资助等行为的规范，其既是教育经费政策的重要组成部分，也是高等教育政策的关键内容。一方面，高等教育经费政策是为保证高等教育的健康发展、推进高等教育工作的正常运行、为实现高等教育目的服务的；另一方面，高等教育的发展离不开科学、合理的高等教育经费政策的完善。高等教育经费政策分析，就是要分析影响高等教育经费运作的主要因素，包括高等教育经费的内容、价值、过程、环境等。高等教育经费政策的内容主要解决高等教育经费"怎么来""怎么分""怎么用""怎么管"等问题。

第五章
各类教育政策研究热点的共词可视化

　　国家教育事业的发展、发达和成熟，不仅需要学前教育、义务教育、高中阶段教育、高等教育等各级教育，而且需要职业教育、民办教育、特殊教育、终身教育等各类教育。各级各类教育相互连接、相互影响、相互贯通，既是一个国家完整的教育体系建立的必然选择，也是国家保障公民受教育权实现的基本制度。

第一节　职业教育政策研究热点的共词可视化

　　职业教育主要是以培养技术技能型人才为目的的社会活动。职业教育的发展、提高与繁荣离不开职业教育政策的支撑。研究职业教育政策的根本目的在于推动我国职业教育的大发展、大提高和大繁荣，使职业教育与普通教育作为鸟之双翼、车之双轮而展翅飞翔、并驾齐驱。我国职业教育的发展就是在职业教育政策不断推动下的继承与创新，没有职业教育政策与法律的推陈出新，就不可能有职业教育事业的与时俱进。改革开放以来，在党中央、国务院的高度重视和领导下，国家先后召开了 7 次全国职业教育工作会议，同时也颁布了大力发展职业教育的决定等一系列重大的政策，总体来看，我国职业教育政策经历了恢复创建阶段（1978—1990 年）、调整发展阶段（1991—1998 年）、持续发展阶段（1999 年至今）等三个阶段。同时，在职业教育政策的发展过程中，我国职业教育政策价值取向的认知也实现了走职业培训与职业学校教育并重的职业教育发展道路、寻求政府干预与市场介入的适度平衡、建立适应市场变化的现代职业教育体系、重视农村和西部地区职业教育发展等的确立。

职业教育政策研究热点的研究资料来源于"中国学术期刊网络出版总库",采用标准检索,将期刊年限设定为 1985—2015 年,指定期刊类别为"全部期刊",即包括 SCI 来源期刊、EI 来源期刊、核心期刊、CSSCI 来源期刊,以"篇名"为检索条件,设定"职业教育"并含"政策"为检索内容,共获得相关文献 616 篇(检索时间为 2016 年 11 月 16 日)。为了确保研究的可靠性与有效性,采取去除书评、期刊介绍、会议通知、丛书介绍、年会综述、会议纪要、刊物征稿要求等非研究型文献的方法,得到 579 篇有效文章。除此之外,将有效文献中的关键词进行标准化处理,如将"职业技术教育政策""职教政策"统一规范为"职业教育政策"等,从而形成研究的资料来源。

一、职业教育政策高频关键词的词频统计与分析

通过对我国职业教育政策研究文献关键词的统计,共得到 1304 个关键词,最终确定高频低频词阈值为 10,统一同义词后,得到 46 个高频关键词,其排序结果见表 5-1。

表 5-1　46 个职业教育政策高频关键词排序

序号	关键词	频次	序号	关键词	频次	序号	关键词	频次
1	职业教育	333	17	职教师资	24	33	涉农专业	15
2	政策	201	18	现代职业教育体系	20	34	价值取向	14
3	职业教育政策	126	19	教育改革	19	35	普通高等教育	14
4	高等职业教育	121	20	财政政策	19	36	政策导向	13
5	中等职业教育	119	21	《职业教育法》	19	37	办学主体	12
6	农村职业教育	65	22	产学合作	19	38	职业教育公平	12
7	政策研究	61	23	体制机制	19	39	民办职业教育	12
8	职业教育与培训	56	24	集团化办学	18	40	政策环境	12
9	办学模式	48	25	国家助学金	18	41	优惠政策	11
10	职教发展	45	26	欧盟	18	42	基础能力建设	11
11	校企合作	38	27	职业资格证书	17	43	办学经费	11
12	政策建议	36	28	高等职业学校	17	44	思考	11
13	困境与问题	34	29	劳动力市场	17	45	澳大利亚	10
14	免费职业教育政策	28	30	双元制	16	46	影响	10
15	专业设置	25	31	政策调整	16			
16	对策与建议	24	32	学生资助政策	15	合计		1819

如表 5-1 所示，46 个高频关键词总呈现频次为 1819 次，占关键词出现总频次的 40.78%，通过前 46 位的关键词排序，初步可以了解改革开放以来我国职业教育政策研究领域的集中热点和趋势。其中，前 10 位关键词频次均大于 40，依次为职业教育（333）、政策（201）、职业教育政策（126）、高等职业教育（121）、中等职业教育（119）、农村职业教育（65）、政策研究（61）、职业教育与培训（56）、办学模式（48）、职教发展（45），其余 36 个关键词出现频次均大于或等于 10。这一结果初步说明，职业教育政策研究多围绕各级各类职业教育政策、职业教育与培训、办学模式等方面进行。

二、职业教育政策高频关键词的相异矩阵及分析

利用 BICOMB 共词分析软件，将上述 46 个高频关键词汇进行共词分析，生成词篇矩阵后，再将矩阵导入 SPSS19.0，选取 Ochiai 系数并将其转化为一个 46×46 的共词相似矩阵。同时，在进行多维尺度分析时，将此相似矩阵采用（1−相似矩阵）转化为相异矩阵，结果见表 5-2。

表 5-2　职业教育政策高频关键词 Ochiai 系数相异矩阵（部分）

关键词	职业教育	政策	职业教育政策	高等职业教育	中等职业教育	农村职业教育	政策研究	职业教育与培训	办学模式	职教发展
职业教育	0.000	0.615	0.871	0.944	0.938	0.979	0.801	0.874	0.869	0.892
政策	0.615	0.000	1.000	0.708	0.980	0.814	0.936	0.885	1.000	0.915
职业教育政策	0.871	1.000	0.000	0.943	0.933	0.911	0.908	0.940	0.970	0.893
高等职业教育	0.944	0.708	0.943	0.000	0.949	1.000	0.849	0.988	0.877	0.905
中等职业教育	0.938	0.980	0.933	0.949	0.000	0.884	0.940	0.950	0.905	0.958
农村职业教育	0.979	0.814	0.911	1.000	0.884	0.000	0.889	0.967	1.000	1.000
政策研究	0.801	0.936	0.908	0.849	0.940	0.889	0.000	0.949	0.957	0.962
职业教育与培训	0.874	0.885	0.940	0.988	0.950	0.967	0.949	0.000	0.910	1.000
办学模式	0.869	1.000	0.970	0.877	0.905	1.000	0.957	0.910	0.000	0.899
职教发展	0.892	0.915	0.893	0.905	0.958	1.000	0.962	1.000	0.899	0.000

如表 5-2 所示，各关键词与职业教育政策距离由远及近的顺序依次为：政策（1.000）、办学模式（0.970）、高等职业教育（0.943）、职业教育与培训（0.940）、中等职业教育（0.933）、农村职业教育（0.911）、政策研究（0.908）、职教发展（0.893）、

职业教育（0.871）。此结果说明，人们谈论职业教育政策时，将"职业教育政策"与"职业教育""职教发展""政策研究"结合起来论述的成果较多。同时，通过对表中的系数大小进一步研究亦可发现，"职业教育"与"政策""政策研究"经常呈现在一起；"职业教育与培训"与"职业教育""政策"结合在一起；"职教发展"与"职业教育""办学模式"较多地呈现在一起。这也初步说明，在已有的关于职业教育政策的研究成果中，研究者会经常关注职业教育政策与政策研究、职业教育和培训、职业教育发展与办学模式等问题。

三、职业教育政策高频关键词聚类及其分析

将表 5-2 中的高频关键词相异系数矩阵导入 SPSS19.0 进行聚类分析，得到的聚类结果如表 5-3 所示。根据聚类分析结果显示的聚团连线距离远近，能直观地看出职业教育政策研究高频关键词可以分为 7 类，分别为中等职业教育学生资助政策研究（种类 1）、职业教育办学模式及其经费政策研究（种类 2）、政策环境下职业教育政策调整及对策研究（种类 3）、职业教育发展过程中校企合作的困境及其政策建议研究（种类 4）、职业教育政策的价值取向研究（种类 5）、现代职业教育体系下职业资格证书制度的建设研究（种类 6）、职业教育体制机制政策及澳大利亚职业教育的政策导向研究（种类 7）。

表 5-3 职业教育政策高频关键词聚类结果

种类	关键词
种类 1	国家助学金、学生资助政策、教育改革、涉农专业、中等职业教育、免费职业教育政策、影响
种类 2	职教师资、优惠政策、民办职业教育、职教发展、产学合作、办学模式、办学主体、高等职业学校、普通高等教育、高等职业教育、专业设置、办学经费
种类 3	对策与建议、政策调整、政策环境
种类 4	困境与问题、双元制、农村职业教育、政策建议、职业教育、政策、校企合作、政策研究、集团化办学、思考
种类 5	财政政策、职业教育公平、职业教育政策、价值取向
种类 6	职业教育与培训、劳动力市场、职业资格证书、欧盟、《职业教育法》、基础能力建设、现代职业教育体系
种类 7	体制机制、澳大利亚、政策导向

种类 1 为中等职业教育学生资助政策研究，包括国家助学金、学生资助政策、教育改革、涉农专业、中等职业教育、免费职业教育政策、影响等关键词。职业

教育与普通教育作为两种不同的教育类型，其教育目的也各不相同。职业教育是培养技术应用型、技能型人才的教育或培训服务活动，注重培养学生的实践操作能力和应用能力，因此，职业教育是一种注重实践参与和实践能力培养的教育类型。中等职业教育作为职业教育的重要组成部分，已经为优化教育结构、加快普及高中阶段教育作出一定的贡献，成为近年来职业教育政策研究的重点领域。国家先后推行了不少有利于减轻中等职业学校学生家庭经济负担的助学政策，初步实现了调节中等教育结构的目标。[①]

通过对我国中等职业教育政策文本的解读与分析，可以发现其中包括各种学生资助政策及免费政策。学生资助政策是政府为了支持教育而采用的需求财政政策之一，政府为学生提供资助的主要目的有两个：①为了让弱势群体有受教育的机会，给因流动性限制而对教育投资不足家庭的子女提供教育机会；②帮助在校贫困学生顺利完成学业，避免由于贫困而导致辍学等行为。[②]从经济学视角看，学生资助政策有助于实施积极的就业政策，扩大就业规模，改善就业结构，为经济发展提供更多急需的技能型人才；有利于引导学生向中等职业教育分流，充分发挥中等职业教育的优势，提升中等职业教育的质量，扩大中等职业教育发展的规模，完善市场就业机制，满足社会发展的需要。[③]中等职业教育国家助学金政策也充分发挥了公共财政的导向作用，为改变社会上轻视职业教育的观念，吸引更多优秀的青少年报考职业院校起到了重要作用。[④]因此，建立和完善我国中等职业教育学生资助政策势在必行，该政策是把我国巨大人口压力转化为人力资源优势的重要途径，是转变经济增长方式和提高国家竞争力的可靠保证，是促进职业教育发展、完善现代国民教育体系的必然诉求。[⑤]

由于中等职业教育吸引力不足，始终无法与普通高中阶段教育的发展齐头并进。在此情况下，有学者提出中等职业教育免费政策，想通过"价格效应"增强中等职业教育的社会吸引力，即利用财政政策实施免费的中等职业教育，为学生提供适当的生活补助，有效降低私人就学成本和教育服务价格，刺激更多的学生

---

① 郑晓华. 中等职业教育免费的必要性与可行性. 职教论坛，2013，（30）：34-39.

② Salmi J，Hauptman A M. Innovations in tertiary education financing：A comparative evaluation of allocation mechanisms. International Journal of Cancer，2006，62(6)：749-754.

③ 冯仰军，王凤英. 对国家中等职业教育助学政策的思考. 现代教育，2012，（Z3）：123.

④ 韩云鹏. 中等职业教育国家助学金政策研究述评. 职教论坛，2011，（13）：79-81.

⑤ 乔章凤. 从达·芬奇职业教育项目看我国中等职业教育学生资助政策. 中国职业技术教育，2010，（36）：24-29.

自愿选择职业教育，更多的家长接受其子女当前学习的职业教育。①但因为我国目前经济基础薄弱，并且存在严重的地区差异，所以需要相关部门循序渐进地制定出符合区域特点的中等职业教育免费政策。作为一种教育补偿制度，资助政策通过向中等职业学校家庭贫困学生提供经济援助，改善或缓解其经济拮据状况与学习过程，使其能够获得入学学习的机会，具有受教育平等的起点，可以保证中等职业学校学生教育过程的公平性。

从全国发展趋势来看，资助政策首先是从农村贫困生和涉农专业学生开始的，国家宏观政策也表明，发展免费中等职业教育要根据不同省份的经济条件、职业教育发展情况、民族差异等因素作出更加适宜的发展策略与步骤。②

种类 2 为职业教育办学模式及其经费政策研究，包括产学合作、办学模式、办学主体、高等职业学校、办学经费等关键词。办学模式是指在一定的历史条件下，以一定办学思想为指导，在办学实践中逐步形成的规范化的结构形态和运行机制。③根据这一研究定义，我们认为职业教育办学模式，是指其办学主体在一定历史时期的教育制度的约束下，按照职业教育的办学目标，在办学实践中逐步形成的规范化的人才培养方式和学校运行机制。④

当今世界发达国家的高等职业教育办学模式大致分为三种：第一种是以美国、法国、澳大利亚等为代表的大多数国家采用的学校本位办学模式，即以政府投资办学为主导、以公立学校为主体的模式，第二种是以日本为代表的市场主导（又称企业主导）的模式，第三种是以德国为代表的校企合作模式。⑤通过此类研究可以发现，2000 年以来，我国政府通过颁布一系列相关政策推动了高等职业学校开展多种形式的产学合作。⑥

但从目前高等职业教育发展的态势来看，产学合作的办学模式并没有受到社会应有的重视及相关政策的大力支持。政府应发挥对发展产学合作教育的宏观规划、指导与协调的功用与效能，包括组织制定战略方向、发展规划、办学评估、政策法规等，通过政府有效运作，帮助企业与学校建立合作关系，并通过法规调

---

① 王星霞. 中等职业教育免费政策评估研究. 教育发展研究，2012，(17)：25-29.

② 陈远远，周谊. 九省市免费中职教育政策特色及发展走向探析. 教育与职业，2010，(20)：17-19.

③ 潘懋元，邬大光. 世纪之交中国办学模式的变化与走向. 教育研究，2001，(3)：3-7.

④ 刘晓，石伟平. 高等职业教育办学模式评析. 教育与职业，2012，(2)：5-8.

⑤吴雪萍. 高等职业教育政策研究. 杭州：浙江教育出版社，2006：123.

⑥ 石晓天. 英、美、澳三国高等职业教育产学合作教育政策分析及对我国的借鉴——从公共政策的角度. 当代教育理论与实践，2009，(6)：1-4.

节以形成保障体系，使企业与学校之间的关系形成良性循环。[①]为了更好地使高等职业教育实现产学合作、产教融合，政府应当制定合理的经费政策，保证经费的投入，保障参与办学主体的利益，建立稳定的财政投入增长机制，依据职业教育产教融合的实际需求增加财政投入比例，以保证职业教育的财政经费投入与职业教育发展目标相适应。[②]

回顾 30 多年来的职业教育改革发展历程，在宏观政策和法律法规的引领下，我国职业教育经费投入方面的政策发展大致经历了四个阶段：①国家确立职业教育投入政策的初级阶段；②逐步确立职业教育多渠道经费投入政策的具体化阶段；③形成中央财政引导、地方财政投入为主的多渠道投入政策阶段；④期待职业教育经费保障机制形成的历史新阶段。[③]

根据国家制定的加快发展现代职业教育的战略方针和构建现代职业教育体系的战略要求，立足职业教育的公益性和普惠性，国家应及时修订和完善职业教育经费投入的法律法规和相关政策，加强相关法律法规间的衔接配合，明确各级政府在经费投入方面的职责，分级承担职业教育经费，促进职业教育经费投入的法制化。[④]同时，在新的政策环境下，职业教育迫切需要建立一个国家政策支持系统，来明确各参与主体的基本权利、义务，颁布企业可享受的税收优惠政策，激励企业积极参与，使职业教育与社会经济的发展联系紧密，形成"双赢"的局面。[⑤]

种类 3 为政策环境下职业教育政策调整及对策研究，包括对策与建议、政策调整、政策环境等关键词。教育政策调整作为政策过程必不可少的环节，同教育政策制定和执行一样，具有无法取代的作用，是对教育政策的重新认识，是教育政策实现政策目标的预警。现代社会的快速发展和社会环境的变化，对教育政策提出了新的要求，要适应这种要求必须对教育政策进行相应的调整，这样才能使教育政策保持新鲜活力，更有利于教育政策目标的达成。[⑥]

我国职业教育的政策从无到有，也经历了一个不断调整、渐渐更新、逐步完善的演变过程。职业教育政策使职业教育在国家经济社会发展中的服务水平显著

---

① 李宏德，孙爱芳. 对我国产学合作教育政策的思考与建议. 河南机电高等专科学校学报，2003，(3)：35-37.

② 陈春阳. 职业教育产学合作的制度尴尬与调适——基于政府职能的视角. 中国职业技术教育，2014，(9)：12-15.

③ 占小梅，马树超. 我国职业教育经费投入政策发展的阶段性特征. 职教论坛，2015，(4)：19-24.

④ 苏敏. 我国职业教育经费投入的成绩、问题与政策建议. 职教论坛，2013，(25)：4-8.

⑤ 刘媛媛，朴雪涛. 基于产教融合的职业教育政策支持系统的建立与研究. 职教论坛，2015，(22)：70-74.

⑥ 陶军明. 教育政策实践的问题意识：政策调整的原因及方法——基于实践的职业教育政策调整方向. 成人教育，2011，(11)：32-33.

提高，职业教育的地位和社会认可度逐渐提升，职业教育的结构日益优化，人才培养层次和规模与社会需求匹配度逐步提高，现代职业教育体系日臻完善。[①]这些已有成就得益于现今良好的政策环境及职业教育政策的不断调整。每个历史时期的教育政策研究应该关注时代提出的种种问题，主动进行政策调整，直面现实生活时刻变化的政策环境，这样才能使政策目标得以实现，职业教育政策也不例外。

20 世纪 80 年代以来，随着改革开放的逐步深入，传统的职业教育政策和立法环境发生了深刻变革。计划经济体制逐渐瓦解，市场经济体制正在确立，职业教育的政策环境也从强调计划性中摆脱出来，市场成为影响职业教育发展最重要的政策环境因素。[②]然而，职业教育并没有真正摆脱计划经济政策的阴影，政府责任尚不完全清晰，市场化取向的政策也未能化解职业教育现存的困境与危机。研究者通过解读该类政策文本，发现职业教育政策常常滞后于职业教育发展的现实，如校企合作的机制、企业减免税收的法律依据、学生就业政策、证书制度等方面都存在着无法可依的局面。[③]这就需要政府在当前政策环境下适时地对职业教育政策进行调整，平衡眼前利益与长远利益，搭建职业教育政策创新平台，建立严格的政策监督管理机制，寻求更加公平合理的对策与建议。政府作为提供公共产品政策服务的机构，应该从战略的高度出发，不仅要在思想上高度重视，还应制定和完善相关政策，以实际行动为职业教育营造一个良好的政策环境，避免职业教育政策成为职业教育发展的瓶颈。[④]

种类 4 为职业教育发展过程中校企合作的困境及其政策建议研究，包括困境与问题、政策建议、职业教育、政策、校企合作、政策研究等关键词。职业教育校企合作是加快发展现代职业教育的一大主题，是谋求人的发展与区域经济社会发展和谐互动的重要方式，多地政府在内部驱动与外部的影响下，基于管理与机制、扶持与保障、权责与义务的内容逻辑，以及宏观指导、利益驱动、责任引领、协同推进的运行逻辑，纷纷出台相关政策或法规条例，以促进职业教育校企合作良性运转。[⑤]从问题、制度再到主体的政策制定范式，与我国职业教育校企合作政策的历史沿革高度重合，体现的正是校企合作政策制定的渐进决策模式。[⑥]

---

① 史光姗. 我国职业教育政策法规的演变. 职业教育研究，2016，(9)：89-93.

② 覃壮才. 市场化及其危机——20年来我国职业教育政策发展的基本取向分析. 比较教育研究，2003，(11)：79-84.

③ 杨桂林. 职业教育发展与职业教育政策研究. 天津商务职业学院学报，2015，(2)：38-41.

④ 潘建华. 江西职业教育的有效需求和政策调整分析. 教育学术月刊，2008，(8)：75-77.

⑤ 戴汉冬，石伟平. 区域职业教育校企合作促进政策的动因与逻辑. 中国职业技术教育，2014，(36)：19-23.

⑥ 黄文伟. 我国职业教育校企合作政策变迁的渐进模式研究. 职教论坛，2016，(1)：52-57.

近年来，校企合作成为当前职业教育改革与发展的主题，也越来越成为职业教育政策研究中的重要领域。各级政府逐步通过法律法规推进职业教育校企合作，采取措施打破行政管理部门之间的壁垒，加强协调联动，积极探索并建立促进职业教育校企合作的长效机制。个别地区尝试有效地推进行业协会参与职业教育、调动企业参与积极性、加大职业教育投入力度、加快职业标准与专业教学标准对接、促进职业教育集团化发展等，为制定国家职业教育校企合作促进条例奠定了基础。[①]

但是随着校企合作广度和深度的不断增强，在具体的操作过程中，我们也清醒地认识到校企合作还面临着一系列困境与问题。职业教育的办学机制还不够健全，与行业企业的联系还不够紧密，职业院校校企合作还缺乏必要的制度保障和较为完善的协调运行机制，政府对校企合作的统筹管理、引导鼓励和扶持力度还不够，企业对校企合作的积极性还不高，对于这些问题均迫切需要从制度、政策、机制等层面进行深层次的研究和完善，以进一步增强校企合作的动力，破解难题，提升该模式的层次和水平。[②]学校是追求社会效益最大化的公益性组织，企业是追求利润最大化的营利性组织，二者的不同社会属性决定了合作中的冲突和矛盾不可避免。[③]

虽然相关部门出台了一系列鼓励企业参与职业教育的文件，但企业参与职业教育办学的积极性不高，校企合作还停留在浅层次，如企业仅提供设备、实训基地，深层次的企业全面参与职业教育的课程设置、人才培养、实训考核等校企双方共赢的合作还有待开展。[④]为此，政府必须完善涉及职业教育政策的法律法规，提出合情合理的政策建议，建立公平的利益表达机制和严格的政策研究机制。要想最大限度地实现政策目标，就必须寻求主体间的利益契合点，提高主体素质和政策认同感，完善决策机制和监督制度，强化主体责任。[⑤]

种类 5 为职业教育政策的价值取向研究，包括财政政策、职业教育公平、职业教育政策、价值取向等关键词。职业教育发展的动力来自三个方面：①以社会经济发展和大众求知求职需求为原动力；②学校发展强烈意愿为教育的内动力；③政府政策推动为强迫力。[⑥]职业教育体系的建立、职业教育规模的扩展、职业教

---

① 和震. 职业教育校企合作中的问题与促进政策分析. 中国高教研究, 2013, (1): 90-93.

② 曾桂英. 职业教育校企合作政策保障的几点思考. 当代职业教育, 2013, (4): 7-9, 20.

③ 赵海婷. 企业参与职业教育校企合作的动因、障碍及促进政策研究. 职教论坛, 2016, (9): 46-50.

④ 谢俊莉, 杨琼. 改革开放以来职业教育校企合作的政策解读及现状分析. 职业教育研究, 2009, (11): 11-12.

⑤ 姚永强. 教育政策主体的利益冲突与整合. 国家教育行政学院学报, 2012, (3): 31-35.

⑥ 高峰. 政策是发展职业教育的根本动力与保证. 职大学报, 2010, (1): 129-131.

育重大政策的调整和职业教育基础能力的建设等构成了近年来我国职业教育政策的主要脉络。①

同时，职业教育政策是政府为了实现职业教育公平目标的一种积极作为，体现了我国政治生活的本质属性，展示出强烈的人本关怀和现实诉求，更好地体现了人类对公平诉求与政府责任的内在统一性。②职业教育公平是对职业教育本体价值和普遍性的肯定，彰显着职业教育对社会处境不利群体所具有的积极意义。③职业教育政策要着重解决价值取向问题，匡正人们对职业教育的传统偏见，使职业教育与其他类型教育都能得到平等对待，共同为社会服务。④而职业教育公平是职业教育的重要组成部分，是社会公平的起点与核心环节，其尊重每个人接受职业教育的权利，维护职业教育的可持续发展。基于政策的视角关注职业教育公平问题，一方面公平原则本应该成为职业教育政策制定的出发点，国家通过提高职业教育政策的公平继而实现所有人的全面发展；另一方面通过职业教育政策的倾斜帮助处境不利群体接受职业教育，从而摆脱生存处境的恶性循环。⑤职业教育公平能否顺利实现，与国家职业教育财政政策的价值取向密切相关。

现阶段，职业教育财政政策存在制度不完善、财政投入总量不足、投入地区差异大与多元化投资体制扶持力度不够的问题，完善职业教育财政制度，构建阳光职业教育财政，加强财政政策的杠杆功能，构建职业教育财政考评机制是解决教育公平问题的途径。⑥因此，在未来的政策制定过程中，国家职业教育财政政策应体现职业教育公平、效率、质量的政策取向，体现财政政策和职业院校自主融资的激励相结合，这有利于完善社会对职业教育资源的集聚力度。政府应通过制定科学合理的教育财政政策优化资源配置，提高资源效率，促进职业教育的公平并提升其效率。⑦

种类 6 为现代职业教育体系下职业资格证书制度的建设研究，包括职业教育与培训、职业资格证书、欧盟、现代职业教育体系等关键词。现代职业教育体系具有独立性和贯通性、开放性和参与性及协调性和适应性的特征，构建现代职业教育体系需要职业教育制度与政策的变革和创新。⑧适应经济发展方式转变和产业

---

① 李孔珍. 近年来我国职业教育政策发展解析. 教育与职业，2006，(12)：3-4.

② 谢元海. 教育政策视野下的职业教育公平问题研究. 企业导报，2015，(13)：77-78.

③ 李延平. 论职业教育公平. 教育研究，2009，(11)：16-19.

④ 陆明克. 新常态下职业教育政策价值取向的再解读. 职教通讯，2015，(16)：6-10，25.

⑤ 刘燕鸣. 基于政策的职业教育公平与可持续发展研究. 中国职业技术教育，2016，(22)：55-58.

⑥ 胡茂波，曾晶. 职业教育财税政策的问题与对策. 行政事业资产与财务，2011，(4)：49.

⑦ 韦进. 教育财政政策的优化选择——以浙江省高等职业教育为例. 教育发展研究，2006，(17)：31-33.

⑧ 马建富. 现代职业教育体系构建的制度配置与政策创新. 河北师范大学学报(教育科学版)，2012，(7)：68-72.

结构调整的要求，体现终身教育理念、中等和高等职业教育协调发展的现代职业教育体系，既是转变经济发展方式、建立现代产业的需要，也是实现人的自身全面发展的根本要求。[①]

而现代职业教育体系的构建有赖于系统且完善的职业资格证书制度的建设。职业资格证书制度是联系劳动就业和职业教育与培训的桥梁和纽带，当职业资格成为劳动者就业的重要条件时，自然会激发劳动者接受职业教育与培训的动机。[②]职业教育与培训又是目前取得职业资格证书最主要的途径之一，两者之间的协调发展对于各自的发展和我国劳动者整体素质的提高都有着重要意义。

目前，世界上许多组织和国家都在积极构建国家职业资格证书框架，以实现在各个层面职业教育与国家职业资格认证体系之间的衔接和融通，如顶层设计、管理体系、国家培训质量框架、认证标准、开发流程、学分等值与转化和资格证书框架的互认衔接等。[③]在此类研究中，欧洲联盟的职业教育尤其是职业资格框架制度走在世界的前列，我国倾向于吸收和借鉴欧洲联盟国家的相关职业教育制度和政策。欧洲联盟各国既要建立适合本国国情的职业资格制度，又要建立与欧洲联盟成员国间的互认、互换的资格制度，将本国的职业资格与欧洲资格框架相对接，所以提高国家职业资格的透明度一直是欧洲联盟各国职业教育的主要方面。[④]

"他山之石，可以攻玉"，通过研究欧洲联盟各国先进的职业资格证书制度，不仅加快了我国职业资格证书制度的建设进程，也推动了现代职业教育体系的构建。我国可以借鉴欧洲联盟国家在职业资格证书制度发展过程中的经验，形成一套完善的国家法律、行政法规和与部门规章、地方法规相匹配的职业资格证书制度体系，为职业资格证书制度的发展提供政策保障。[⑤]因此，政府应完善法律政策，建立全国统一的职业资格证书协调机制；分类管理各类职业资格证书；建立完善的质量检查、监督机制。[⑥]

种类 7 为职业教育体制机制政策及澳大利亚职业教育的政策导向研究，包括体制机制、澳大利亚、政策导向等关键词。职业教育体制机制政策是职业教育政

---

① 方晓辉. 构建中国特色现代职业教育体系的政策思考. 辽宁经济管理干部学院(辽宁经济职业技术学院学报), 2014, (4): 55-56.

② 李红卫. 我国职业资格证书制度与职业教育关系研究综述. 职教论坛, 2012, (7): 9-13.

③ 薛栋. 构建现代职业教育体系的四重理论向度及其思考——基于国外职业教育体系建设相关政策分析. 职教论坛, 2013, (19): 50-53.

④ 曲艺, 马立红. 欧盟职业教育政策的特点与启示. 职教论坛, 2009, (30): 58-60.

⑤ 翁伟斌, 彭慧敏. 欧洲职业教育与培训质量保障和认证制度及启示——以意大利为例. 四川师范大学学报(社会科学版), 2013, (4): 97-101.

⑥ 王竞. 我国职业资格证书制度的走向及其政策研究. 职业技术教育, 2003, (28): 59-62.

策研究中的一个重要组成部分。所谓职业教育体制机制是职业教育系统内部有关要素的具体构成形式和各种要素之间的关系，职业教育体制由管理体制和实施体制构成，具体包括办学体制、管理体制、教学体制、招生就业体制等。[①]而职业教育体制机制政策是政党、政府等政治集团在一定的历史时期，为了实现职业教育的发展目标和任务而协调职业教育体制机制的内外关系所规定的行动依据和准则。[②]职业教育体制机制政策的合理化程度影响着国家职业教育质量的高低和进一步的发展。经过数年来职业教育体制机制政策的不断调整与优化，我国职业教育无论从思想意识还是改革实践上都获得了巨大的进步，经过实践探索也积累了一些有益的经验：改革创新职业教育体制机制必须坚持政府统筹，充分利用现有资源，必须纳入社会经济发展规划，坚持多元化办学及为社会和谐稳定服务等。[③]

但通过研究许多政策文本发现，我国目前职业教育体制机制政策还存在诸多问题亟待完善。除了自身的努力，根据自身实际情况借鉴他国职业教育发展的经验，取其精华，去其糟粕，也不失为一种完善我国职业教育的可取方式。

澳大利亚是一个职业教育高度发达的国家，经过 20 世纪后的探索与改革逐步形成了较为完善的职业教育体制机制，其各级政府、行业企业和培训机构共同举办职业教育的政策导向为世界职业教育树立了典范。[④]澳大利亚职业教育发展的国家战略、强制执行的持证上岗制度、健全多元的国家培训体系、政府资助的行业技能委员会制度、竞争择优的投入机制、严格规范的注册准入制度、全国统一的质量保证机制及明晰有效的信息和联网规制等，共同构成了澳大利亚职业教育的良性运行体制机制，保证了澳大利亚职业教育正确的政策导向，也为我国职业教育政策的完善提供了有益的启示和借鉴。[⑤]澳大利亚职业教育与我国职业教育在定位、功能及制度设计方面都存在较为显著的差异，这种差异性的存在提醒中国职业教育界同行不能简单地移植和照搬对方的发展模式，而应结合中国职业教育目前发展的实际情况，从我国职业教育发展的现实出发，有选择地借鉴其成功的经验与做法[⑥]，构建具有中国特色的职业教育政策体制机制。

---

① 雷世平. 我国农村职业教育体制政策及其思考. 职业技术教育, 2005, (4)：55-57.
② 雷世平. 我国农村职业教育体制政策研究. 湖南社会科学, 2006, (2)：139-142.
③ 狄建明, 李霞, 马晖, 等. 职业教育改革试验区体制机制研究. 天津职业院校联合学报, 2011, (5)：3-9.
④ 吕红, 陈泽容. 澳大利亚职业教育体制和投资政策. 重庆职业技术学院学报, 2004, (4)：15-16.
⑤ 李江. 澳大利亚职业教育良性发展机制及其对我国开放大学建设的启示. 中国远程教育, 2011, (12)：25-30, 95.
⑥ 王晓华. 澳大利亚职业教育制度设计及启示. 清华大学教育研究, 2011, (1)：120-124.

四、职业教育政策研究领域的未来展望

依据共词分析的理论和方法研究发现，职业教育政策研究热点主要集中在七个方面。但与此同时，通过对聚类分析图和多维尺度图的进一步归纳分析，可以归纳出我国改革开放以来职业教育政策研究存在着方法创新少、微观研究少、实证研究少等问题。这就要求中国职业教育政策的未来研究应不断拓展研究领域，从而使职业教育政策研究更加成熟、研究领域不断完善。

（一）加强职业教育政策研究方法的创新

一般来讲，教育政策研究的方法繁多。以研究对象来划分，有个案研究和综合性研究；从认识论角度来看，有思辨性研究和实证性研究；就研究规模或层次而言，有宏观研究和微观研究；按研究方法的性质来区别，有定性研究和定量研究。具体的研究方法和方式主要有文献法、实验法、比较法、访谈法、调查法、历史法及人类学方法等。但是，就某一项具体的研究而言，各种方法及其方式总是依据某课题的规模、性质、目标，各种与课题有关的主客观条件等而被灵活组合在一起综合运用。正如有学者所指出的："质的研究者和量的研究者都应当承认由于研究工具和手段的限制，他们所观察到的东西只会是局部的、有限的，由此他们才能发现走出困境的路径。"因此，在职业教育政策的研究中，研究者应当注意研究方法的不断创新，在前人研究的基础上开阔眼界、转换思路、变换视角，灵活运用多种研究方法，深入探讨职业教育政策的相关问题，努力推进职业教育政策学学科的分化，完善职业教育政策科学的学科体系，推动中国职业教育未来的繁荣发展。

（二）关注职业教育政策的微观研究

职业教育政策研究既要关注理论层面的、宏大叙事方面的研究，同时也要关注实践层面的、微观方面的研究，做到理论与实践、宏观与微观的结合。在职业教育政策研究中，宏观研究（Macro-research）以整个政策系统和政策过程作为研究和解释的对象，涉及的是地区、国家甚至是跨国层次的总体政策系统及过程，处理政策研究的一般方法论和分析技术，形成宏观的政策理论即职业教育政策科学总论。微观研究（Micro-research）涉及政策系统、政策过程、政策现象的某一部分、方面或环节，对这样一些部分、方面或环节的研究，构成了职业教育政策研究的分支学科。在我国，目前来看，职业教育政策研究的分化程度较低，基本上停留在职业教育政策研究的一般理论、宏观分析和方法（总论）的研究上，大

部分分支研究并未分化、成型。因此，职业教育政策学研究领域拓展的关键在于微观研究方面的深入与升华，微观研究要为职业教育政策学分支研究的发展奠定坚实的基础，做好坚强的后盾，从而提高职业教育政策的研究地位，增强其在教育政策研究领域的话语权。

（三）增强职业教育政策的实证研究

职业教育政策研究是一个以行动为取向的研究领域，体现了理论与实践、规范研究与实证研究的有机统一。实证研究主要处理的是"事实"，提出的是"是什么"的实然问题；规范研究主要处理的是"价值"，提出的是"应该是什么"的应然问题。职业教育政策的研究既要做事实分析，也要做价值分析，尤其是要高度重视价值判断在决策行为及政策过程中的地位和作用。同时，该研究既要研究政策系统及政策过程，揭示职业教育政策现象背后的规律性，增进人类对政策领域的理解，提供学术知识，又要以人类政策问题的解决作为焦点，提供解决问题的知识和方法。

（四）树立职业教育政策研究的交叉学科意识

职业教育政策研究不是现有的某一学科的更新，而是一个全新的跨学科研究领域，具有综合性、交叉性的特点。政策研究的产生和发展需要以大量的知识和方法为基础，几乎所有迄今为止人类所创造的科学知识和方法都可以运用于政策研究之中。正因为职业教育政策研究的这种全新综合的特征，使得它本身具有社会科学或元社会科学的某些意义，即它的理论和方法具有一般方法论的某些特点。在职业教育政策未来的研究中，研究者应当树立政策研究的交叉学科意识，使其融入社会学、心理学、经济学、政治学、管理学、统筹学、法学等多种学科的不同思维和视角，拓宽职业教育政策研究的广度和深度，挖掘出更加具有说服力、更利于推行的研究成果。

第二节 民办教育政策研究热点的共词可视化

民办教育又称私立教育，是相对于公办教育、公立教育的教育形式，指国家机构以外的社会组织或者个人，利用非国家财政性经费，面向社会举办学校及其他教育机构的活动。民办教育政策研究是教育政策研究中非常重要的内容。

民办教育政策研究热点的研究资料来源于"中国学术期刊网络出版总库",采用高级检索,将期刊年限设定为 1985—2015 年,期刊类别为"全部期刊",以"篇名"为检索条件,设定"民办"并含"政策"为检索内容,共获得相关文献 338 篇(检索时间为 2016 年 11 月 2 日)。为确保研究的可靠性与有效性,首先剔除和教育政策无关的文献,再剔除会议纪要、人物专访、报纸评论、刊物征稿要求、征订启事、刊物总目录信息等非研究文献,得到 269 篇有效文献。除此之外,将有效文献中的关键词进行标准化处理,如将"民办高校""民办高等学校"统一规范为"民办高校"等,从而形成研究的资料来源。

一、民办教育政策高频关键词的词频统计与分析

通过对我国民办教育政策学研究文献关键词的统计,共得到 1313 个关键词。依据高频关键词与低频关键词的临界值计算公式及各数量同频词的词频估算法,最终确定高频低频关键词阈值为 5,统一同义词后,得到 49 个高频关键词,其排序结果见表 5-4。

表 5-4　49 个民办教育政策高频关键词排序

序号	关键词	频次	序号	关键词	频次	序号	关键词	频次
1	民办高校	119	18	教育体制机制	10	35	教育质量	7
2	民办教育	85	19	优惠政策	10	36	公立大学	6
3	政策	63	20	政策问题	10	37	政策因素	6
4	财政资助	28	21	公益性	10	38	政策转型	6
5	政策分析	25	22	政策选择	9	39	民办教育政策	6
6	财税政策	24	23	营利性	9	40	普惠性	6
7	教育事业发展	23	24	教师队伍建设	9	41	高等教育	6
8	政策扶持	23	25	教育公平	9	42	政策执行	5
9	政策建议	22	26	办学者	9	43	政策走向	5
10	教育政策	21	27	公办教育	9	44	可持续发展	5
11	民办学校	17	28	发展现状	8	45	民办职业教育	5
12	合理回报	13	29	非营利性	8	46	政策环境	5
13	政策演变	13	30	招生政策	8	47	政策调整	5
14	分类管理	12	31	治理结构	8	48	教育行政	5
15	社会力量办学	11	32	高等教育政策	7	49	产权	5
16	民办幼儿园	11	33	举办者	7			
17	教育制度	10	34	民办教育促进法	7		合计	750

如表 5-4 所示，49 个高频关键词总呈现频次为 750 次，占关键词出现总频次的 57.12%。通过对前 49 位关键词的排序，可以初步了解到近 30 年来我国民办教育政策学研究领域的集中热点和趋势。其中，前 10 位关键词频次均大于 20，依次为民办高校（119）、民办教育（85）、政策（63）、财政资助（28）、政策分析（25）、财税政策（24）、教育事业发展（23）、政策扶持（23）、政策建议（22）、教育政策（21），其余 39 个关键词出现的频次均大于等于 5。这一结果初步说明，民办教育政策研究多围绕民办教育政策演变、政策走向、政策建议、教育公平、营利性与公益性等方面进行。

二、民办教育政策高频关键词的相异矩阵及分析

利用 BICOMB 共词分析软件，将上述 49 个高频关键词进行共词分析，生成词篇矩阵后，再将矩阵导入 SPSS19.0，选取 Ochiai 系数并将其转化为一个 49×49 的共词相似矩阵；在进行多维尺度分析时，将此矩阵采用（1−相似矩阵）转化为相异矩阵，结果见表 5-5。

表 5-5　民办教育政策高频关键词 Ochiai 系数相异矩阵（部分）

关键词	民办高校	民办教育	政策	财政资助	政策分析	财税政策	教育事业发展	政策扶持	政策建议	教育政策
民办高校	0.000	0.936	0.753	0.762	0.835	0.876	0.876	0.747	0.845	0.827
民办教育	0.936	0.000	0.644	0.783	0.819	0.837	0.774	0.861	0.927	0.858
政策	0.753	0.644	0.000	0.921	0.890	0.967	0.918	0.944	0.971	0.914
财政资助	0.762	0.783	0.921	0.000	0.917	1.000	1.000	0.872	1.000	1.000
政策分析	0.835	0.819	0.890	0.917	0.000	1.000	0.957	0.956	0.953	1.000
财税政策	0.876	0.837	0.967	1.000	1.000	0.000	0.739	0.947	1.000	1.000
教育事业发展	0.876	0.774	0.918	1.000	0.957	0.739	0.000	0.956	0.953	0.954
政策扶持	0.747	0.861	0.944	0.872	0.956	0.947	0.956	0.000	0.905	1.000
政策建议	0.845	0.927	0.971	1.000	0.953	1.000	0.953	0.905	0.000	0.951
教育政策	0.827	0.858	0.914	1.000	1.000	1.000	0.954	1.000	0.951	0.000

如表 5-5 所示，各关键词与民办高校距离由远及近的顺序依次为：民办教育（0.936）、教育事业发展（0.876）、财税政策（0.876）、政策建议（0.845）、政策分析（0.835）、教育政策（0.827）、财政资助（0.762）、政策（0.753）、政策扶持（0.747）。

该结果说明，学者谈论民办高校时，将"民办高校"与"财政资助""政策""教育政策"结合起来论述的成果较多。同时，进一步分析发现，"教育事业发展"与"财税政策""民办教育"经常呈现在一起；"政策建议"与"民办高校""政策扶持"经常呈现在一起。这初步说明，在民办教育政策研究的成果中，学术界会经常研究民办高校的政策和财政资助政策、民办教育发展和财税政策、政策建议及分析等问题。

三、民办教育政策高频关键词聚类及其分析

将表 5-5 中的高频关键词相异系数矩阵导入 SPSS19.0 进行聚类分析，得到的聚类结果见表 5-6。根据聚类分析结果显示的聚团连线距离远近，能直观地看出民办教育政策学研究高频关键词可以分为 6 类，分别为民办教育政策演变及其问题与政策建议研究（种类 1）、基于教育公平的民办教育政策执行研究（种类 2）、民办教育的政策环境及其体制机制创新研究（种类 3）、民办教育的政策调整及其走向研究（种类 4）、营利性与非营利性视野下民办教育的分类管理研究（种类 5）、政策转型视角下民办教育制度研究（种类 6）。

表 5-6　民办教育政策高频关键词聚类结果

种类	关键词
种类 1	政策建议、政策演变、民办教育政策、高等教育政策、民办高校、政策扶持、政策资助、政策分析、发展现状、可持续发展、政策问题、政策因素
种类 2	教育政策、教育公平、政策执行
种类 3	民办职业教育、教育行政、社会力量办学、高等教育、治理结构、教育事业发展、民办幼儿园、普惠性、政策环境、招生政策、产权、财税政策、优惠政策、公办教育、民办教育、政策、办学者、举办者、教育体制机制、教育质量
种类 4	政策选择、教师队伍建设、公立大学、政策走向、政策调整
种类 5	合理回报、民办教育促进法、民办学校、分类管理、营利性、非营利性、公益性
种类 6	教育制度、政策转型

种类 1 为民办教育政策演变及其问题与政策建议研究，包括政策演变、发展现状、政策问题、政策因素等关键词。改革开放以来，我国民办教育事业取得了巨大的发展，其合法地位不断得到确认，这与民办教育政策的促进、规范作用是密不可分的。目前我国民办教育政策推动模式已经从中央主导转变为地方主导，地方政府在发展区域民办教育方面拥有越来越多的自主权。各地民办教育政策在

调整的过程中，以确保教育公平和教育质量为主线，以维护学生权益和教师利益为核心，以财政手段作为主要调整工具，以建构公私合作伙伴关系为路径，以捆绑式政策执行模式来确保政策的推进。但从总体来看，受国家宏观政策的影响，地方民办教育政策调整的空间非常有限。①

当前，我国民办教育政策法规存在没有对用私有经济和私有资产举办的民办学校产权作出明确规定、将公益性和非营利性定位为民办教育基本制度缺乏法律依据、对民办教育重要性认识不足、民办教育发展制度不够宽松、各类民办教育发展不平衡、民办学校经费不足等局限性。②因此，在新的历史条件下，政府应通过制度和政策创新，明确区域民办教育发展战略，加快推进民办教育分类管理制度改革，完善公共财政扶持资助民办教育的制度，完善民办学校投融资政策，落实办学自主权，建立资源共享机制，从而开创民办教育可持续发展的新局面。③

种类 2 为基于教育公平的民办教育政策执行研究，包括教育政策、教育公平和政策执行等关键词。目前我国民办教育发展遭遇到了种种不公平待遇，比如，民办教育投资负担缺乏合理地分担机制，社会力量投资教育的办学机会受到限制，大多数民办学校办学资金短缺，教师福利待遇较低等。④但是，我国也一直致力于基于公平的民办教育事业发展，在教育资源的分配和落实上坚持教育公平的差异性原则，强调对弱势群体的补偿，给予教育弱势群体以优待，以保证弱势群体和正常群体获得公平竞争的机会，这些措施涉及民办高校的设置、招生、学费、办学层次提升等诸方面。⑤

但要从根本上解决民办教育发展的不公平问题，关键在于制度建设，即围绕产权所属作出规范。政府要完善各项制度建设，紧紧抓住《民办教育促进法》的"一个核心、三个关键"的立法精神，赋予民办学校办学的自主权。⑥但现实情况则是，民办教育政策在执行过程中时常存在政策失真问题，政策实施还没有达到制度化的程度，这就需要提高政府教育部门的管理工作规范性，提高管理工作的制度化、科学化水平⑦，强化对行政权力的制约，细化操作性，加强民主监督和执

① 丁秀棠. 区域民办教育政策调整与创新：特点、问题与思考. 现代教育管理，2011，(7)：49-52.

② 肖芸. 民办教育发展路径的新思考. 教学与管理，2010，(21)：56-57.

③ 王旭，黄元维. 现阶段民办教育发展的新向度及其改革思路. 中国成人教育，2014，(13)：22-25.

④ 肖利宏. 论我国民办教育、公办教育发展的非公平. 教育与经济，2000，(4)：21-24.

⑤ 毛勇. 教育弱势群体补偿视角下我国公办、民办高校公平竞争探讨. 教育与职业，2012，(6)：12-14.

⑥ 辛士祥，曹勇安. 实现民办教育公平正义的根本在于制度建设. 教育与职业，2007，(9)：13-16.

⑦ 徐玲，白文飞，曹兴泽. 民办教育政策执行情况调查分析——以东北四城市为例. 现代教育管理，2009，(8)：83-85.

法力度，成立专门的民办教育管理职能部门并规范执法管理行为等，从而尽最大努力来提高民办教育政策的执行力。①

种类 3 为民办教育的政策环境及其体制机制创新研究，包括政策环境、教育体制机制、治理结构、招生政策、产权、财税政策、优惠政策等关键词。深化教育领域综合改革的重要内容之一就是健全我国民办教育办学体制，形成公办与民办共同发展的良好格局。但我国民办教育机构的产权归属是影响民办教育可持续发展的重要问题，在民办学校的产权归属方面，形成了投资者所有说、国家所有说或社会所有说、集体所有说和混合所有说等不同观点，事实上，民办学校的产权结构包括国有资产、出资者投入民办学校的资产、接受捐赠的财产及办学结余等，民办学校产权流转实质上是出资者投入民办学校的资产通过市场机制进行流转。②

要促进民办教育的发展，政府的扶持是关键，然而政府是否要对民办教育提供财政资助是一个有争议的问题。《国家中长期教育改革和发展规划纲要（2010—2020）》明确提出，要"健全公共财政对民办教育的扶持政策。政府委托民办学校承担有关教育和培训任务，拨付相应教育经费"。③税收优惠是国家对民办学校实行扶持政策的一项基本措施，但目前存在国家层面关于民办学校的税收优惠政策较为含糊、解决冲突的机制缺失、税收优惠政策难以落实或落实不力等问题。④这就需要从健全教育法制、对税收政策进行营利性与非营利性区分、加强教育税收管理等方面不断完善民办教育政策⑤，不断扩大民办学校办学自主权，拓展民办学校生存发展空间，释放民办教育办学活力。

种类 4 为民办教育的政策调整及其走向研究，包括政策选择、政策调整、政策走向等关键词。《国家中长期教育改革和发展规划纲要（2010—2020）》指出，"民办教育是我国教育事业发展的重要增长点和促进教育改革的重要力量"，要"办好一批高水平民办学校"，这掷地有声的政策规范为民办教育的稳步发展指明了未来的发展方向。该纲要不仅要求国家为促进民办教育事业提供优良的政策空间，还要求民办学校要基于国家使命来不断进行政策调整，比如，要合理界定民办学校的法人属性，实现与公办学校同等的法律地位；明晰民办学校产权，确定举办者投入民办学校的资产和增值部分财产归属；按照营利和非营利进行分类注册管

① 张铁明. 民办教育法治：政府理解与执行是关键. 教育与职业, 2005, (22)：4-7.
② 李清刚. 民办学校产权流转剖析. 河北师范大学学报(教育科学版), 2015, (3)：97-100.
③ 吴华, 胡威. 公共财政为什么要资助民办教育?北京大学教育评论, 2012, (2)：43-55, 188.
④ 周海涛, 张墨涵. 完善民办学校税收分类优惠政策的思考. 教育与经济, 2014, (5)：25-30.
⑤ 杨龙军. 民办教育税收问题探讨. 税务与经济(长春税务学院学报), 2005, (2)：17-20.

理试点。①

要实现民办高等教育的持续健康发展，不仅需要在思想观念和制度政策上有所转变，而且需要民办高校进一步解放思想、办出特色、提高质量，②不断提高治理体系与治理能力的现代化水平，努力加强自身制度建设，为中国特色现代大学制度建设增添色彩，成为我国教育事业发展中的一道靓丽风景线。

种类 5 为营利性与非营利性视野下民办教育的分类管理研究，主要包括民办教育促进法、合理回报、公益性、营利性、非营利性与分类管理等关键词。当前，我国非营利性民办学校面临着分类管理、办学许可和注册登记制度，产权、资产管理和财务会计制度，法人治理和内部管理制度，教师人事制度，政府监督与服务体系等诸多政策上的难题。③有学者认为，我国民办学校合理回报面临着制度改革不合理、合理回报实质不合理和合理回报形式不合法等三大困局。而破解合理回报的有效措施在于，严格规范合理回报的限额、程序和条件，细分民办学校的法人属性和类型，以立法的形式确定合理回报的限度，制定差异化的扶持政策和监管措施。④

而在民办学校分类管理方面，则存在着"两分法""三分法""四分法"等多种观点。"两分法"认为，可按出资性质将民办学校分为，非营利性和营利性两种；"三分法"主张分为准营利性（混合型）、营利和非营利三种；"四分法"认为，按照投资人对于产权和回报的态度将民办学校分为举办者不求所有权的民办学校、举办者要求所有权的民办学校、举办者要求合理回报的民办学校及营利性民办高校。但总体来看，分类管理属于综合性制度建设，在配套制度上应努力创新，以确保各类型民办学校的健康发展。⑤

种类 6 为政策转型视角下民办教育制度研究，包括教育制度、政策转型等关键词。近些年来，我国地方政府积极推进民办教育制度的创新，但都不同程度地受到政府与公共学校的利益格局、公众参与度低及人治力量太强等因素的制约。⑥事实上，制度作为政府所提供的资源，创新非营利制度是政府为民办教育所做的

---

① 高其. 促进民办教育发展的探索与改革. 中国成人教育，2012，(17)：5-8.
② 顾明远. 中国民办高等教育的基本特征及发展趋势. 教育发展研究，2009，(12)：44-45，49.
③ 单大圣. 非营利性民办学校的困境与出路. 现代教育管理，2013，(12)：68-71.
④ 于光辉，邓志红. 民办学校合理回报：论争、困局与破解. 理论探索，2014，(6)：122-128.
⑤ 宗艳霞，王世涛. 民办高校分类管理制度创新思考——兼论陕西省政府《关于进一步支持和规范民办高等教育发展的意见》的不足与完善. 河北法学，2014，(5)：97-103.
⑥ 柴纯青. 关于地方民办教育制度创新的思考. 教育发展研究，2011，(22)：7-12.

最基本的也是最重要的制度铺垫，能为民办教育发展拓展广阔的空间。[①]

当然，政策是动态连续的过程，需要根据国家宏观政策变化来不断调整。目前我国民办教育政策转型的条件已基本成熟，国家扶持民办教育的政策导向已经基本明晰，对民办教育的扶持政策主要体现在加强公共财政对民办教育的扶持、给予民办学校更多的办学自主权、大力扶持高水平民办学校的建设等三个方面。[②]而其在管理的转型上要实现从单向管理走向多元治理。

四、民办教育政策研究领域的未来展望

根据共词分析的理论和方法研究发现，我国民办教育教育政策研究热点主要集中在六个方面。但通过对聚类分析图和多维尺度图的进一步归纳分析发现，我国改革开放以来的民办教育政策研究还存在着民办教育政策质量、民办教育教师政策、民办教育政策文本话语、民办基础教育、民办职业教育和国外民办教育政策等内容关注不够的问题，这就需要我国民办教育政策的未来研究要不断开拓进取，争取更大的突破，从而推动我国民办教育事业的健康持续发展。

（一）加强民办教育质量政策研究

通俗地讲，政策质量就是政策的好坏，高质量政策的制定绝非易事，要从政策制定的依据，严格政策制定的程序和环节，遵守一定的制定原则，建立完备的政策制定体系，通过制度建设来确保政策制定的质量。但在我国目前民办教育政策的研究中，大多着眼于民办教育的政策演变、政策问题、政策建议等方面。由于民办教育政策的发展还处于建构时期，政策的完善空间还很大，那么针对政策本身制定过程的研究将有助于保证政策制定的质量，最大限度地使政策发挥其应有的作用，从而使我国民办教育更高效地发展。

（二）强化民办教育教师政策分析

高质量的教师队伍是民办教育保持活力和生命力的基本动力。但从民办教育政策研究的已有文献来看，关于民办教师的相关研究少之甚少。事实上，民办学校教师与公办学校教师相比，无论在社会地位还是福利待遇上都存在很大差别，民办教师的生存状况、幸福感状况、进修培训状况及未来发展等都是值得关注的问题。

---

① 尹后庆. 教育服务的制度架构与民办教育制度创新. 教育发展研究，2008，(22)：1-3.
② 徐绪卿，王一涛. 论我国民办高等教育政策从"规范"向"扶持"的转型. 高等教育研究，2013，(8)：42-48.

（三）完善民办教育政策文本话语分析

政策文本分析就是将文本微观分析与文本所处宏观历史脉络相结合，运用多种解读文本的方法和视角发掘文本的深层结构和文本演变的内在逻辑的过程，是透过文本话语揭示政策过程中的价值分配和斗争的过程。政策文本分析是理解教育政策的基本手段，也是促进我国教育政策研究发展的重要途径。[①]将政策文本话语分析运用到民办教育政策研究中来，既为深刻理解民办教育政策内容带来便利，也为民办教育政策有效执行提供捷近，而且对深度解读民办教育政策具有重大的现实意义和理论价值。

（四）重视民办基础教育政策研究

长期以来，民办基础教育的研究处于被忽视的空白地带，当前民办教育政策研究主要关注的是民办高等教育政策。造成处于比较尴尬地位的民办基础教育的原因主要在于义务教育与民办教育合理回报之间的矛盾。但是，民办基础教育又是民办教育政策中不得回避的重大问题，深化民办基础教育研究是未来民办教育政策研究中的重要拓展领域。

（五）关注民办职业教育政策研究

职业教育与民办教育并不是对立的关系，相反两者的处境非常相似，如起步都较晚、在观念上不太被认可、均没有成型的体系等。基于此，民办职业教育政策很不成熟，有关民办职业教育政策的研究更是处于缺乏状态。目前，在我国扶持民办教育和鼓励职业教育发展的政策大背景下，关注民办职业教育政策研究，不仅有利于促进民办教育的发展，而且有利于深化对职业教育的认识。

（六）提高借鉴国外民办教育政策的意识

国外特别是发达资本主义国家，其民办教育的发展已经有比较悠久的历史，而且也积累了深厚的历史经验。但在中国期刊网上搜索国外民办教育政策文献，可以清晰地发现，关注国外民办教育政策研究的学术论文几乎为零，这说明国外民办教育政策研究还处于萌芽、混沌状态，亟须研究人员开疆拓土，加大研究力度，从而为我国民办教育政策的制定、执行及评估等提供域外经验和教训。

[①] 涂端午. 教育政策文本分析及其应用. 复旦教育论坛，2009，（5）：22-27.

第三节　特殊教育政策研究热点的共词可视化

特殊教育是根据特殊儿童的身心特点和教育需要，采用一般的或特殊的教学方法或手段，最大限度地发挥受教育者的潜能，使他们增长知识、获得技能、拥有良好的品德、提高适应能力的一种教育。我国作为一个发展中国家，由于特殊教育起点低、人口多、各地区发展不均衡，特殊教育的整体发展水平与世界上特殊教育比较发达的国家和地区相比，存在很大的差距。现阶段对残疾儿童的教育是我国特殊教育的重点。从全球特殊教育发展的趋势与人权发展的角度来看，特殊教育政策已成为各国教育政策的一个重要组成部分，也是衡量一个国家残疾人特殊教育需求是否得到满足，残疾人是否获得平等参与机会、是否享受平等人权的基本标尺。我国特殊教育政策伴随着改革开放的步伐，经历了草创时期（1978—1989 年）、发展时期（1990—2007 年）、全面提升时期（2008 年至今）等发展历程。同时，在改革开放以来的发展过程中，我国特殊教育政策也展现了追求学生个人完善与社会发展的双重目标，体现了对特殊学生人性尊严的尊重和教育权利的落实与扩展，实现了在平等基础上的合理补偿，坚持了有限隔离与无限融合的教育理念等价值取向。

特殊教育政策研究热点的研究资料来源于"中国学术期刊网络出版总库"，采用标准检索，把期刊年限设定为 1985—2015 年，指定期刊类别为"全部期刊"，以"主题"为检索条件，设定"特殊教育"并含"政策"为检索内容，共获得相关文献 370 篇（检索实践为 2016 年 11 月 1 日）。为了保证研究的可靠性与有效性，采取剔除刊物总目录信息、会议纪要、会议通知、书评、期刊介绍、丛书介绍、年会综述、刊物征稿要求、征订启示等非研究型文献的方法，得到 198 篇有效文章。除此之外，将有效文献中的关键词进行标准化处理，如将"特教学校""特校""弱智学校"统一规范为"特殊教育学校"等，从而形成研究的资料来源。

一、特殊教育政策高频关键词的词频统计与分析

通过对我国特殊教育政策学研究文献关键词的统计，共得到 449 个关键词，最终确定高频低频词阈值为 4，统一同义词后，得到 49 个高频关键词，其排序结

果见表 5-7。

表 5-7　49 个特殊教育政策高频关键词排序

序号	关键词	频次	序号	关键词	频次	序号	关键词	频次
1	残疾儿童	73	18	融合教育	10	35	残疾人教育条例	6
2	特殊教育	72	19	教育发展规划	10	36	教育价值取向	6
3	随班就读	38	20	政策分析	9	37	学前特殊教育	6
4	特殊教育学校	24	21	政策执行	9	38	教育康复训练	6
5	残疾学生	21	22	美国	9	39	特点	5
6	政策	19	23	受教育权利	9	40	工作会议	5
7	师资培养与培训	18	24	义务教育	9	41	特殊儿童	5
8	全纳教育	18	25	特殊教育政策	8	42	问题	5
9	对策	18	26	聋校	8	43	教师	4
10	支持保障体系	16	27	特殊教育事业	8	44	职业教育	4
11	教育公平	16	28	医教结合	7	45	个别化	4
12	教育经费投入	15	29	高等教育	7	46	发展	4
13	教育改革	14	30	教育质量	7	47	体育教师	4
14	教师专业化	13	31	残疾人	6	48	教育工作者	4
15	特殊教育教师	12	32	自闭症	6	49	影响因素	4
16	残疾人教育	11	33	教育政策	6			
17	现状	10	34	专业建设	6	合计		614

　　如表 5-7 所示，49 个高频关键词总呈现频次为 614 次，占关键词出现总频次的 57.65%。通过观察前 49 个关键词的排序，可以初步了解 1985—2015 年我国特殊教育政策学研究领域的集中热点和趋势。其中，前 10 位关键词出现频次均大于16，依次为残疾儿童（73）、特殊教育（72）、随班就读（38）、特殊教育学校（24）、残疾学生（21）、政策（19）、师资培养与培训（18）、全纳教育（18）、对策（18）、支持保障体系（16），其余 39 个关键词出现频次均大于或等于 4。这一结果初步说明，特殊教育政策研究多围绕残疾儿童与残疾学生、特殊教育与特殊教育学校、支持保障体系与师资培养培训等方面主题开展研究。

二、特殊教育政策高频关键词的相异矩阵及分析

利用 BICOMB 共词分析软件，将上述 49 个高频关键词汇进行共词分析，生成词篇矩阵后，再将矩阵导入 SPSS19.0，选取 Ochiai 系数并将其转化为一个 49×49 的共词相似矩阵。同时，在进行多维尺度分析时，将此相似矩阵采用（1-相似矩阵）转化为相异矩阵，结果见表 5-8。

表 5-8　特殊教育政策高频关键词 Ochiai 系数相异矩阵（部分）

关键词	残疾儿童	特殊教育	随班就读	特殊教育学校	残疾学生	政策	师资培养与培训	全纳教育	对策	支持保障体系
残疾儿童	0.000	0.854	0.421	0.649	0.490	0.870	0.858	0.676	1.000	0.725
特殊教育	0.854	0.000	0.943	0.950	0.949	0.694	0.848	0.889	0.722	0.971
随班就读	0.421	0.943	0.000	0.689	0.469	0.924	.749	0.694	1.000	0.594
特殊教育学校	0.649	0.950	0.689	0.000	0.814	0.899	1.000	0.849	0.899	0.733
残疾学生	0.490	0.949	0.469	0.814	0.000	0.949	0.775	0.846	1.000	0.727
政策	0.870	0.694	0.924	0.899	0.949	0.000	0.939	1.000	.889	1.000
师资培养与培训	0.858	0.848	0.749	1.000	0.775	0.939	0.000	1.000	1.000	0.806
全纳教育	0.676	0.889	0.694	0.849	0.846	1.000	1.000	1.000	1.000	0.882
对策	1.000	0.722	1.000	0.899	1.000	.889	1.000	1.000	1.000	1.000
支持保障体系	0.725	0.971	0.594	0.733	0.727	1.000	0.806	0.882	1.000	0.000

如表 5-8 所示，各关键词与特殊教育距离由远及近的顺序依次为：支持保障体系（0.971）、特殊教育学校（0.950）、残疾学生（0.949）、随班就读（0.943）、全纳教育（0.889）、残疾儿童（0.854）、师资培养与培训（0.848）、对策（0.722）、政策（0.694）。此结果说明，人们谈论特殊教育时，将"特殊教育"与"政策""对策""师资培养与培训""残疾儿童"结合起来论述的成果较多。同时，通过对表中的系数大小进一步研究亦可发现，"残疾儿童"与"随班就读""残疾学生"经常呈现在一起；"全纳教育"与"残疾儿童""随班就读"结合在一起；"支持保障体系"与"随班就读""残疾儿童"较多地呈现在一起。这也初步说明，在已有关于特殊教育政策的研究成果中，研究者会经常关注特殊教育、师资培养与培训、支持保障体系、残疾儿童等问题。

三、特殊教育政策高频关键词聚类及其分析

将表5-8的高频关键词相异系数矩阵导入SPSS19.0进行聚类分析，得到的聚类结果如表 5-9 所示。根据聚类分析结果显示的聚团连线距离远近，能直观地看出教育政策学研究高频关键词可以分为 6 类，分别为全纳教育视角下残疾儿童受教育权的政策分析与政策执行研究（种类1）、基于融合教育的特殊教育师资培养与培训政策研究（种类2）、特殊教育专业建设与自闭症儿童康复训练研究（种类3）、义务教育阶段特殊儿童的职业教育研究（种类4）、基于教育公平的残疾人教育政策的价值取向及影响因素研究（种类5）、特殊教育发展的现状与问题及对策研究（种类6）。

表 5-9　特殊教育政策高频关键词聚类结果

种类	关键词
种类 1	残疾儿童、随班就读、残疾学生、残疾人教育条例、支持保障体系、教育经费投入、教育改革、教育发展规划、特殊教育学校、全纳教育、残疾人教育、教育质量、工作会议、受教育权利、高等教育、特殊教育政策、特殊教育事业、聋校、政策执行、政策分析、美国
种类 2	学前特殊教育、特殊教育、政策、融合教育、教师专业化、特殊教育教师、师资培养与培训、体育教师
种类 3	专业建设、教育工作者、教育康复训练、自闭症、特点
种类 4	义务教育、职业教育、教师、特殊儿童
种类 5	教育公平、残疾人、教育价值取向、个别化、教育政策、影响因素
种类 6	对策、问题、现状、发展

种类 1 为全纳教育视角下残疾儿童受教育权的政策分析与政策执行研究，包括残疾儿童、随班就读、支持保障体系、教育经费投入、教育改革、特殊教育学校、全纳教育、教育质量、受教育权利、特殊教育政策、政策执行、政策分析等关键词。全纳教育主张教育应满足所有儿童的需要，教育机构应平等地接纳包括特殊群体在内的所有适龄儿童。全纳教育的本质和核心内涵是教育公平，它强调学生参与的过程，关注学生全纳与排斥的问题。[①]

我国应在全纳教育理念的指导下，完善中国的特殊教育政策体制和教育立法。[②]教育行政部门应定期检查现有政策文件的落实执行情况，加强政策的执

---

① 钱丽霞. 全纳教育在中国实施之设想. 全球教育展望, 2003, (5): 45-50.
② 刘贤伟. "全纳教育"呼唤中国完善特殊教育政策和教育立法. 中国特殊教育, 2007, (8): 3-7.

行力度①；宣传和普及全纳教育观念，改革现有教育体制，建立全纳教育支持系统和全纳教育体系；完善特殊教育立法；增加财政投入，提高随班就读质量；转变普通学校教学方式，增强全纳教育效果；促进特殊儿童职业教育发展，实现平等的社会参与。②

残疾儿童作为国家公民有平等接受教育的权利，也享有进入各级各类学校学习的权利，在受教育的权利和机会上不应有先后、多寡、厚薄之别。③目前我国残疾儿童受教育权得不到有效保障，存在教育机会不平等的现象。其原因包括：残疾人教育法律政策和体系不完善，教育管理体制不健全，政策执行中存在执法不到位、经费投入不足、特教教师薪酬水平较低、教育督导不力等问题。④当然，在全纳教育视角下，特殊教育教师应具备全纳的教育理念、知识和能力，培养课程应具有融合性、综合性、针对性，培养机构应是多元的、民主的、一体化的。⑤同时，在国家财政性教育经费投入逐年增加的基础上，特殊学校生均教育经费支出也应不断增长，应加大特殊教育经费投入力度，对普通学校开展特殊教育的财政性经费投入，合理规划特殊教育经费支出结构。⑥

种类 2 为基于融合教育的特殊教育师资培养与培训政策研究，包括特殊教育、政策、融合教育、教师专业化、特殊教育教师、师资培养与培训等关键词。融合教育是面向全体学生的教育，它主张关注每位学生，无论其身体、智力、社会、情绪、语言或其他情况如何，都应促进所有学生积极参与学习和生活，改变社会中的歧视和排斥态度。⑦融合教育思想认为残疾儿童有权在普通教室接受平等的、质量高且适合自身特点的教育与服务；融合教育试图通过残疾儿童教育来变革整个教育体制并促进社会文化的改善。⑧

---

① 肖秀平，刘培英，陈志雄，等. 特殊儿童随班就读发展现状和政策执行研究——以广州市为例. 教育导刊，2014，（4）：22-26.

② 朱楠，王雁. 全纳教育视角下特殊儿童的教育公平. 中国特殊教育，2011，（5）：24-29.

③ 张小根，傅林峰. 论残疾儿童少年受教育权的法律保障及其实现. 中国特殊教育，2004，（9）：8-12.

④ 孟万金，刘在花，刘玉娟. 采取有力措施，促进残疾儿童教育权利平等和机会公平——六论残疾儿童教育公平. 中国特殊教育，2007，（4）：3-6.

⑤ 李秀娟. 特殊教育师资培养的理想典型模式——全纳教育的视角. 华南师范大学学报(社会科学版)，2016，（2）：65-70.

⑥ 赵小红，王丽丽，王雁. 特殊教育学校经费投入与支出状况分析及政策建议. 中国特殊教育，2014，（10）：3-9.

⑦ 田志磊，张眉，郭楠，等. 融合教育理念下的特殊教育财政：历史、现状及未来. 教育学术月刊，2015，（1）：35-49.

⑧ 邓猛，潘剑芳，关文军. 融合教育背景下我国高等院校特殊教育专业建设的思考. 现代特殊教育，2015，（6）：1-7.

　　借鉴西方融合教育的思想，我国采取了随班就读的形式。但目前我国随班就读的实际教学质量并不乐观，残疾儿童在普通教育环境中接受的教育质量、个人的发展状况和自身潜力实现程度并不理想。[①]因此，融合教育背景下特殊教育学校必须重新定位为融合教育的支持者，其功能从单一教育功能转变为多重服务功能，教师角色由单一教育者角色转变为兼具"教育者""合作者""协调者""督导者"的多重角色。[②]"特教要发展，师资须先行"，融合教育要求普通教育教师和特殊教育教师在高度多样性的融合学校环境中协同教学、相互合作。[③]

　　但是目前我国特殊教育教师存在专业化水平不高、专业化教师的培养模式缺乏特色、教师接受继续教育和专业进修的渠道不畅、职前和职后教育相脱节等问题，这就需要加强教师专业化发展的理论建设，注重终身教育和终身学习理论的发展，改革和完善教师专业化发展的机制，鼓励特殊教育教师成为反思型实践者和研究型教师，尽快建立并实行特殊教育专业资格证书制度。[④]

　　种类3为特殊教育专业建设与自闭症儿童康复训练研究，包括专业建设、教育工作者、教育康复训练、自闭症、特点等关键词。特殊教育专业是普通高等教育为特殊教育学校、随班就读儿童或其他特殊教育机构、社区从事特殊教育实践、理论研究及管理工作而培养专门人才的专业。该专业主要学习特殊儿童心理和教育方面的基本理论与知识，接受对特殊儿童进行教育、干预和研究的基本训练。[⑤]

　　改革开放以来，我国先后制定并实施了一系列有利于特殊教育学校建设和特殊教育专业教师发展的政策和文件。特殊教育工作的重心由办学基础设施建设向全面提高特殊教育质量转变。国家对高校培养特殊教育师资的特殊教育专业投入不断增大，各地高校纷纷开设特殊教育本科专业。[⑥]为了满足特殊教育事业发展的需要，很多部属重点师范大学、地方大学、地方师范院校陆续建立了特殊教育专业，逐步形成了本科、硕士及博士多层次人才培养体系，为特殊教育事业

---

① 冯雅静，王雁. 随班就读任职教师职业适应社会支持的关系研究. 中国特殊教育，2013，(5)：13-19.
② 朱楠，王雁. 融合教育背景下特殊教育学校职能的转变. 中国特殊教育，2011，(12)：3-8.
③ 邓猛，赵梅菊. 融合教育背景下我国高等师范院校特殊教育师资培养模式改革的思考. 教育学报，2013，(6)：75-81.
④ 张悦歆. 特殊教育教师专业化与特殊需要教育. 中国特殊教育，2004，(2)：52-56.
⑤ 沈建洲，张海钟. 甘肃省特殊教育人才需求与特殊教育专业建设——以兰州城市学院为例. 甘肃广播电视大学学报，2011，(3)：58-61.
⑥ 张婷，宋尚桂. 山东省特殊教育本科专业建设的困境与对策研究——以济南大学特殊教育专业为例. 现代特殊教育，2015，(2)：74-78.

培养了大批人才。①

目前，我国特殊教育专业建设面临着人才培养定位精致性不足、师资队伍教学科研能力不强、学生专业认同感缺失、特殊教育学科建设特色缺乏及特殊教育资源整合意识不强等问题。②面对特殊教育专业建设中的诸多问题，必须加强特殊教育专业的建设。首先，要加强特殊教育专业师资队伍建设，着力打造一支结构合理、学术水平高的师资队伍。其次，要完善特殊教育专业学生培养方案建设。再次，要加强与一线学校的联系，为一线学校提供更多的技术服务。最后，应进一步完善特殊教育专业硬件设施建设，加强教学实践基地建设。③

在此过程中，教育康复训练在特殊教育政策研究中占据着十分重要的地位，针对不同病症的残疾儿童有不同的教育康复训练，很多国家都在有关自闭症的病情、病因、诊断和治疗等诸方面做了很多研究。④同时，融合教育也是自闭症儿童教育康复训练研究中备受关注的方面。自闭症社会性康复，必须要走"社会融合教育"的道路，没有"社会融合教育"，就没有最佳康复。⑤

种类 4 为义务教育阶段特殊儿童的职业教育研究，包括义务教育、职业教育、教师、特殊儿童等关键词。特殊儿童义务教育的普及程度和教育质量的高低，直接影响其受教育水平和未来生活质量，也影响着我国教育的整体水平。⑥残疾儿童是社会中的特殊困难群体，特殊教育学校开展职业教育是特殊教育改革的重要任务，更是残疾儿童获得就业知识和技能，谋求生存和发展的需要。

改革开放以来，我国特殊教育学校的职业教育经历了"艰难起步、实践探索、逐步规范"的发展历程，构建了"初职为主体、中职为骨干"的特殊教育学校职业教育体系框架，初步构建了特殊教育学校职业教育政策体系，使得职业教育初具规模，办学体制有所创新，培养出大量高素质残疾劳动者和实用型残疾人才。⑦

总体来看，特殊职业教育在我国整个教育体系中起步较晚且处于弱势地位，

① 于素红. 我国本科层次特殊教育专业建设的问题与建议. 中国特殊教育，2012，(1)：9-13.

② 张婷，宋尚桂. 山东省特殊教育本科专业建设的困境与对策研究——以济南大学特殊教育专业为例. 现代特殊教育，2015，(2)：74-78.

③ 唐惠民. 江西省特殊教育专业的发展机遇及建设目标. 职教论坛，2011，(35)：40-41，43.

④ 孙圣涛. 关于自闭症儿童教育的探讨. 上海教育科研，1998，(7)：31-34.

⑤ 方俊明. 融合教育与教师教育. 华东师范大学学报(教育科学版)，2006，(3)：37-42，49.

⑥ 陈丽兰，肖少北. 海南省特殊儿童义务教育的现状及对策研究. 海南师范大学学报(社会科学版)，2012，(1)：104-107.

⑦ 刘俊卿. 我国特殊教育学校职业教育发展的历史经验、现实问题与未来选择. 中国特殊教育，2011，(3)：3-7.

存在着职业教育专业项目少、无科学教学计划、课程结构简单，教学方法传统单一，教材、专用教室、场地和设施等资源匮乏，职业教育兼职教师多而专职教师少，"双师型"教师紧缺等问题。[①]要想改变当前的状况，政府应注重完善政策、提高质量、强化保障、加强管理。[②]针对我国特殊教育和职业教育起步较晚的现实，借鉴他国经验也是一种可取的方式，如以德国为代表的发达国家的职业教育模式，在保障机制、运行模式和对特殊人群职业教育促进方面所蕴含的以人为本、理性思想和社会责任意识等都值得学习。[③]

种类 5 为基于教育公平的残疾人教育政策的价值取向及影响因素研究，包括教育公平、残疾人、教育价值取向、个别化、教育政策、影响因素等关键词。特殊教育及弱势群体教育的公平性问题日益引起世界的关注，中华人民共和国成立以来特别是改革开放以来，颁布了一系列代表国家意志并反映国家教育价值观的特殊教育政策，教育公平始终是其价值观中最核心的内容。其中，特殊教育公平问题逐渐成为社会各界关注的热点，国家也呼吁要保障残疾人享有平等接受教育的权利，扩大招生对象，延长受教育年限，缩小残疾人与同龄人的差距。[④]

教育政策是价值选择的结果，是对价值的权威分配。教育政策价值偏颇必定影响教育公平。政府是特殊教育政策的价值主体、分配主体、评价和监督主体。政策决策和执行主体对特殊儿童和特殊教育的价值观，很大程度上决定了特殊教育的政策价值及特殊教育政策的实践活动。政策主体所秉持的科学价值、教育理念、人文价值及政策主体追求的政策利益不同导致的价值立场偏颇，都影响着政策活动与实践。[⑤]目前，我国特殊教育目的的价值取向逐渐融合，未来的特殊教育目的需要同时顾及国家、学校、家庭、特殊儿童等不同主体的需要，囊括个人本位与社会本位的价值取向，在符合国家教育方针政策的同时，要切实考虑特殊儿童的心理发展需要、个性差异，满足其发展需求。[⑥]

种类 6 为特殊教育发展的现状与问题及对策研究，包括对策、问题、现状、发展等关键词。改革开放以来，我国残疾儿童总体入学率较低，城乡差异增大，

① 赵巧云. 河北省特殊教育学校职业教育现存问题及建议. 中国特殊教育，2007，(3)：62-66，52.
② 刘俊卿. 特殊教育学校中等职业教育的现状分析及策略选择. 中国职业技术教育，2010，(18)：23-26.
③ 陈瑞英. 德国特殊人群职业教育的经验对我国现代职业教育体系构建的启示. 职教论坛，2015，(30)：93-96.
④ 陈美志. 论我国特殊教育政策的教育公平价值取向. 长江师范学院学报，2011，(1)：162-165.
⑤ 王培峰. 教育政策价值选择与教育公平——以特殊教育政策为例的分析. 四川师范大学学报(社会科学版)，2014，(5)：77-83.
⑥ 苏晗. 关于我国特殊教育目的价值取向的分析思考. 绥化学院学报，2016，(10)：143-146.

特殊教育学校地区分布不平衡，就读于普通学校的残疾学生人数呈下降趋势，附设特教班规模萎缩，入学总人数不足且地区差异加大，特殊教育财政投入结构不均衡。①同时，在特殊教育的发展过程中，存在融合教育效果较差、残疾人职业教育严重滞后、师资队伍不稳等问题。②为改变分散、低效、无序的传统管理模式，应确立统一、有序、高效、规范、灵活、开放的良性运作体制；强化政府对特殊教育的干预行为及其宏观调控能力，突出教育部门主管功能，集中整合、统一管理；在公办为主的特殊教育领域中引入竞争、责任机制，发展和培育多元办学模式。③

当前，我国特殊教育正从单一的层次、类型、渠道、主体向多层次、多类型和多元化发展，有必要通过公众参与、多元利益表达、利益博弈机制和制度创新，达到价值和利益的平衡，保证教育公共政策的公正性。④同时，与国外相比，我国特殊教育研究还存在一些不足，研究人员和科研经费不足，缺乏横向合作学术成果交流。这就需要大力发展特殊教育科学研究，兼顾定性研究和定量研究，注重多元文化取向和多学科取向，强化多学科融通，加大跨地区、跨文化的国际合作研究及学术交流的力度，为特殊教育研究的繁荣提供经验。⑤

四、特殊教育政策研究领域的未来展望

依据共词分析的理论和方法，我国特殊教育政策研究热点主要集中在六个方面。但是，通过对多维尺度图和聚类分析图的进一步归纳分析发现，我国特殊教育政策研究还需要在教育政策评估、教育政策变迁、教育体制政策、教育质量政策、国外政策研究等方面不断开拓创新，使特殊教育政策研究更加成熟、研究领域更加完善。

（一）加强特殊教育政策评估研究

特殊教育政策评估在促进特殊教育政策科学化、民主化、制度化方面扮演着重要的角色。我国有关特殊教育政策评估的研究起步较晚，在数量和质量方面都

---

① 彭霞光. 中国特殊教育发展现状研究. 中国特殊教育，2013，（11）：3-7，13.
② 延鸣，王怡. 问题、对策与途径：关于特殊教育的几点思考. 中国成人教育，2015，（4）：21-23.
③ 王玉琼，王玉娥. 我国特殊教育管理模式：现状、成因及对策分析. 中国特殊教育，2003，（6）：68-72.
④ 陈云凡. 我国特殊教育发展评估. 学海，2007，（4）：61-66.
⑤ 肖非. 面向 21 世纪的中国特殊教育——问题与对策. 人民教育，2001，（11）：45-46.

不够成熟，理论研究和实践操作都处在初级阶段。这就需要研究人员在今后要注重加强特殊教育政策评估的研究，实事求是地分析当前的特殊教育政策，并有针对性地提出与之相对应的解决措施，构建起符合中国特色社会主义发展道路的特殊教育政策评估体系。

（二）重视特殊教育政策变迁研究

当前我国的特殊教育政策体系比较完整，政策实施效果较为显著，但在机构设置、管理体制、城乡差距、师资队伍、经费投入等方面还需要进一步完善。重视特殊教育政策变迁的研究，有利于对我国特殊教育的发展历程有完整的、清晰的认识，从而更好地认识特殊教育政策发展规律，在此基础上借鉴以往的经验，为政策制定提供有益的建议。同时，对特殊教育政策的变迁进行研究，能够充分发挥政策优势，从总体上保证特殊教育的正常运转和残疾儿童正常地接受教育，有效发挥教育在国民素质提高方面的作用。

（三）强化特殊教育体制政策研究

制定科学合理的特殊教育体制政策可以协调各级各类特殊教育之间的关系，协调各种教育行政部分之间及其与学校管理之间的关系，以及特殊教育学校内部的关系。虽然我国特殊教育体制改革已取得重大进展，但对其的研究还不够充分和深入。通过对特殊教育体制政策的深化研究来带动特殊教育事业的发展，可以促进特殊教育体制政策由革除旧体制到建立新体制新机制的发展，实现特殊教育体制与机制的创新。

（四）注重特殊教育质量政策研究

加强对特殊教育质量政策的研究不仅需要探讨中华人民共和国成立以来特殊教育质量的相关政策，还需要找寻特殊教育政策制定中存在的问题，并分析我国特殊教育质量政策今后的发展态势，以此推进特殊教育质量政策的研究，可以丰富特殊教育政策理论，使特殊教育质量提升到有法可依、有法必依的高度，合理发挥特殊教育质量政策应有的导向和控制作用。

（五）深化国外特殊教育政策研究

我国特殊教育政策的理论研究存在着研究目标单一、研究力量薄弱、研究机构类别较少、研究形式单一、研究范围狭窄、研究方法相对滞后、理论体系有待构建等问题。为了促使我国特殊教育事业更好更快地发展，需要对国外特殊教育政策进行深入的研究。通过对国外发达国家特殊教育政策的剖析，比较中外特殊教育政策的异同，探索各国特殊教育的发展特点和优势，取长补短，总结发展规律，可以为我国特殊教育政策的完善和改进提供启示和借鉴，以期更好地保障弱势群体公平的受教育权。

第四节　终身教育政策研究热点的共词可视化

近年来，随着我国社会的快速发展和教育制度的深化改革，终身教育在我国教育改革政策中重要的地位逐步显露。《国家中长期教育改革和发展规划纲要 2010—2020 年》中明确规定，要"构建体系完备的终身教育"和"构建灵活开放的终身教育体系"，显示出我国终身教育思想已经逐步渗入到教育政策改革之中。[①]

终身教育政策研究热点的研究资料来源于中国知网，采用标准检索，将期刊年限设定为 1985—2015 年，指定期刊类别为"全部期刊"，以"主题"为检索条件，设定"终身教育"并含"政策"为检索内容，共获得相关文献 981 篇（检索时间为 2016 年 11 月 1 日）。为确保研究的可靠性与有效性，采取去除书评、期刊介绍、会议通知、会议纪要、刊物征稿要求等非研究型文献的方法，得到 932 篇有效文章。除此之外，将有效文献中的关键词进行标准化处理，如将"终身教育""终生教育"统一规范为"终身教育"等，从而形成研究的资料来源。

一、终身教育政策高频关键词的词频统计与分析

通过对我国终身教育领域教育政策研究文献关键词的统计，共得到 2059 个关键词，最终确定高频低频词阈值为 12，统一同义词后，得到 51 个高频关键词，其排序结果见表 5-10。

---

① 赵艳，胡乡峰. 我国终身教育的现状分析. 通化师范学院学报，2012，(4)：94-96.

表 5-10　51 个高频关键词频次表

序号	关键词	频次	序号	关键词	频次	序号	关键词	频次
1	终身教育	364	19	困境	21	37	构建	16
2	成人教育	90	20	教育公平	21	38	特色	15
3	学习型社会	82	21	终身教育体系	21	39	职业教育体系	15
4	政策	70	22	启示	21	40	高等教育	15
5	教育改革与发展	69	23	高等职业教育	21	41	学校教育	15
6	政策建议	55	24	社区学院	21	42	农村教育	15
7	终身学习	54	25	管理体制机制	21	43	影响因素	14
8	继续教育	52	26	比较与借鉴	21	44	农村	14
9	教育政策	46	27	发展趋势	20	45	就业指导	13
10	社区教育	46	28	人力资源	20	46	农民	13
11	职业教育	43	29	价值取向	19	47	开放教育	12
12	职业教育与培训	40	30	远程教育	19	48	高校	12
13	开放大学	29	31	现状	18	49	广播电视大学	12
14	学分银行	27	32	日本	18	50	教育	12
15	教育体系	27	33	终身教育理念	18	51	职业资格证书	12
16	教育模式	25	34	非学历教育	17			
17	教育质量	24	35	特点	16			
18	成人高等教育	23	36	老年教育	16	总计		1721

　　如表 5-10 所示,51 个高频关键词总呈现频次为 1721 次,占关键词出现总频次的 38.92%。通过前 51 个关键词的排序,可以初步了解 1985—2015 年我国终身教育领域教育政策研究的集中热点和趋势。其中,前 10 位关键词频次均大于 45,依次为终身教育(364)、成人教育(90)、学习型社会(82)、政策(70)、教育改革与发展(69)、政策建议(55)、终身学习(54)、继续教育(52)、教育政策(46)、社区教育(46),其余 41 个关键词出现频次均大于或等于 43。这一结果初步说明,终身教育领域政策研究多围绕终身教育体制下各级各类教育政策的发展、教育政策的改革及学习型社会的构建等方面进行。

二、终身教育政策高频关键词的相异矩阵及分析

利用 BICOMB 共词分析软件，将上述 51 个高频关键词汇进行共词分析，生成词篇矩阵后，再将矩阵导入 SPSS19.0，选取 Ochiai 系数并将其转化为一个 51×51 的共词相似矩阵；同时，在进行多维尺度分析时，将此相似矩阵采用（1–相似矩阵）转化为相异矩阵，结果见表 5-11。

表 5-11　终身教育政策高频关键词 Ochiai 系数相异矩阵

关键词	终身教育	成人教育	学习型社会	政策	教育改革与发展	政策建议	终身学习	继续教育	教育政策	社区教育
终身教育	0.000	0.906	0.712	0.861	0.821	0.929	0.842	0.934	0.790	0.876
成人教育	0.906	0.000	0.929	0.937	0.974	0.901	0.900	0.898	0.922	1.000
学习型社会	0.712	0.929	0.000	0.973	0.919	0.925	0.848	0.953	0.885	0.984
政策	0.861	0.937	0.973	0.000	0.912	0.968	0.902	0.917	0.947	0.911
教育改革与发展	0.821	0.974	0.919	0.912	0.000	0.984	0.983	0.950	0.928	0.946
政策建议	0.929	0.901	0.925	0.968	0.984	0.000	0.982	0.888	0.980	0.901
终身学习	0.842	0.900	0.848	0.902	0.983	0.982	0.000	0.943	0.940	0.980
继续教育	0.934	0.898	0.953	0.917	0.950	0.888	0.943	0.000	0.980	0.980
教育政策	0.790	0.922	0.885	0.947	0.928	0.980	0.940	0.980	0.000	1.000
社区教育	0.876	1.000	0.984	0.911	0.946	0.901	0.980	0.980	1.000	0.000

从表 5-11 可以看出，各关键词与终身教育距离由远及近的顺序依次为：继续教育（0.934）、政策建议（0.929）、成人教育（0.906）、社区教育（0.876）、政策（0.861）、终身学习（0.842）、教育改革与发展（0.821）、教育政策（0.790）、学习型社会（0.712）。此结果说明，人们谈论终身教育时，将"继续教育"与"政策建议""成人教育""政策""终身教育"结合起来论述的成果较多。同时，通过对表中的系数大小进一步研究亦可发现，"成人教育"与"继续教育"经常结合在一起；"学习型社会"与"终身学习""教育政策"经常呈现在一起；"政策建议"与"继续教育"较多地呈现在一起。这初步说明，在已有教育政策的研究成果中，研究者经常关注成人教育与继续教育、学习型社会与终身学习及教育政策、政策建议与继续教育等问题。

三、终身教育政策高频关键词聚类及其分析

将表 5-11 中的高频关键词相异系数矩阵导入 SPSS19.0 进行聚类分析，得到的聚类结果见表 5-12。根据聚类分析结果显示的聚团连线距离远近，能直观地看出终身教育领域政策研究高频关键词可以分为 6 类，分别为终身教育体系背景下各级各类教育政策的发展趋势研究（种类 1）、成人继续教育的困境与政策建议及社区教育的特色与启示研究（种类 2）、终身教育理念视域下非学历教育的比较与借鉴研究（种类 3）、基于教育公平的开放教育政策价值取向及其模式研究（种类 4）、成人高等教育政策研究（种类 5）、农村地区农民教育研究（种类 6）。

表 5-12　终身教育政策高频关键词聚类结果

种类	关键词
种类 1	终身教育、学习型社会、终身学习、构建、学校教育、远程教育、广播电视大学、开放大学、终身教育体系、政策、发展趋势、日本、职业教育、职业教育体系、教育质量、管理体制机制、教育改革与发展、高等职业教育
种类 2	政策建议、困境、成人教育、继续教育、影响因素、现状、特点、社区教育、社区学院、启示、特色、老年教育
种类 3	终身教育理念、就业指导、职业教育与培训、教育体系、人力资源、学分银行、职业资格证书、非学历教育、比较与借鉴
种类 4	教育政策、价值取向、教育公平、教育模式、开放教育、农村教育
种类 5	成人高等教育、高校、高等教育
种类 6	农村、农民、教育

种类 1 为终身教育体系背景下各级各类教育政策的发展趋势研究，包括终身教育、学习型社会、终身学习、构建、学校教育等关键词。各级各类教育政策的发展研究是终身教育体系背景下的重点研究领域，终身教育体系研究在终身教育政策研究中处于核心地位；同时，如何构建学习型社会是终身教育政策研究中的基本问题，有利于推动教育政策的改革和发展。

终身教育和终身学习理念是指社会全体成员在其一生中持续不断的学习过程；纵向上教育和学习应该贯穿人的一生，即从婴幼儿到生命终结前的全过程，学习应该成为每个社会成员生命阶段中不断反复的过程和重要的生活方式，体现时时可学的特点；横向上教育和学习应该包括全体社会成员，范围是全民教育和全民学习，体现了人人接受教育、参加学习的特点。[1]

---

[1] 张昭文. 关于中国终身教育的发展与政策报告. 中国成人教育，2012，(4)：5-10.

终身教育、终身学习、建立学习型社会已经成为当前盛行的国际思潮。江泽民同志就曾提出："构筑终身教育学习体系，创建学习型社会。"而在学习型社会中，学习将成为一种人的自身发展的需求，在个人生活和社会生活中占有越来越重要的位置，学习将成为社会一切成员整个生命期的活动，学习和教育将成为一个结构和功能完整的社会体系。[①]构建学习型社会，需要通过终身教育立法确立终身教育在我国的基本地位，同时利用政府行政指导的力量获得公权力的强力支持与推进，以及鼓励民间力量参与，以使教育资源全面共享，这些都是建立完善机制必不可少的重要因素。[②]

在依法治教、终身教育、全民学习等理念得到普遍认同的今天，探讨终身教育法规的社会作用和个体价值及其与构建终身教育体系的关系，显得重要而急迫，这种探索将有益于人们在终身教育领域的实践拓展。[③]而终身教育的最终实现，要依赖充分的教育机会，开放的、多元化的教育体制，以及灵活的学校制度与构建终身教育的社会环境和体制。[④]

中国近邻的日本和韩国先后制定了终身教育法，终身学习体系的建立也具有相当的规模。但日本的终身教育法案，在具体活动的开展过程中仍然遇到了各种问题，如前述行政参与过多、教育活动的主体性等，这些问题的解决有待我们进一步关注，特别是要关注其政策、活动的发展变化，并进行更加深刻的分析和探讨。[⑤]

通过借鉴域外发展经验，我国在远程教育领域以电大开放教育为依托、以构建终身教育体系为目的的开放大学建设思路基本形成，开放大学5+1试点已经启动，在构建终身教育体系的指导下，开始对开放大学的专业与课程体系设置进行一些探索。[⑥]而澳大利亚的职业与技术教育的改革深受终身学习与终身教育理念的影响，确立了特征鲜明的职业教育与培训的体制、机制及教学培训的模式和评估标准。职业教育国家框架的建立明确了澳大利亚职业教育与培训与初等教育、中等教育及高等教育的衔接关系。澳大利亚职业与技术教育的改革经验对我国发展职业教育、构筑终身教育体系都具有重要的借鉴意义。[⑦]特别是在终身教育的背景

---

① 厉以贤. 终身教育的理念及在我国实施的政策措施. 北京大学教育评论, 2004, (2)：58-62.

② 国卉男. 我国终身教育政策保障机制的建设与探索. 职教论坛, 2014, (21)：33-39.

③ 王豫生, 涂怀京. 终身教育法规的社会作用和个体价值. 教育评论, 2004, (6)：11-13.

④ 张晓华. 从终身教育的角度看教育公平问题. 教学与管理, 2006, (21)：11-12.

⑤ 夏鹏翔. 日本终身教育政策实施现状分析. 日本学刊, 2008, (2)：116-129.

⑥ 康萍. 浅析开放大学专业与课程体系设置——基于构建终身教育体系的思考. 中国远程教育, 2012, (6)：35-40, 95.

⑦ 陆建平. 终身教育理念背景下的澳大利亚职业与技术教育改革. 高等教育研究, 2007, (3)：67-72.

下，新型职业农民培育的需求呈现出多样化的特征。基于新型职业农民培育的现实需求，未来政策应加强农户的筛选分类培训、提升培训内容和形式的针对性和创新性，培训时间和地点应以短期、就近培训为主。同时，政府应加大资金投入，为新型职业农民培训提供保障。①

而在学前教育领域，转变观念，查找问题，完善学前教师继续教育课程建设是学前教育领域一项最基础和最迫切的工作，也是实现学前教师继续教育和终身教育的基础工作和发展趋势。②现代社会已经进入终身教育的时代，如何全面深化基础教育内部的体制改革，强化学校在培养社会急需人才方面的机能，以及探索学校教育和学校外教育的连接和融合等，已经成为世界各国关注的重心和亟待解决的课题。研究者通过对美国、日本等先进国家立足于终身教育的背景，并在终身教育的框架之下实施基础教育改革的现状分析和比较研究，探讨了中国基础教育改革的若干新思路和新途径。③

种类2为成人继续教育的困境与政策建议及社区教育的特色与启示研究，包括政策建议、困境、成人教育、继续教育、影响因素、现状、特点、社区教育等关键词。在现代社会中，是否真正重视成人继续教育，是检验政府、社会是否真正确立了终身教育思想的试金石；成人继续教育的发展水平和成熟程度，是衡量终身教育体系是否健全及完善程度的主要标志。④过去，成人继续教育为社会主义现代化建设培养了数以千万计的各类人才，为经济社会的发展作出了突出的贡献，今天却面临着许多问题。有研究者通过调研、梳理高校成人继续教育的状况，提出了区域型高校成人继续教育面临的现状与困境主要有：成人教育招生规模萎缩，缺乏可持续性生源；高校成人教育专业设置陈旧，缺乏现代社会的适应性；高校成人教育资源贫乏，师资力量薄弱且缺乏规划整合；高校成人继续教育途径手段滞后，缺乏可选择性强的订单式、快餐式教育培训途径。⑤

也有研究者认为，当前，如何在终身教育体系的构建和学习型社会的推进中重新审视成人继续教育，找到成人继续教育新的发展起点和出路，是发展我国

① 樊筱，赵丹. 终身教育视角下新型职业农民培育多样化需求与政策转型——基于陕西省太白县的实证调查. 职业技术教育，2015，(28)：64-68.
② 郭晓溶. 终身教育理念下学前教师继续教育课程建设研究——以"学前教育政策与法规"为例. 中国远程教育，2013，(7)：88-92.
③ 吴遵民. 终身教育背景下基础教育改革的国际动向——兼论对我国基础教育改革的几点启示. 教育发展研究，2002，(4)：79-82.
④ 陈乃林. 关于终身教育若干问题的思考. 江苏高教，1999，(4)：3-12.
⑤ 宓现义. 区域型高校成人继续教育学院发展面临的困境及历史跨越. 继续教育研究，2010，(4)：11-12.

成人继续教育迫切需要解决的问题。我国成人教育的现状和困境主要有：终身教育、学习型社会的理念尚未深入人心；成人教育多以个人需求和业余松散的方式出现，缺少政府具体政策的支持；成人教育的投入少，资源缺乏，功利主义较重；管理疏漏影响人才培养质量；发展结构失衡。[1]而目前我国针对成人继续教育开展的培训机构，尚没有完善的法律制度来进行约束，虽然各级各类教育机构、培训机构众多，但教学质量、办学环境、师资力量参差不齐，甚至有些机构运行混乱，营利性过强，无法满足个人或社会的需要，违背了终身教育的思想理念。[2]

　　基于此，有研究者认为，当前影响终身教育的政策环境因素有：社会经济发展的水平；科学技术进步的程度；产业结构和产权结构调整的状况；社会人口老龄化；公民休闲时间增加；教育普及化程度；失业现象和岗位、职业变换加速；社会问题加剧；民众教育需求扩展等。[3]正是由于这些因素的影响，成人教育更应当要吸收和借鉴普通教育办学中的特点和优势，不断开拓自己办学的新路子。在新的历史时期，我们必须像抓经济建设那样抓成人教育的发展，大力创新成人教育的办学思路和发展模式。[4]为了更好地发展成人继续教育，政府需要转变角色，从教育培训的主要提供者转化为更广泛、更具包容性的体系的设计师、促进者和监管者，改进教育资源，促进教育公平，并通过适当的认证、评估，规范教育行为，为网络教育提供适当的学历证书、资格认证和质量保障机制。[5]因为成人继续教育的发展如今面临众多的困境，有研究者认为，促进终身教育发展、建设学习型社会，是一个前所未有的庞大系统工程，不是短期内可以全面完成的，必须采取立足现有基础、总体规划、分步实施的策略。在目前的初期阶段，主要应当做好基础性的工作，为未来的发展打下良好基础。[6]

　　而作为成人教育开展的重要环节，社区教育是一种以社区为依托，以全体社区成员为教育对象，以社会主义教育、政治思想教育和科学文化教育为主要内容的教育形式，是社区文化建设的基础工程。[7]终身教育需要通过开展区域范围的社区

---

① 邓小英，陈匡明. 新时期我国成人教育的困境和发展对策研究. 职教论坛，2009，(25)：29-30，33.

② 赵艳，胡乡峰. 我国终身教育的现状分析. 通化师范学院学报，2012，(4)：94-96.

③ 厉以贤. 终身教育的理念及在我国实施的政策措施. 北京大学教育评论，2004，(2)：58-62.

④ 吴昊文，谢泽源，叶国正. 新时期成人高等教育的困境与出路. 教育学术月刊，2008，(12)：71-72.

⑤ 王瑾. 终身教育理念下的成人教育与继续教育. 成人教育，2008，(5)：43-44.

⑥ 陈宜安，裴晓敏，杨孔炽. 21 世纪人类发展的可能之路——关于立法促进终身教育和学习型社会建设的建议. 成人教育，2009，(3)：4-7.

⑦ 骆建艳，张晓明. 欧美社区教育经验对构建我国终身教育体系的启示. 中国远程教育，2007，(1)：72-74.

教育来使其纳入社会大系统，从而使社会各部门树立终身教育的理念并贯彻在政策的执行与实施中。在社会各界广泛关心、支持和参与教育的同时，教育应主动接受社会的监督和指导，积极回报社会。[①]特色是社区教育的生命力之所在，各发达国家在发展社区教育的过程中，在服务性、普及性、多样性、开放性四个方面都形成了各自的特色。我国幅员辽阔，地域差异大，发展社区教育更应突出其地理区位特色，基于人口结构特色，做到目标导向鲜明，教育功能分化，办学主体多样化，实现社区教育的跨越式发展。[②]我国正处于社会转型的关键时期，因此，全面创建社区教育、建立终身学习社会、促进经济发展是非常有必要的。

国外社区教育的成功经验为我国社区教育的发展提供了可以借鉴的途径和启示：确立科学的社区教育理念；建立健全社区教育法律体系；不断调整发展方向，增强社区教育的灵活适应性。随着经济体制的变革、人口结构的改善和城镇化水平的不断提高，对社区居民开展满足需要的社区教育，是促进我国公民素质提高、经济迅速发展的有效途径，也是现代社会发展对教育现代化的必然要求。因此，我们应该从外国社区教育的发展过程中进行学习和借鉴，使我国社区教育得到快速健康的发展。[③]各国、各地区因自身的政治经济制度、历史文化传统和教育制度不同，终身教育并无统一的模式。所以我国有必要根据综合国力和现有教育制度的实际情况，在实践中构建具有中国特色的终身教育体系，从而发展自己的终身教育事业。[④]

种类 3 为终身教育理念视域下非学历教育的比较与借鉴研究，包括终身教育理念、就业指导、职业教育与培训、教育体系、人力资源、学分银行、职业资格证书、非学历教育、比较与借鉴等关键词。1983 年，联合国教科文组织在巴黎召开专家会议，讨论并提交的《关于实施终身教育原则国际专家会议总结报告》将终身教育定义为"追求解放、自我实现和自我完善的教育"。[⑤]"追求解放、自我实现和自我完善"教育目标的提出，充实并延伸了终身教育理念的思想内容，让人们对终身教育的关注开始从形式深入其精神实质。[⑥]

对于如何实现终身教育，世界各国进行了广泛的研究和实践，其中，"学分银

① 厉以贤. 终身教育的理念及在我国实施的政策措施. 北京大学教育评论，2004，(2)：58-62.

② 刘辉. 特色社区教育——我国社区教育发展的必由之路. 职业技术教育，2003，(10)：54-56.

③ 武洁水，叶飞霞. 国外社区教育的特色及其对我国的启示. 中国远程教育，2013，(5)：47-50.

④ 常忠武. 我国终身教育的特色实践与思考. 教育理论与实践，2010，(34)：39-41.

⑤ UNESCO. Final Report of the International Meeting of Experts on the Implementation of the Principles of Life Long Education. Paris：UNESCO，1983：86.

⑥ 陆建平. 终身教育理念背景下的澳大利亚职业与技术教育改革. 高等教育研究，2007，(3)：67-72.

行"的建立逐渐成为世界各国终身教育的重要实现途径，[①]"非学历教育"也逐渐成为终身教育的重要实现途径。[②]鉴于我国人口众多，地域广泛，地区教育发展差距较大，实现全国范围内的学分标准不是一蹴而就的，只能边启动边探索，及时总结与调整，先试行再推广，循序渐进。具有中国特色的终身教育"学分银行"的建设是一个逐步推进的过程。[③]非学历教育是在国家教育行政部门统一学制以外的、无权授予学历证书的各类教育活动，具有学习时间较短、适用性强、内容更新快的特点，是一种以学习者为主体的自觉自愿的活动。非学历教育是继续教育的主要形式，是终身教育观的重要体现。各国政府都十分重视非学历教育，发达国家的非学历教育在其长年的理论和实践探索中，在教学理念、教学模式和运行管理等多方面形成了突出的特点，对我国非学历教育的发展具有积极的借鉴意义。

随着终身学习的教育理念逐步深入人心，以及社会日益增加的多样化、多层次的学习需求与目前单一的学历教育的矛盾日益突出，大力发展非学历教育更显得必要和紧迫。[④]因此，可以说非学历教育和终身教育两者是互相依存的教育形式，终身教育为非学历教育提供了广阔的发展空间，非学历教育又为终身教育的实现提供了现实的保障，在构建终身教育的体系中起到了极其重要的作用。[⑤]

于是，有研究者以人们从 20 世纪对终身学习、终身教育理念的不同诠释和期望为线索，探索国外职业与技术教育改革经验对我国职业教育改革与发展的借鉴意义。[⑥]所以，继续教育工作者必须认清社会发展趋势，抓住建设学习型社会的契机，加快高校非学历教育管理体制改革，结合自身优势，找准非学历教育培训的切入点，走向市场、创建品牌、办出水平、办出特色，探索出一条具有高校特色的非学历教育发展途径。[⑦]而发展教育也是实现人力资源向人才资源即向人力资本转化的有效途径。在形成人力资本的教育中，传统的学校教育和现代终身教育发挥着不同作用，传统的正规教育是形成人力资本的原始积累，而要实现人力资本的不断增值，则要依靠包括成人教育在内的完善的终身教育体系。[⑧]

而在终身教育的背景下，成人培训也必须进行改革，在培训目标、模式、内

① 赵宇红. 我国"学分银行"制度建设的构想. 职教论坛, 2012, (31): 29-32.
② 陈双, 刘小娟. 发达国家高等非学历教育的发展特点及其启示. 比较教育研究, 2009, (11): 71-75.
③ 鲁云霞, 陆剑雄, 冯熙麟, 等. 构建中国特色终身教育"学分银行"的思考. 中国成人教育, 2014, (11): 15-18.
④ 付乐. 终身教育背景下高校非学历教育研究. 职教论坛, 2013, (23): 16-17, 23.
⑤ 张必涛, 郜丽娟. 非学历教育在构建终身教育体系中的作用研究. 成人教育, 2009, (9): 20-21.
⑥ 陆建平. 终身教育理念背景下的澳大利亚职业与技术教育改革. 高等教育研究, 2007, (3): 67-72.
⑦ 刘建东. 新时期高校开展非学历教育的机遇与对策初探. 继续教育研究, 2011, (11): 12-13.
⑧ 梁雪妮, 王敏. 论成人教育与人力资源开发. 中国成人教育, 2003, (2): 13-14.

容、方法、组织形式等方面进行全面的改革。重知识、技术的掌握，重适应能力的培养，重适合国情的教育等传统教育的理念必须转变，代之以重创新能力、一专多能、国际通用、企业文化、团队精神等适应当今知识经济和加入世界贸易组织需要的现代成人教育及其培训理念。[①]加快发展成人继续教育、终身教育和终身学习是经济、社会、教育发展的必然趋势，构建终身学习体系、建立学习化社会已经成为中国教育事业发展的重要目标，我们要认真贯彻落实《国家中长期教育改革和发展规划纲要（2010—2020年）》，总结经验，深化研究，学习借鉴各国的先进经验，坚持不懈地推动终身教育和终身学习，努力调动各类社会成员的学习积极性，争取到2020年基本形成终身教育体系，基本形成学习型社会，进入人力资源强国。[②]

种类4为基于教育公平的开放教育政策价值取向及其模式研究，包括教育政策、价值取向、教育公平、教育模式、开放教育、农村教育等关键词。党的十六大报告、十七大报告和《国家中长期教育改革和发展规划纲要（2010—2020年）》的相关表述明确指出，促进终身学习、建设学习型社会是国家政策倡导的重要教育目标。2011年《中华人民共和国国民经济和社会发展第十二个五年规划纲要》中明确规定："加快发展继续教育，建设全民学习、终身学习的学习型社会。"[③]

在终身教育理念下，所谓本质意义的教育公平是指无论何时、何地，用何种方法，所有人都能通过这种教育获得适应社会发展和变化所必需的再生性学习能力，即生存能力。也就是说，教育公平在本质上是一种"学习能力的公平""生存能力的公平"。中国教育的改革必须立足国情，逐步推进各类教育的均衡发展，提高教育的公平性，只有这样才能真正提高全民素质，使终身教育真正得到落实。[④]教育公平是社会公平的重要体现，是社会和谐的基础。远程开放教育是实现教育公平的重要途径，各国在实施开放教育的过程中，促进了教育公平，为大众提供了更多的教育机会，但教育公平不能是以均等教育机会为特征，而更应体现于高质量的教育提供上。欧洲各国对教育公平的理解和认识，对于我国远程开放教育促进教育公平的作用有新的启示。[⑤]

随着网络技术的进步及终身教育思想的影响，开放教育的基本特征发生了四

---

① 王北生. 终身教育背景下成人培训理念的转变. 中国成人教育, 2003, (2): 11-13.

② 张昭文. 关于中国终身教育的发展与政策报告. 中国成人教育, 2012, (4): 5-10.

③ 赵艳, 胡乡峰. 我国终身教育的现状分析. 通化师范学院学报, 2012, (4): 94-96.

④ 张晓华. 从终身教育的角度看教育公平问题. 教学与管理, 2006, (21): 11-12.

⑤ 李亚婉. 远程开放教育在促进教育公平中的作用——欧洲远程电子学习网络协会第五届专题研讨会纪实. 现代远距离教育, 2009, (1): 5-7.

次巨大变迁。学习资源的免费获得拉开了开放教育的"闸门"，在一定程度上减轻了学习者的经济负担。但是，面对过于丰富的学习资源，学习者往往容易产生信息迷航，所以，开放教育研究者根据学习者的学习目的，对网络学习资源进行了深度整合，并且可以通过网络互联建立属于自己的学术共同体，降低学习者在学习过程中的孤独感。[1]

有研究者认为开放教育具有五个基本特征：①以学生和学习为中心，而不是以教师、学校和教学为中心；②采用各种教与学的方法，打破传统单一面授的教学方式；③取消和突破种种对学习的限制和障碍，不需要入学考试；④学生对课程的选择和媒体的使用有一定的自主权，在学习方式、学习进度、学习时间上也有一定的自主权；⑤在教学上采用多种媒体教材和现代信息技术手段等。[2]

到了 21 世纪初，各种网络开放教育资源运动骤然兴起且发展迅速，最著名的是"开放教育资源"（Open Educational Resources，OER）运动，OER 发端于西方的大学校园，影响力颇大，中国也紧随其后开始开放教育资源。中国开放教育资源联合体（China Open Resources for Education，CORE）凭借着国际教育资源共享运动的东风，于 2003 年 10 月成立，其宗旨是促进国际教育资源共享，提高教育质量。它的成立不仅促进了我国教育的信息化，而且加速了我国教育国际化的进程。可见，OER 对我国开放教育资源的发展具有特殊的重要意义。[3]

美国开放教育资源的建设、共享、评价与奖励机制全面而灵活，其先进经验可以为我国开放教育资源建设和配置提供多方面的启示：以生态学的视角看待数字教育资源的建设和配置；资源建设和配置应以用户需求为根本；资源建设和配置应当科学规划、多主体建设、多渠道利用与混合评价。[4]而当前中国的终身教育政策体现出这样的特点：没有系统、完整的法律体系，政策规定零星散布在各种法律法规中；社会教育的基础性铺垫工作，无论从政策、设施、场地等方面都有相当差距；我国没有成人教育的相关法律作为过渡，基础薄弱、缺口较大，这些都成为中国《终身教育法》诞生的不利因素。只有汲取现有的实践成果，才能够构建适合中国特点的终身教育的政策框架，进一步推进终身教育的法制建设，为终身教育社会的建立提供法律政策保障。[5]

---

① 孙立会. 开放教育基本特征的变迁——兼议 MOOC 之本源性问题. 远程教育杂志，2014，(2)：30-38.

② 周艳茹. 探析开放教育办学模式的公平与效率. 教学与管理，2010，(27)：8-9.

③ 俞树煜，朱欢乐. 从开放课件到视频公开课：开放教育资源的发展及研究综述. 电化教育研究，2013，(5)：55-61，72.

④ 郭绍青，张进良，贺相春. 美国 K-12 开放教育资源：政策、项目与启示. 电化教育研究，2016，(7)：122-128.

⑤ 桑宁霞. 中国终身教育政策基本框架考略. 中国成人教育，2013，(1)：18-21.

而对于终身教育的认识与研究，从揭示终身教育思想与终身教育体系的本质内涵入手，分析其价值取向与目标选择，也是十分必要的。终身教育理论产生以来，与教育先行理论、人力资源理论不断相互结合，人们普遍认为，无论是人力资源的开发还是教育先行理念的形成，都依赖于终身教育观点的树立和终身教育体系的构建。①在终身教育理念的影响下，成人高等教育已经突破以往单纯追求学历、提高社会身份的形式化价值取向，而是呈现出一种为追求现代高品质生活而渴求终身化教育的价值观。②而电大远程开放教育也体现了教育公平的基本价值取向，是实现教育公平的重要砝码。远程开放教育比较好地克服了教育资源短缺等条件的限制，最大限度地实现了优质教育资源的共享，在更大范围内为广大人群提供了接受高等教育的一种较好选择，在很大程度上满足了地方经济社会发展对教育的需求，为老、少、边、穷地区培养了一大批"留得住、用得上、干得好"的专门人才。③

种类 5 为成人高等教育政策研究，包括成人高等教育、高校、高等教育等关键词。成人高等教育是终身教育体系的重要组成部分，以终身学习、全民学习理念为指导构建成人高等教育体系，已经成为世界成人教育发展的趋势。终身教育引发了高等教育体系从观念到实践的变化。

为正确实践终身教育理念，成人高等教育必须变革传统的制度体系，从宏观和微观两个层面努力推动成人高等教育的制度创新。从宏观上进行行政管理制度、投资与办学体制、招生制度的创新；从微观上进行内部管理体制、教学制度、考试与评价制度的创新。④

进入 21 世纪以来，我国成人高等教育发展面临着严峻的挑战，突出表现为地位不明、生源不足、质量不高。当前，我国成人高等教育存在的问题具有整体性、内生性的特点，根本原因是文凭至上、学历导向的价值取向所致。实现成人高等教育从传统学历导向型向现代学习导向型的转型，是解决当前成人高等教育面临的问题、实现成人高等教育健康有序发展的关键。⑤

针对我国成人高等教育的发展状况，出现了两种迥然不同的观点。第一种观点可以称之为依附发展论，该观点认为现在独立设置的成人高校并无真正的特色，

---

① 张辉. 构建终身教育体系的价值取向. 江苏高教，2003，（2）：105-108.

② 曹如军. 终身教育视野中的成人高等教育制度创新. 成人教育，2008，（12）：44-45.

③ 陈炳璋. 教育公平：远程开放教育的实践与展望——以甘肃电大远程开放教育为案例. 中国远程教育，2008，（10）：5-9.

④ 曹如军. 终身教育视野中的成人高等教育制度创新. 成人教育，2008，（12）：44-45.

⑤ 余小波. 我国成人高等教育的困境与转型. 教育研究，2008，（12）：84-87.

无存在的必要，其职能完全可以由普通高校来承担。第二种观点可以称之为独立发展论，该观点坚持成人高等教育应有自己的特色，应鼓励其进一步办出特色。①

因此，成人高等教育机构应确立以终身学习理论为基本价值取向的课程观，坚持成人高等教育课程体系建设的基本原则，明确终身教育视野下的成人高等教育课程目标，优化课程结构，创新课程内容，重视课程评价，从而构建科学的成人高等教育课程体系。②成人高等教育作为与普通高等教育互补的另一种教育形式，在很大程度上能够满足许多人接受高等教育的愿望，所以我们要看到它存在的必要性和重要性，要坚定不移地坚持"两条腿走路的方针"，但是我们又不能沿着办学的老路子走，必须加大成人高等教育的改革力度，使其得到良性的发展。③

成人高等教育体制改革也是一个长期的、复杂的过程，从 20 世纪 80 年代中期至今这一改革仍在继续。在成人高等教育体制的改革中，管理体制的改革又是其关键。其改革历程大致可以划分为三个阶段：①改革启动阶段，以 1987 年颁布的《关于改革和发展成人教育的决定》为标志；②改革深化阶段，以中华人民共和国成立以来第一次全国成人高等教育会议及其随后颁布的《关于进一步改革和发展成人高等教育的意见》为标志；③重点突破阶段，以新近颁布的《国家中长期教育改革和发展规划纲要（2010—2020 年）》为标志。④而非学历教育和学历教育是成人高等教育的两种主要教育模式，是适应当前经济社会发展、促进我国终身教育体系实现的一个重要环节。

随着成人高等教育的发展，传统的单一学历教育逐渐显现出社会需求的滞后性，而非学历教育则获得了充分的发展。为了更好地适应社会经济发展的需要，大力发展非学历教育有着重要的现实意义和紧迫性。⑤而且，成人高等教育还必须适应终身教育越来越突出的职业发展特征，促使其转变传统的办学观念，重新确定培养目标，改革教学模式，调整课程结构，变革教学内容，努力满足成人终身学习的需求，即提升学习者的职业能力。⑥随着计算机的普及和网络技术的发展，教育网络化、信息化成为普通高校成人高等教育改革的趋势和方向。没有现代远程教育主办权的普通高校应审时度势，利用现代的教育技术和网络技术促进成人

① 王洪才. 成人高等教育发展：独立、依附与转型. 教育发展研究, 2010, (Z1)：96-99.
② 孙佩石, 刘峰. 终身教育视野下的成人高等教育课程体系构建. 成人教育, 2008, (9)：32-33.
③ 胡永甫, 李燕. 成人高等教育的发展现状与改革思路. 中国成人教育, 2007, (1)：26-27.
④ 秦发盈. 我国成人高等教育管理体制的改革及发展趋向. 现代远距离教育, 2013, (2)：39-45.
⑤ 付乐. 终身教育背景下高校非学历教育研究. 职教论坛, 2013, (23)：16-17, 23.
⑥ 康曙光. 终身教育的职业发展内涵与成人高等教育改革. 现代远程教育研究, 2010, (2)：36-38.

高等教育的改革，以适应社会发展。①

　　有学者提出从终身教育观念和构建终身教育的实践出发，我国成人高等教育应有如下改革思路：①改革成人高等教育办学模式和评价标准；②改革成人高等教育的教学方法和手段；③更新课程内容，改革课程体系；④加强素质教育，注重学生的能力培养；⑤成人高等教育要加强与企业、社会的联系。②正是由于终身教育理念赋予我国成人高等教育以重大的挑战和良好的契机，所以在成人高等教育定位不明、生源缺乏、质量下滑、发展不力等困境中，成人高等教育迎来了新一轮的发展机遇和发展动力。站在终身教育的立场上，加强成人高等教育的功能与目标定位的研究是当务之急。为此，我们需要转变教育观念，从追求学历到追求学力；延伸教育渠道，从单一办学到合作办学；拓宽教育对象，从学历补偿者到学习志愿者；重视教育质量，从经济效益到品牌效益，从而实现成人高等教育的转型。③

　　种类 6 为农村地区农民教育研究，包括农村、农民、教育等关键词。农村教育是我国教育改革和发展的重点，构建农村终身教育体系，为广大农民提供必要的知识和技能，从根本上提升农村人口的素质，这对于我国农村教育的改革乃至整个农村社会的发展具有十分重要的现实意义。④终身教育思想为我国农村教育的发展提出了新的要求并提供了理论指导，在我国终身教育体系的构建中，农民的终身教育问题应该成为其中的重要组成部分，发展农村成人教育，构建农民终身教育体系，已成为当前我国教育发展的重要任务。⑤而农村终身教育体系的构建也具有有利于和谐社会、学习型社会构建等重要的价值，但是目前农村终身教育体系的构建存在一些诸如农村终身教育理念淡薄等问题，因此需要在推进终身教育立法进程、资源建设，为农村终身教育体系构建奠定社会基础等方面寻找对策。⑥

　　综观世界上发达国家农民职业教育与培训的成功经验，最为重要的一点就是都非常重视农民教育培训的立法工作。美国 1917 年颁布的《史密斯—休斯法案》、1962 年颁布的《人力开发和培训法案》和 1964 年颁布的《经济机会法》等，共同构成了其完整而庞大的农业教育、研究与推广体系。第二次世界大战后，日本

---

① 孙磊，徐法艳. 普通高校成人高等教育信息化、网络化建设的探讨. 中国成人教育，2016，(17)：77-79.
② 刘正锡，余功钰. 从终身教育的特点谈我国成人高等教育改革. 中国成人教育，2000，(8)：23.
③ 陈联. 终身教育理念下成人高等教育的转型. 高教探索，2011，(1)：120-124.
④ 谭铁军. 构建我国农村终身教育体系的意义、难点与对策. 教育发展研究，2004，(11)：38-40.
⑤ 周发明. 论新农村建设与农民终身教育体系的构建. 农业现代化研究，2006，(5)：349-352.
⑥ 童素霞. 我国农村终身教育体系构建的价值、障碍及其对策. 成人教育，2011，(7)：74-75.

先后颁布了《社会教育法》《青年学级振兴法》等，大力支持农民培训。英国于1981—1995 年先后颁布了 5 个与农业职业教育有关的白皮书和政策法规，为农民职业教育的健康发展提供了有力保证。1969 年德国颁布了《职业教育法》，使德国形成了"双元制"农民农业学历教育的体制。韩国于 1980 年、1990 年先后制定了《农渔民后继者育成基金法》《农渔民发展特别措施法》，从法律上为培养农业后继者和专业农户提供了保证。农民职业教育法制化，成为这些国家培养和塑造新型农民的根本保障，值得我们借鉴。①

2008 年 10 月 12 日，党的十七届三中全会通过的《中共中央关于推进农村改革发展若干重大问题的决定》中指出，"大力办好农村教育事业。发展农村教育，促进教育公平，提高农民科学文化素质，培育有文化、懂技术、会经营的新型农民"，"发展农村学前教育、特殊教育、继续教育。加强远程教育，及时把优质教育资源送到农村"。②终身教育语境赋予了农村社区成人教育新的意蕴，同时也凸显了农村社区成人教育发展的必要性和迫切性。所以，有研究者认为，应采取"强化地方政府的教育职能，提供政策和财政支撑；统筹农村教育资源，搭建农村社区成人教育平台；转变农村成人的学习观念，培养终身学习意识等措施，可有效推进农村社区成人教育发展"等措施。③

而终身教育理论同样为我国新型职业农民培育提供了理论依据。从终身教育的理论视角看，新型职业农民培育活动是成人阶段超越正规教育的继续教育。④随着我国新型工业化和城镇化的推进，大量农村劳动力向二、三产业转移，农业劳动力锐减，2015 年中央一号文件特别提出积极发展农业职业教育，大力培养新型职业农民。⑤新型职业农民培育活动能克服传统农民固有的教育背景较差、生产技能较低的先天劣势，让农民在城镇化进程中通过继续教育，获得自主生产、经营和管理农业生产的新技能，在新型职业农民发展中具有关键性的重要作用。在培育过程中，农民受到自身职业身份、教育背景、经济水平、居住地经济社会发展情况等多重因素的影响，对职业培训提出多样化的需求。这不仅是终身教育在新型职业农民培育中的又一重要体现，也是当前我国新型职业农民培育面临的棘手

---

① 毛尚华. 终身教育与我国农民职业教育立法. 成人教育，2011，(2)：16-18.
② 焦春林. 我国终身教育、终身学习与学习型社会政策综述. 成人教育，2009，(6)：27-29.
③ 霍玉文. 终身教育语境下农村社区成人教育发展论略. 中国成人教育，2011，(24)：9-11.
④ 禹明华. 终身教育与职业教育的关系探讨. 教育与职业，2007，(30)：147-148.
⑤ 中共中央，国务院. 2015 年中央一号文件(全文). http://finance. sina. com. cn/china/20150201/190721447869. shtml[2017-03-21].

问题，是其政策转型的必要依据。[①]

现阶段和今后相当一个时期农民终身教育的重点，必然是围绕着如何促进农民增加收入，包括增加外出务工收入及从事农业得到的收入，同时也要适当开展文化、科普、卫生和健康方面的继续教育。在有望大幅度增加农业和农民教育投入的前景下，现阶段发展农民终身教育的关键，在于深入体制改革和机制创新，提高投入的使用效率，探索出具有中国特色的农民终身教育的途径。[②]

四、终身教育政策研究领域的未来展望

依据共词分析的理论和方法研究发现，终身教育领域教育政策研究热点主要集中在六个方面。与此同时，通过对聚类分析图和多维尺度图的进一步归纳分析发现，我国终身教育政策研究还存在方法创新不足、经费政策研究等问题，这就要求终身教育政策的未来研究应不断拓展研究研究领域，从而促使终身教育政策领域更加成熟、完善。

（一）加强终身教育政策研究方法的创新

研究方法是判断学科成熟与否的重要指标之一，从我国目前终身教育政策的研究方法来看，大多选用单一的定性法，欠缺多种研究方法的综合运用，存在事实描述多、调查取证少，描述性认知多、统计性验证少，宏观层次研究多、微观层次研究少等研究方法使用的问题。从理论上来说，研究教育政策的方法非常丰富，既有个案研究与综合研究、思辨研究与实证研究、宏观研究与微观研究，也有历史文献法、比较法、实验法及人类学研究法等具体的研究方法等。教育政策研究者应该综合运用多种研究方法，深入研究终身教育政策问题。

（二）重视终身教育经费政策研究

经济基础决定上层建筑，教育经费政策的出台，决定了政策的顺势施行与健康发展。终身教育领域经费投入不足是发展终身教育体系面临的一大问题，突出表现在：教育经费的不足依然制约着终身教育政策的深入发展；各办学机构尤其是高校对终身教育经费投入严重失衡；区域间、城乡间终身教育资源、经费投入

---

① 樊筱, 赵丹. 终身教育视角下新型职业农民培育多样化需求与政策转型——基于陕西省太白县的实证调查. 职业技术教育, 2015, (28): 64-68.

② 程序. 中国农民终身教育的历史使命. 中国职业技术教育, 2005, (20): 14-16.

存在较大的差距；实现终身教育均衡发展的目标任务艰巨等。要有效解决这些现实问题，关键在于重视终身教育经费政策研究及经费政策的出台。因此，终身教育政策研究领域拓展的关键在于重视经费政策的研究，形成政策落实的保障体系，终身教育经费政策研究要为终身教育政策分支研究的发展奠定坚实的基础，从而增强终身教育领域教育政策的话语权，最终形成终身教育政策的研究领域与体系。

第五节　民族教育政策研究热点的共词可视化

　　民族教育又称少数民族教育，指的是在一个多民族国家中，对人口居于少数的民族的成员实施的复合民族教育，即多元文化教育。多元文化教育的目的，一方面是帮助少数民族成员提高适应现代主流社会的能力，以求得个人最大限度的发展；另一方面是继承和发扬少数民族的优秀传统文化遗产，丰富人类文化宝库，为人类发展作出应有的贡献。民族教育政策是指国家为了发展少数民族教育而制定的民族教育行为准则或行为规范，民族教育政策对于民族教育事业的发展具有重要意义。纵观改革开放以来我国民族教育政策的发展，可分成恢复发展阶段（1978—1991 年）、迅速发展阶段（1992—2001 年）、全面发展阶段（2002—2015年）三个阶段。民族教育政策在本质上是统治阶级意志的体现，其中蕴含着统治阶级所倡导的价值取向，它表明了该项政策"倾向于照顾哪些人的利益，倾向于将与此项政策有关的社会实践引导至哪个方向"。我国民族教育政策的发展坚持民族平等的基本理念，优先发展与重点扶持并重、尊重民族特点与一切从实际出发并重、坚持教育与宗教相分离原则等方面的价值取向。

　　民族教育政策研究热点的研究资料来源于"中国学术期刊网络出版总库"，采用标准检索，将期刊年限设定为 1985—2015 年，以"篇名"为检索条件，设定"民族教育"并含"政策"为检索内容，共获得相关文献 187 篇（检索时间为 2016年 10 月 31 日），为了确保研究的可靠性与有效性，采取去除书评、期刊介绍、会议通知、丛书介绍、年会综述、会议纪要、刊物征稿要求等非研究型文献的方法，得到 177 篇有效文章。除此之外，将有效文献中的关键词进行标准化处理，如将"教育事业""教育"统一规范为"教育"等，从而形成研究的资料来源。

一、民族教育政策高频关键词的词频统计与分析

通过对我国教育政策学研究文献关键词的统计，共得到 377 个关键词，最终确定高频低频词阈值为 3，统一同义词后，得到 42 个高频关键词，其排序结果见表 5-13。

表 5-13　42 个民族教育政策高频关键词排序

序号	关键词	频次	序号	关键词	频次	序号	关键词	频次
1	民族教育	89	16	教育体制机制	11	31	教材编译	4
2	民族教育政策	59	17	民族中小学	9	32	特点	4
3	国外民族教育政策	30	18	国家民族文化认同教育	8	33	教育发展规划	4
4	多元文化主义	26	19	新中国	7	34	中国共产党	4
5	优惠政策	23	20	教育价值取向	6	35	特殊政策	4
6	教育公平	22	21	民族地区教育	6	36	方针任务	3
7	政策	21	22	民族预科教育	6	37	教育结构	3
8	民族学校	19	23	国家民委	5	38	内地西藏班（校）	3
9	教育政策研究	17	24	民族高等教育	5	39	民族工作	3
10	政策过程	17	25	中国	5	40	科教兴国战略	3
11	教育政策	15	26	对口支援	5	41	新疆	3
12	教育	14	27	发展	5	42	民族自治地方	3
13	少数民族	13	28	经验	5			
14	民族政策	13	29	少数民族高层次骨干人才计划	5			
15	民族地区	11	30	理论	4	合计		522

如表 5-13 所示，42 个高频关键词总呈现频次为 522 次，占关键词出现总频次的 58.78%。通过前 42 位的关键词排序，初步可以了解到近 30 年来我国民族教育政策研究领域的集中热点和趋势。其中，前 10 位关键词频次均大于 15，依次为民族教育（89）、民族教育政策（59）、国外民族教育政策（30）、多元文化主义（26）、优惠政策（23）、教育公平（22）、政策（21）、民族学校（19）、教育政策研究（17）、政策过程（17）。这一结果初步说明，民族教育政策研究多围绕民族教育政策分析、民族教育政策过程、国外民族教育政策分析与对比、多元文化主义及教育公平视野下民族教育政策研究、民族学校等方面进行。

二、民族教育政策高频关键词的相异矩阵及分析

利用 BICOMB 共词分析软件，将上述 42 个高频关键词汇进行共词分析，生成词篇矩阵后，再将矩阵导入 SPSS19.0，选取 Ochiai 系数并其转化为一个 42×42 的共词相似矩阵。同时，在进行多维尺度分析时，将此相似矩阵采用（1–相似矩阵）转化为相异矩阵，结果见表 5-14。

表 5-14　民族教育政策高频关键词 Ochiai 系数相异矩阵（部分）

关键词	民族教育	民族教育政策	国外民族教育政策	多元文化主义	优惠政策	教育公平	政策	民族学校	教育政策研究	政策过程
民族教育	0.000	0.887	0.813	0.798	0.783	0.812	0.624	.569	0.686	0.777
民族教育政策	0.887	0.000	0.823	0.726	0.912	0.943	1.000	1.000	0.968	0.763
国外民族教育政策	0.813	0.823	0.000	0.559	1.000	0.874	0.832	1.000	0.953	1.000
多元文化主义	0.798	0.726	0.559	0.000	0.953	0.863	0.863	1.000	0.949	1.000
优惠政策	0.783	0.912	1.000	0.953	0.000	0.610	1.000	0.944	1.000	1.000
教育公平	0.812	0.943	0.874	0.863	0.610	0.000	0.952	0.945	1.000	1.000
政策	0.624	1.000	0.832	0.863	1.000	0.952	0.000	1.000	0.947	1.000
民族学校	0.569	1.000	1.000	1.000	0.944	0.945	1.000	0.000	0.939	0.935
教育政策研究	0.686	0.968	0.953	0.949	1.000	1.000	0.947	0.939	0.000	0.937
政策过程	0.777	0.763	1.000	1.000	1.000	1.000	1.000	0.935	0.937	0.000

如表 5-14 所示，各关键词与民族教育政策距离由远及近的顺序依次为：政策（1.000）、民族学校（1.000）、教育政策研究（0.968）、教育公平（0.943）、优惠政策（0.912）、民族教育（0.887）、国外民族教育政策（0.823）、政策过程（0.763）、多元文化主义（0.726）。此结果说明，人们谈论民族教育政策时，将"民族教育政策"与"多元文化主义""政策过程""国外民族教育政策""民族教育"结合起来论述的成果较多。同时，通过对表中的系数大小进一步研究亦可发现，"优惠政策"与"教育公平"，"多元文化主义"与"国外民族教育政策"，"民族学校"与"民族教育""教育政策研究"较多地呈现在一起。这也初步说明，在已有的关于民族教育政策的研究成果中，研究者多会关注民族教育优惠政策与教育公平、多元文化主义下国内外民族教育政策对比与借鉴、民族学校中的民族教育等问题。

三、民族教育政策高频关键词聚类及其分析

将表 5-14 中的高频关键词相异系数矩阵导入 SPSS19.0 进行聚类分析，得到的聚类结果见表 5-15。根据聚类分析结果显示的聚团连线距离远近，能直观地看出民族教育政策研究高频关键词可以分为 5 类，分别为中华人民共和国成立以来我国民族教育政策过程及政策特点研究（种类 1）、多元文化主义视野下民族教育政策和教育体制机制研究（种类 2）、教育公平视野下民族教育政策的经验及发展研究（种类 3）、民族教育政策指导下教育结构改善研究（种类 4）、国家民族文化认同教育背景下教育价值取向研究（种类 5）。

表 5-15　民族教育政策高频关键词聚类结果

种类	关键词
种类 1	新中国、特点、政策、政策过程、理论
种类 2	国外民族教育政策、多元文化主义、中国、民族教育政策、内地西藏班（校）、教育政策研究、教育体制机制
种类 3	优惠政策、教育公平、特殊政策、新疆、教育政策、少数民族、中国共产党、经验、发展
种类 4	方针任务、民族自治地方、教育结构、民族政策、民族工作、民族预科教育、民族地区、国家民委、民族学校、民族教育
种类 5	少数民族高层次骨干人才计划、科教兴国战略、国家民族文化认同教育、教育价值取向、教育发展规划、民族高等教育、教材编译、教育、民族中小学、对口支援、民族地区教育

种类 1 为中华人民共和国成立以来我国民族教育政策过程及政策特点研究，包括新中国、特点、政策、政策过程、理论等关键词。民族教育政策作为我国民族总政策指导下的关于民族教育工作的方针、政策、基本原则、法律法规的总称，它是从民族教育的角度对我国民族总政策的表达、阐释与发挥，并服务于我国民族总政策，服务于我国民族工作这个大局。[1]

中国共产党在不同时期和不同背景下，及时调整和发展了少数民族教育思想，制定出一系列少数民族教育发展的特殊政策，并实施了大量的少数民族教育发展具体措施，从而不断推动和促进着少数民族教育事业的繁荣发展。

60 多年来，少数民族教育不仅在数量、质量上不断提高，而且在深度、广度上有了新的飞跃。[2]中华人民共和国成立后特别是十一届三中全会后，党中央和国务院针对少数民族教育的实际情况制定了许多重要政策和措施，主要有：重视培

---

① 徐杰舜，吴政富. 中国民族教育政策简评. 湖北民族学院学报（哲学社会科学版），2007，(4)：35-38.
② 舒松. 新中国发展少数民族教育的政策回顾. 民族教育研究，2013，(2)：42-47.

养少数民族干部，加强少数民族教师队伍建设；建立健全各级少数民族教育管理机构；发展少数民族文字，推行双语教学；不断增加财政投入；实施特殊措施和倾斜政策，以及采取灵活多样的办学形式。

少数民族教育事业的发展，为少数民族地区经济和社会的全面发展，提高各民族人口素质，巩固和发展社会主义民族关系，增强民族团结，构建和谐社会，以及维护社会稳定和祖国统一作出了重大贡献。[1]总结和回顾中华人民共和国成立以来民族教育事业改革发展的成绩与经验，对进一步促进民族教育的大发展、推进教育公平具有举足轻重的作用。[2]新中国民族教育政策具有以下 11 个显著特点，即导向性、变迁性与相对稳定性、民族性与灵活性、继承性与与时俱进性、全面性、整合性与配套性、系统性、权威性、相关性、人本性、相对主观性。[3]

民族教育政策过程的研究涉及政策制定、政策实践、政策评估等内容，是民族教育政策研究需要关注的重点。民族教育政策制定是指从民族教育政策问题的发现到政策方案出台的一系列功能活动过程，主要包括界定问题、建立议程、方案设计规划和选择、方案合法化等环节。当代中国的社会转型使民族教育政策环境发生了巨大变迁，要求民族教育政策主体顺应变迁，制定更符合实际的民族教育政策。为此，首先要优化民族教育政策制定系统，实现民族教育政策制定的民主化与科学化的统一。[4]从政策制定来看，民族教育政策与其他公共政策一样，并不是凭空产生的，而是有其理论依据和现实依据的。[5]政策制定工作是一项理论性与实践性都非常强的工作，政策制定的顺利进行离不开理论强有力的指导。民族教育政策基础理论研究，就是关于民族教育政策的概念与性质、目的与本质、作用与功能、内容与类型、制定的基本原则与主要方法等的研究，最终会为制定新的民族教育政策提供基本的理论指导。[6]

民族教育政策的实践是指民族教育政策的贯彻和执行。民族教育政策的实践理性是指民族教育政策执行的主体，在实践过程中运用理性的思维和采取规范性

---

① 叶张瑜. 论新中国发展少数民族教育的政策与实践. 经济研究导刊, 2010, (9)：213-216.

② 张善鑫. 民族教育发展：优惠政策、经验与展望——新中国民族教育发展回顾. 民族教育研究, 2009, (5)：5-10.

③ 徐杰舜, 吴政富. 试论新中国民族教育政策的特点. 当代教育论坛, 2006, (15)：28-29.

④ 石亚洲. 论社会转型时期民族教育政策制定的优化选择. 民族教育研究, 2008, (2)：12-16.

⑤ 徐杰舜, 吴政富. 试论新中国民族教育政策制定的理论依据和现实依据. 阿坝师范高等专科学校学报, 2006, (3)：77-80.

⑥ 贺李. 我国民族教育政策基础理论研究问题探析. 福建论坛 (人文社会科学版), 2010, (S1)：94-95.

的行动，并作出决定，判定在特定情势下如何行动才算正当。它是政策执行有效性的前提条件和保障。民族教育政策的实践是民族教育质量提升的关键环节，不仅为民族教育提供制度保障，推动民族教育的实践发展，同时为民族教育发展状况提供信息反馈。在思辨理性和实践理性的指导下推动民族教育政策的实践，是当前民族教育得以改善的有效方法。①民族教育政策实践环境是指影响和制约既定民族教育政策贯彻执行的主客观因素的总和。民族教育政策实践环境影响着民族教育政策系统的运行，制约着既定民族教育政策效益、效果、效率的实现。研究民族教育政策实践环境的构成与特点，分析民族教育政策实践环境对民族教育政策贯彻执行的影响，采取合理的应对措施，对于振兴民族教育事业具有深远的意义。②

另外，每一项政策的实施过程也有"文化涉入"，尤其是在民族地区多民族、多文化的现实中，民族教育政策的文化属性尤为突出。积极的民族教育政策文化是推进民族教育持续发展的舆论保障，消极的政策文化则潜在地影响政策的执行效果。在民族教育政策的执行过程中，如何有效地对政策文化进行合理的扬弃，涉及政策链条的所有环节和过程，政策文化也随时随地地弥散在其中，这从某种程度上增加了政策有效执行的难度，但只要政策研究者意识到并确认政策文化的存在，就是政策研究取得的可喜进步。③民族教育政策实施后的评估也是民族教育政策关注的重点。任何社会政策都是针对特定的社会问题，并以问题的解决为最终目标的，在这个意义上，政策实施的效果便成为评判政策的一个重要依据。对民族教育优惠政策的实施效果进行考察，跟进评估机制的确立是必不可少的。④对民族教育优惠政策的跟进评估，是政策部门准确把握政策特点、成效，监督政策的执行过程，补充、修正和完善政策的前提和关键。建立跟进评估机制可以增强民族教育优惠政策的实效性与科学性。⑤

种类2为多元文化主义视野下民族教育政策和教育体制机制研究，包括国外民族教育政策、多元文化主义、中国、民族教育政策等关键词。多元文化主义既有漫长的发展历史，又涵盖了世界上的所有国家。在漫长的历史长河中，古代中国的历代政府在多民族教育政策方面都进行了承前启后的有益探索，形成了具有

① 刘子云. 民族教育政策的实践理性——兼论苏德教授等著的《民族教育政策：行动反思与理论分析》. 民族高等教育研究，2016，(1)：12-14.

② 严庆. 现阶段民族教育政策实践环境浅析. 西南民族大学学报(人文社科版)，2007，(1)：45-50.

③ 张善鑫. 政策文化：概念解读、生成机制与纠偏——以民族教育政策为例. 民族教育研究，2014，(2)：11-15.

④ 张艾力. 民族教育优惠政策与民族地区的"扶贫增收". 湖北民族学院学报(哲学社会科学版)，2012，(4)：43-46.

⑤ 张艾力. 论民族地区扶贫方略中的民族教育优惠政策. 满族研究，2012，(3)：22-27.

中国特色的文化模式。这一模式反映了中国古代文化多样性的特点,对促进中华民族多元一体格局的形成与发展发挥了积极的作用,已积淀为中国风格的多元文化主义教育传统。[①]

美国的少数民族教育政策经历了同化主义政策、"隔离但平等"的教育政策、补偿性的优惠政策及多元文化教育政策四个政策发展阶段,同时,美国政府颁布了诸多少数民族教育法案,以改善少数民族群体的受教育状况,实现教育公平。[②]将美国多元文化教育理论与我国民族教育理论的相关问题进行比较发现,其相似之处在于各自理论都具有解释性与发展性。其不同之处在于:美国多元文化教育理论无论内容还是形式都具有强烈的民间成分。比较而言,由于我国民族教育的发展与实践一直是在民族政策的框架内运行的,民族教育理论主要是作为对我国民族教育政策的补充而出现的,是解释性的,其实质在于"政策性",它是中国民族教育政策的释放,是政策主导的,其路径是自上而下的。[③]

在澳大利亚,多元文化是描述文化和民族多样性的一个术语。作为一项社会政策,它要求政府对这种多样性采取适当的措施:①公民要把澳大利亚的利益和前途放在首位,遵守国家的基本制度和法律;②每个人在表达自己独有文化及信仰的同时,必须尊重他人的价值观和文化;③在法律、就业、教育、医疗、福利等方面使每个人享有同等的机会;④充分利用多元文化资源,尽量发挥每个人的长处。中国和澳大利亚两国文化背景不同,社会制度不同,民族情况和民族政策也有很大差异,但两国在处理民族问题的原则和方法方面也有许多相近或共同之处。甚至两国的民族工作部门名称、职责和管理体制都很相近,这在世界上是不多见的。因此,中国和澳大利亚两国在民族工作方面可以相互借鉴的东西有很多。[④]

在国际大趋势与国内群众运动的双重压力下,日本从 20 世纪 50 年代开始关注多元文化理念。然而,日本多元文化理念的真正意图是借助多元文化之名强化国内不同民族群体对日本文化的认同,受此影响,时至今日日本既不赋予民族学校正规学校之名,也不承认民族教育。[⑤]

---

① 吴明海. 古代中国政府多民族教育政策文化模式研究. 民族教育研究, 2013, (1): 109-115.

② 王兆璟. 美国少数民族教育政策发展的趋向——基于新多元主义的视角. 社会科学战线, 2013, (5): 207-213.

③ 王兆璟, 易晓琳. 理念自觉与政策自觉——美国多元文化教育理论与我国民族教育理论的行动路径. 西北师大学报(社会科学版), 2008, (5): 101-106.

④ 王铁志, 吴金光. 澳大利亚的多元文化政策. 民族研究, 1996, (1): 48-56.

⑤ 林圣爱. 多元文化背景下日本民族教育政策的历史与现状——以"在日朝鲜人"为例. 民族教育研究, 2015, (4): 134-139.

加拿大与中国都是多民族、多元文化的国家，在教育方面都面临着如何处理多民族性的问题。教育是传承文化、保护文化和发展文化的有效途径之一，是增强民族文化竞争力和国家凝聚力的重要因素。中国和加拿大在教育政策方面都有各自的特点、实施成效及社会功效。比较与分析两国各自的多民族教育政策，可以展示两国相互启迪与借鉴之处，具有积极的现实意义。[①]

英国少数民族教育政策具有尊重多元文化、注重立法、政策法律效力高、所制定的政策力求能够体现种族及性别平等观念，以及地方享有较大的教育政策制定权等特点。[②]在全球化时代，世界主要民族国家，如美国、英国、澳大利亚、法国、俄罗斯、印度、加拿大等的民族成分虽有所不同，民族教育实践的发展历程与水平也不同，但民族教育政策大都呈现出相似的特点和共同的发展趋势，即在民族教育政策制定中，都奉行民族平等原则，采取差异补偿措施；重视少数民族学生基本能力和核心素养的培养；既尊重民族文化多样性，又坚持开展共同价值观教育；加大民族教育的资金投入和人员支持；通过完善法律法规，为民族教育提供制度保障。[③]

民族教育政策本质上是国家意志的体现，是调整国家和各少数民族的教育利益关系和协调少数民族教育内外部关系的产物。制度产生的背景在很大程度上决定了新中国民族教育政策的产生和发展；"回报递增"效应导致我国民族教育政策出现强烈的路径依赖；而外界重大政治经济原因导致的关键节点促使民族教育政策发生改进。制度的"否决定"正是民族教育政策创新的重要契机。[④]我国发展民族教育的政策主要包括以下几方面：①根据民族特点发展民族教育；②给予民族自治地方自主发展教育的权力；③在经费上补助少数民族地区；④在招生中照顾少数民族学生；⑤举办寄宿制民族中小学、高校民族预科班；⑥实行少数民族教学的"双语"制度。[⑤]

我国民族教育政策基本理论研究已经初步形成了一定的体系，但还很不完善。因此，应加强民族教育政策的研究，为我国民族教育政策研究提供理论指导；加强民族教育政策基础理论的研究，在深入化和精细化方面多做努力，鼓励学术论

---

① 白爽，魏莉. 加拿大多元文化教育与中国少数民族教育政策之比较及反思. 内蒙古农业大学学报(社会科学版)，2010，(1)：109-110.

② 高靓. 英国少数民族教育政策的特点分析. 民族教育研究，2004，(4)：81-84.

③ 顾明远，马健生，田京. 世界主要国家民族教育政策的基本趋势. 外国教育研究，2015，(8)：3-13.

④ 徐书业，郭裕湘. 新中国民族教育政策演变的制度分析——基于历史制度主义的分析范式. 教育研究与实验，2013，(1)：30-34.

⑤ 王楠，马佳宏. 论发展民族教育的特殊政策及其实施. 中国民族教育，1997，(5)：34-35.

争；加强民族教育政策的国际比较研究，扩大比较和借鉴的范围，加强双向比较研究。①教育政策是一种有目的的动态发展过程，在新的形势下，我国民族教育事业的改革与发展面临着前所未有的机遇。在其政策发展和完善过程中，应注意在教育目标的选择上以现代化为目标，突出民族教育的先导性；在教育改革和发展的指导思路上，应坚持社会功能与经济功能并重，并适度向经济功能倾斜；在教育增长方式上坚持速度、效益并重，并逐步转入以提高效率为主的轨道；在教育的整体结构中，要突出职业的地位和作用；同时，要加强民族教育政策的立法工作，注意民族特色。②此外，该种类的研究还涉及对内地西藏班（校）这一民族教育政策的解读和分析，包括对内地西藏班（校）的政策解读和政策执行评价③、对内地西藏班（校）的政策执行工具进行分析等④。

种类 3 为教育公平视野下民族教育政策的经验及发展研究，包括优惠政策、教育公平、特殊政策、新疆、教育政策、少数民族等关键词。我国民族教育政策的目标就是：通过采取特殊措施帮助少数民族和民族地区在实现教育平等这个社会最为根本问题的基础上，进一步发展和巩固我国"平等、团结、互助、和谐"的社会主义民族关系，加快少数民族和民族地区的发展，为实现各民族共同发展繁荣服务，为我国最终解决民族问题服务。⑤

作为民族教育公平发展的制度保障，民族教育政策的核心是保障少数民族成员公平地享受教育权利。长期以来，涉及民族教育政策的部分研究者却惯用普通教育政策研究的思维和套路，站在普通教育的立场上，对民族教育政策进行"指手画脚"的评判，殊不知民族教育政策在执行的过程中经常面临着尴尬的两难困境。有研究者认为，民族教育政策执行中两难的实质是对差异和公平的权衡；是权衡民族教育决策者价值取向的体现；两难的消除也是未来民族教育政策改革的目标和理想。⑥和谐教育的核心要素是教育的公平。建设和谐教育，既是构建和谐社会不可或缺的一环，也是我国教育发展的基本目标。作为少数民族自治地区，民族教育能否和谐发展，将直接影响我国和谐社会建设的进程。因此，推进民族

---

① 许可峰. 我国民族教育政策基本理论研究述评. 民族教育研究，2007，（5）：20-24.
② 冯玺，李磊. 我国民族教育政策现状及对策的探讨. 湖北社会科学，2007，（10）：173-176.
③ 严庆. 解读我国一项特殊的民族教育政策——举办内地西藏班（校）. 民族教育研究，2005，（2）：23-27.
④ 李波，黄忠敬，陈进林. 内地西藏班民族教育政策执行工具分析. 西藏大学学报（社会科学版），2008，（3）：106-111.
⑤ 徐杰舜，吴政富. 中国民族教育政策简评. 湖北民族学院学报（哲学社会科学版），2007，（4）：35-38.
⑥ 张善鑫. 试论民族教育政策执行中的两难. 当代教育与文化，2014，（6）：39-43.

教育公平发展是目前我国建设和谐教育过程中最为关键的问题。①

保障少数民族平等接受教育的权利是我国宪法的重要组成部分。②国家作为教育决策的主体，应该将公平性原则作为教育政策选择的出发点和落脚点：合理安排教育资源的分配优先权，将民族地区义务教育的发展作为资源优先投入的重点之一；以"差别但平等"的原则进一步拓宽少数民族在义务教育后的入学机会；以建立全民终身教育体系作为实现民族教育平等的最终目标，并依靠完善的政策机制逐步实现教育公平目标。③

教育公平缺失在我国不同地区、不同程度地存在是一种客观事实。旨在优先、倾斜发展民族教育的优惠政策是校正民族地区教育公平缺失、提升受教育者自我发展能力的有效途径，具有很强的"扶贫增收"作用。在当前国家大幅度提高扶贫标准的情况下，对症下药、有的放矢，进一步完善民族教育优惠体系就显得尤为重要。④中国高等教育招生录取过程中对少数民族实行一定的优惠照顾，既是一项教育政策，又是一项民族政策。这些政策的制定和实施，保证了少数民族的教育权利平等。从中国高等教育招生的民族政策演变发展过程看，这项政策的实施取得了很好的社会效果，但是随着中国改革开放的深入，高等教育招生对少数民族的优惠政策引起了很多争论。为了落实少数民族的教育权利平等，这项政策仍然要继续发挥效用，但需要不断完善。⑤少数民族教育发展的主要经验是国家的主导作用、优惠政策的"雪中送炭"、全国各地的大力援助和民族地区的自力更生。⑥

当前我国高等教育少数民族优惠政策面临诸多问题和挑战，主要集中在以下三个方面：①招收少数民族学生降低分数段优惠政策所引发的讨论；②高等院校民族预科班政策在实践中发生了偏离；③近年来高等教育实行并轨收费制度后，少数民族贫困地区大学生无力负担大学教育费用的问题比较突出。对发展劣势的少数民族实行补偿政策，实现其优先、倾斜发展及自我发展能力的提升是我国民族政策的基本价值取向，终极目标是逐步消除民族发展差距，实现民族平等和各

---

① 胡利平. 对内蒙古基础教育布局调整政策的分析与思考——兼论民族教育公平发展. 内蒙古师范大学学报（教育科学版），2008，(6)：9-12.

② 谢治菊. 承认政治视域下我国少数民族教育优惠政策探讨. 广西民族研究，2015，(2)：159-164.

③ 丁月牙. 少数民族教育平等问题及政府的教育政策选择. 民族教育研究，2005，(2)：17-22.

④ 张艾力. 论民族地区扶贫方略中的民族教育优惠政策. 满族研究，2012，(3)：22-27.

⑤ 李乐. 高等教育招生的民族政策与少数民族教育平等. 广西民族大学学报（哲学社会科学版），2008，(S1)：33-35.

⑥ 张善鑫. 民族教育发展：优惠政策、经验与展望——新中国民族教育发展回顾. 民族教育研究，2009，(5)：5-10.

民族共同繁荣。①我国当前正处在一个独特的多元文化背景之中，这一时期决定了民族教育优惠政策也要随着社会和文化的发展而发生一定的转型。这种转型在价值观上表现为由形式平等到实质平等，在作用机制上表现为由补偿机制到引导机制，在对象选择上表现为由普遍优惠到分层优惠。②

中华人民共和国成立以来，尽管我国少数民族教育发展还存在着一定的困难和问题，但与世界上其他国家相比，我国民族教育发展的速度较快、效果较好，民族地区教育发展水平与其他地区发展水平之间的差距正在逐步缩小，少数民族成员接受教育的机会特别是接受高等教育的机会大大高于许多发达国家。我国发展少数民族教育的做法和经验不仅受到了发展中国家的关注，也受到了发达国家及国际上许多非政府组织的关注，基本形成了具有我国特色并行之有效的发展少数民族教育、缩小差距的经验。③

种类 4 为民族教育政策指导下教育结构改善研究，包括方针任务、民族自治地方、教育结构、民族政策、民族工作、民族预科教育、民族地区、国家民委等关键词。民族教育在我国是指对 55 个少数民族成员实施的各级各类教育，亦称少数民族教育。民族教育是全国教育事业的重要组成部分。发展民族教育是缩小民族地区与内地经济、文化等方面的差距，从根本上改变民族地区的贫穷落后状况，促进民族地区兴旺发达的基础和必由之路。④

在民族教育政策的指引下，少数民族教育发展迅速，取得了不容忽视的成就：①建立了一大批适应民族地区需要，具有民族特色的民族学校，初步形成了从幼儿、小学、中学到大学的少数民族教育体系；②少数民族教师队伍不断成长壮大。⑤民族教育政策体系是国家改革与发展民族教育所需要的最基本、最关键的教育政策范围与结构，它包括民族教育质量政策、民族教育管理体制政策、民族教育课程政策、民族教育经费政策、民族教育教师政策和民族教育学生政策等六个方面。这些民族教育政策又与国家民族政策中的民族文化政策、宗教政策、语言文字政策等相互支持、相互促进，形成了具有中国特色的民族教育政策体系。⑥

---

① 张艾力. 民族发展扶持政策与社会主义和谐民族关系建构——以民族教育发展扶持政策为例. 满族研究，2013，(2)：17-20.

② 马雷军. 论多元文化背景下民族教育优惠政策的转型. 民族教育研究，2009，(6)：5-8.

③ 张善鑫. 民族教育发展：优惠政策、经验与展望——新中国民族教育发展回顾. 民族教育研究，2009，(5)：5-10.

④ 王楠，马佳宏. 论发展民族教育的特殊政策及其实施. 中国民族教育，1997，(5)：34-35.

⑤ 欧以克. 新中国民族教育政策初探. 广西民族研究，1997，(1)：23-27.

⑥ 王鉴. 我国民族教育政策体系探讨. 民族研究，2003，(6)：33-41，107.

其中，民族预科教育是我国少数民族教育体系的重要组成部分。民族预科教育政策是中国促进高等教育机会平等政策中最具典型性的一项政策，它对教育发展相对滞后的民族实施优惠招生和补偿教育措施，保障其高等教育入学机会、教育过程和教育结果的平等。虽然自1951年民族预科教育政策制定以来，它的培养目标、具体实施方式，如受益群体边界、招生标准等都有变化，但始终坚持平等取向和以民族为受益群体，并建立了独特的教育模式——民族预科教育。它的发展过程体现了中国促进高等教育机会平等所做的努力和取得的成就。[①]

种类5为国家民族文化认同教育背景下教育价值取向研究，包括少数民族高层次骨干人才计划、科教兴国战略、国家民族文化认同教育、教育价值取向、教育发展规划、民族高等教育、教材编译、教育、民族中小学、对口支援、民族地区教育等关键词。每一项民族政策都蕴含或者说体现着一定的价值取向，这是民族政策的价值底蕴，也是其精神实质之所在。[②]

我国民族教育事业取得的巨大成就离不开民族教育政策的支持和保障，其中正确的价值取向对制定民族教育政策具有十分重要的意义。随着社会的发展，在制定新的民族教育政策的过程中，应在坚持原有正确价值取向的基础上，不断融入新的价值取向，以更好地促进中国民族教育事业进一步发展。[③]少数民族大学生在培育人才、争取人心、维护稳定、引领风尚方面发挥着不可替代的作用。[④]因此，对少数民族大学生的国家民族文化认同教育是民族教育的重点。

随着"少数民族高层次骨干人才计划"招生规模的扩大，人们开始质疑少数民族考生的优惠政策是否会影响到教育公平。该计划作为一项民族教育政策，属于民族教育政策的优惠性政策，而优惠性政策的理论基础主要是公平理论、均衡理论、和谐理论，其价值取向就是促进教育公平，促进民族发展。我国的少数民族地区教育资源一直都无法与发达地区相比，其教育的发展程度不高，所以从根本上来说就违背了教育公平的原则。从高考加分政策对高考生的照顾到上述计划对于高层次人才的培养，民族教育政策本身就是为了加强对少数民族地区的扶持力度，缩小差距，促进教育公平的实现，这都有利于少数民族地区的

---

① 敖俊梅. 中国促进高等教育机会平等政策的回顾——基于1950年以来民族预科教育政策的研究. 黑龙江高教研究，2010，(1)：5-8.

② 邓艳. 新时期内蒙古民族幼儿教育政策的价值取向. 文学教育，2014，(1)：137-138.

③ 毛雪梅，白星瑞. 试析新中国民族教育政策的价值取向. 广西民族大学学报(哲学社会科学版)，2008，(S2)：150-151.

④ 蒋鑫鑫. 少数民族教育政策影响少数民族大学生国家认同的实证研究. 现代教育科学，2015，(7)：34-37.

发展。①组织发达地区对少数民族地区开展对口支援，帮助其发展教育也是民族教育政策的重点。②目前，对民族地区教育的对口支援项目主要有三大项：①智力援藏，动员全国各地的力量全面对口支援西藏的教育事业；②内地高等学校与新疆的对口支援和协作；③组织沿海经济文化发达省、市对少数民族贫困县展开教育对口支援与协作。③此外，该种类中还涉及民族教育中的教材编译等问题。④

四、民族教育政策研究领域的未来展望

依据共词分析的理论和方法研究发现，民族教育政策研究热点主要集中在五个方面。但与此同时，通过对聚类分析图和多维尺度图的进一步分析，可以归纳出我国近 30 年民族教育政策研究还存在的问题，如民族教育政策过程研究少、与其他相关学科交叉少、理论基础薄弱等。我国民族教育政策研究要在已有成果和经验的基础上，弥补民族教育政策研究空白，全面深刻地研究和解读民族教育政策，从而使我国民族教育政策更加完善，民族教育政策体系更加成熟，促进了我国民族教育事业的发展。

（一）关注民族教育政策过程研究

民族教育政策过程包括政策制定、政策实施及政策评估。通过对近 30 年来我国民族教育政策研究的分析不难发现，对于民族教育政策的研究多集中于对政策文本的解读、政策意义的探讨、政策影响的总结，而对于民族教育政策的过程研究相对较少。关注民族教育政策制定，就是要关注政策制定的背景、前提和程序。一项民族教育政策的产生，是针对某一民族教育上已经产生的问题或被预测到将要出现的问题而作出的政策指导，因此民族教育政策的制定必须在关注民族教育背景的基础上，以民族教育事实为准绳，紧扣民族教育问题，审慎地进行。这就需要国内相关学者在政策制定前及制定过程中对其进行全方位的研究和讨论，论证政策制定的必要性和紧迫性，探讨政策的应有内容；关注民族教育政策实施，就是要关注政策实施的环境、条件和实施中出现的问题。一项民族教育政策究竟

① 朱婉莹，阳荣威. 民族教育优惠政策正当性分析——以"少数民族高层次骨干人才培养计划"为例. 西北民族大学学报(哲学社会科学版)，2015，(3)：166-169.
② 姚文遐. 新疆少数民族教育政策研究中的几个问题. 新疆社会科学，2007，(5)：60-63.
③ 王红曼. 论我国的民族教育政策及其成就. 民族教育研究，2002，(1)：33-39.
④ 祁进玉，孙百才. 少数民族教育课程政策与评价制度研究. 青海民族学院学报，2004，(2)：103-106.

如何指导民族教育发展，以及是否按照预期实施，是需要相关学者紧密关注其实施过程的。政策实施的环境条件如何、实施过程中涉及的人员反应如何、出现了什么未曾预料到的问题，这些都是需要相关学者在不断观察的同时深刻反思和研究的。只有这样，才能保证民族教育政策在一个最合适的环境中实施，才能在出现问题时及时解决，保证民族教育政策沿着正确的道路实施。关注民族教育政策评估，就是要评判并反思民族教育政策实施的最终结果，建立起科学、合理的民族教育政策评估机制，对民族教育政策及时评估，不仅可以总结民族教育政策的得失经验，及时进行调整，更重要的是可以指导之后的民族教育政策工作。因此，对于民族教育政策的评估也是需要学者重视的。

（二）增强民族教育政策研究的多学科交叉意识

近30年来我国民族教育政策的研究，几乎都是在民族学、政策学、教育学领域探讨民族教育政策的相关问题，但是民族教育政策不仅涉及这几个领域，还关系到整个国家、社会、民生，与很多学科都有所关联，如管理学、法学、行政学等。因此，民族教育政策研究者需要有更加广阔的学科交叉意识，借鉴相关学科，从不同的学科领域出发，以不同的学科视角去探讨民族教育政策问题，如此才会有利于在民族教育政策研究中发现新的问题、提出新的见解。

（三）强化民族教育政策研究的方法创新

要做好一项民族教育政策研究，选择最合适的研究方法是基础。近30年来我国的民族教育政策研究多使用比较研究法，比较中外民族教育政策的异同，理论分析法探讨民族教育政策的内容、影响与经验，偶有使用实证研究法，观察并分析某一民族教育政策在某一群体中的实施，而鲜少运用除此之外的其他方法。其实，在民族教育政策的研究中，许多方法是可以综合运用的，许多其他领域的方法也是可以借鉴过来的。例如，对于同样的研究对象，分别运用量化方法和质性方法进行研究，能够得出既相同又不同的结果，将两者对比，研究者就可能会分析得出更加全面和深刻的结论。因此，在民族教育政策研究中，研究者不要囿于多年来常被使用的方法，而是要多借鉴并运用其他的方法，从而启发新的思考并得出新的结论。

（四）深化民族教育政策理论基础研究

民族教育政策作为指导民族教育的行动准则和行动规范，是需要有理论依据、现实依据和法律依据的。[①]而在近 30 年我国民族教育政策的已有研究中，多是对民族教育政策的现实依据和法律依据进行探讨，而鲜有关于民族教育政策的理论基础研究。我国民族教育政策，尤其是在政策制定的过程中，需要多个理论基础进行支撑和论证才能保证其科学性和合理性。因此，研究者必须重视民族教育政策的理论基础研究，为民族教育政策提供多样的理论基础，保证民族教育政策的科学性和合理性，进而保证我国民族教育政策体系的完善和成熟。

① 许可峰. 我国民族教育政策基本理论研究述评. 民族教育研究，2007，(5)：20-24.

后　记

　　本书是中央高校科研基金重点资助项目"中国教育政策与法律研究热点的知识图谱分析"（15SZZD01）的最终研究成果。

　　党的十八届四中全会明确提出要把我国建设成法治国家，并提出了建成中国特色社会主义法治国家的目标。在依法治国的大背景下，作为社会活动之一的教育必须要依法治教，作为教育的承担机构——学校，必须要依法治校。事实上，关于依法治教，《国家中长期教育改革和发展规划纲要（2010—2020 年）》提出了明确的目标要求，强调完善中国特色社会主义教育法律法规，根据需要，修订《中华人民共和国教育法》《中华人民共和国职业教育法》《中华人民共和国高等教育法》《中华人民共和国教师法》《中华人民共和国民办教育促进法》等，制定考试、学校、终身学习、学前教育、家庭教育等法律，这些目标要求正在逐步落实，为依法治教提供了坚实的基础和有力的保障。特别是有关完善督导制度和监督问责机制的要求，为贯彻党的十八届四中全会的有关精神打下了良好的基础。因此，学习贯彻党的十八届四中全会精神，应该与推进落实教育规划纲要紧密结合起来，在推进依法治教的过程中，实现教育改革发展的伟大目标。

　　而依法治教的推行，离不开教育政策与法律研究，在依法治教、依法治国的背景下，必须要加强教育政策与法律的研究。教育政策与法律的研究不仅仅是理论与实务的研究，还需要强化对已有研究成果的反思与分析。教育政策与法律作为教育学的研究领域，需要全面系统的总结，回顾当前研究热点，展望未来发展趋势。唯有如此，才能让法治成为人民的信仰、国家的信仰，这也是法治教育的核心。要实现从法治意识到法治思维再到法治信仰的法治教育目标，全面提高全体人民的法治素质，必须把法治教育纳入国民教育体系，构建完善的中国特色社会主义法治教育体系。法治教育需要依靠教育法治建设，而教育法治建设的根本在于教育政策与法律研究的大发展、大繁荣。

随着我国社会经济法制化趋势的不断推进，教育政策与法律研究的学术化走向日趋明显，大量学者、专业研究人士、高校管理者纷纷涉足教育政策与法律研究领域。教育政策与法律研究是以教育政策与法律问题为研究对象的兼具教育学和法学、政策学的应用型研究领域。我国教育政策与法律研究起步晚、时间短，经过改革开放以来的发展，已取得了较为丰富的成果。教育政策与法律研究热点与发展趋势的共词可视化研究，不仅有助于促进教育政策学与教育法学学科建设，拓展教育政策与法律研究的学术视野，探索教育政策与法律研究的新的生长点，而且有助于推进教育政策与法律研究的系统总结，扩大教育政策与法律研究领域的学术影响力，强化教育法治体系建设，丰富教育政策与法律的研究方法。

本书的完成，不仅得益于我的导师陈鹏教授、栗洪武教授的悉心指导，而且离不开我的硕士研究生于海燕、王君妍、任雪园、陈雪婷、陈赵阳、王佳昕、王锦雁、康韩笑、周蕴、魏婉月、欧阳晓臻、李乐、姚婷等的鼎力相助。同时，我的爱人张旸女士为本书的完成贡献了大量智慧，不仅承担了全部家务，而且抚养子女的成长。当然，也非常感谢科学出版社责任编辑乔宇尚女士为本书出版所付出的辛勤劳动。

由于本人学术水平和能力所限，书中肯定还存在着诸多不足之处，希望大家不吝赐教。

祁占勇

2017 年 5 月